新编经济学系列教材

NEW SERIES OF ECONOMIC TEXTBOOKS

（第四版）

证券投资分析

SECURITIES INVESTMENT ANALYSIS

胡海鸥　于　丽　编著

復旦大學出版社

内容提要

本书是一本既有证券投资理论深度,又结合我国改革实际的教材。本次在第三版教材基础上进行了大幅度的改版,主要对章节编排进行了调整,保留的章节内容补充升级,新增的章节内容与时俱进,使整本书内容更合理、丰富。全书共分九章进行阐述,分别是:证券投资分析概述、证券商品基本交易分析、证券市场的运行、证券投资风险衡量与分析、证券投资的基本面分析、公司上市条件和上市公司情况分析、证券投资的技术指标应用、金融衍生商品交易分析、证券市场的监管。本书的特点之一是内容丰富、资料新,很贴近我国证券市场和金融改革的实际;特点之二是每章开头有本章重点介绍,每章结束有思考题,便于自测。本次还更新了附录《证券法》,供读者学习。

前　言

中国资本市场从二十世纪90年代初期起步,发展将近30年,比较发达国家发展时间较短,发展迅速。在这短短的时间中,我国证券市场从无到有,交易规模、参与者数量都天量的增长,证券市场的制度框架、规则体系、监管方式等也处于不断完善中。在成立之初,中国证券市场只是个相对封闭的市场,到2014年11月17日沪港通的开始打破了这一局面。2016年12月5日,深港通正式推出,标志着我国证券市场对外开放的力度进一步加大。中国证券市场的发展对帮助优质成长企业筹集资金、完成企业并购重组、助推中国经济发展都发挥着非常重要的作用。中国证券市场的进一步发展,归根到底取决于公众证券投资知识的普及与提高,所以加强证券投资知识和思路的宣传和教育,怎么强调也不算过分。

《证券投资分析》是我国高等学校经济类专业开设的一门专业课。目前,市场中关于"证券投资分析"类的教材较多,各具特色。本教材主要针对财经类高职高专、成人院校的学生编写。全书共分九章,第一章"证券投资分析概述",主要介绍证券及证券投资的含义,证券投资基本面分析的流派以及技术分析包括的主要内容。第二章"证券商品基本交易分析",主要介绍股票、债券、基金的概念、种类、特点及运作方式。第三章"证券市场的运行",主要介绍股票、债券的发行方式、发行价格的确定,股票指数的计算方法及会员制、公司制交易所的优缺点等。第四章"证券投资风险衡量与分析",主要介绍系统性风险和非系统性风险的概念、种类,马科维茨均值-方差理论、资本市场线及证券市场线等理论的内容。第五章"证券投资的基本面分析",从宏观因素和行业角度,介绍经济政策、利率、汇率等因素对证券市场的影响,以及证券投资的行业分析基本内容。第六章"公司上市条件和上市公司情况分析",主要介绍公司上市的基本条件,公司基本面分析包括的内容、公司财务分析五项内容包含的具体指标及运用,最后介绍市盈率、市净率、每股净资产、每股收益等指标的含义及应用。第七章"证券投资的技术指标应用",主要介绍K线理论、移动平均线理论、形态理论及趋势线和常用技术指标的含义及应用。第八章"金融衍生商品交易分析",主要介绍国债期货、股指期货特点及合约内容,介绍期权的分类、期权价格的构成及各种期权交易案例分析,最后介绍了权证相关内容。第九章"证券市场的监管",主要介绍证券市场的监管原则、监管模式,证券发行制度和上市公司信息持续性披露制度,最后介绍对证券交易所和证券经营机构的监管。

  本次教材重新编写,编写人员有所变化。其中,胡海鸥改编第一章和第九章,并负责全书统稿,于丽改编第二章、第三章、第四章、第五章、第六章、第七章、第八章。在本次改编中,作者以理论结合实际为目标,努力将我国证券市场的最新情况都编写进教材,希望能有助于读者的学习与提高。由于水平有限,改编内容非常可能有缺失、滞后、疏漏和错误,欢迎大家批评指正。

目 录

第一章 证券投资分析概述 ………………………………… 1
第一节 证券投资分析的含义及功能 …………………… 1
一、证券含义的界定 ………………………………… 1
二、证券投资分析的含义及目标 …………………… 2
三、证券投资分析的功能 …………………………… 3
第二节 证券投资分析的理论发展与演变 ……………… 5
一、西方证券投资理论发展的主要脉络 …………… 5
二、西方证券投资基本分析理论概述 ……………… 7
三、证券投资技术分析理论的产生与发展 ………… 10
四、证券投资基本分析理论和技术分析理论的区别 …… 12
第三节 证券投资主要分析方法和策略 ………………… 14
一、证券投资分析的主要方法 ……………………… 14
二、证券投资分析策略及其类型 …………………… 19
第四节 证券投资分析的信息来源 ……………………… 20
一、来自政府部门的信息 …………………………… 20
二、来自证券交易所的信息 ………………………… 21
三、来自中国证券业协会的信息 …………………… 21
四、来自证券登记结算公司的信息 ………………… 21
五、来自上市公司的信息 …………………………… 22
六、来自中介机构的信息 …………………………… 22

七、来自媒体的信息 ……………………………………… 22
　　八、其他信息来源 ………………………………………… 23

第二章　证券商品基本交易分析 …………………………… 24
第一节　股票 ……………………………………………… 24
　　一、股票的基本概念 ……………………………………… 24
　　二、与股票有关的概念的比较 …………………………… 25
　　三、股票的基本特征 ……………………………………… 27
　　四、股票的分类与价格 …………………………………… 29
第二节　基本证券商品——债券 ………………………… 39
　　一、债券的概念、特征 …………………………………… 39
　　二、债券种类 ……………………………………………… 40
　　三、股票与债券的区别 …………………………………… 46
第三节　基本证券商品——证券投资基金 ……………… 47
　　一、投资基金的基本概念 ………………………………… 47
　　二、证券投资基金的分类 ………………………………… 48
　　三、几个有关的概念 ……………………………………… 50
　　四、我国投资基金运作与管理 …………………………… 53
　　五、基金的风险与管理 …………………………………… 56

第三章　证券市场的运行 …………………………………… 59
第一节　证券发行市场 …………………………………… 59
　　一、证券发行市场 ………………………………………… 60
　　二、证券发行方式和发行价格 …………………………… 62
第二节　证券流通市场 …………………………………… 70
　　一、证券流通市场基本概念 ……………………………… 70
　　二、证券流通市场的构成 ………………………………… 71
第三节　基本证券商品交易 ……………………………… 78
　　一、股票交易程序 ………………………………………… 78

二、股价指数 ································· 85
三、债券交易程序 ····························· 90
四、开放式基金的认购、申购和赎回 ············· 92
五、证券商品的信用交易 ······················· 94

第四章 证券投资风险衡量与分析 ·············· 98
第一节 证券投资风险 ······················ 99
一、证券投资风险的来源和类别 ················· 99
二、证券投资风险存在的特殊性 ················· 105
三、证券投资风险的防范 ······················· 107
第二节 证券投资风险的衡量 ················ 108
一、马科维茨均值-方差理论 ···················· 109
二、资本市场线 ······························· 116
三、证券市场线 ······························· 119
第三节 证券投资的信用评级分析 ············ 122
一、证券信用评级的概念与内容 ················· 123
二、证券信用评级的功能 ······················· 125
三、信用评级的局限 ··························· 128

第五章 证券投资的基本面分析 ················ 132
第一节 证券投资基本面分析概述 ············ 133
一、证券市场价格的主要影响因素 ··············· 133
二、基本面分析的主要内容 ····················· 133
第二节 宏观经济分析 ······················ 134
一、政治因素对证券市场的影响分析 ············· 134
二、战争及自然灾害对证券市场的影响 ··········· 135
三、宏观经济政策对证券市场的影响分析 ········· 136
四、经济周期对证券市场的影响 ················· 145
五、主要经济指标对证券市场的影响 ············· 147

第三节　行业分析 ···································· 153
　一、我国证券市场的行业划分 ························ 154
　二、行业分析的基本内容 ···························· 154
　三、行业投资的选择 ································ 159

第六章　公司上市条件和上市公司情况分析 ············ 162
第一节　公司上市概述 ································ 162
　一、股票上市的概念 ································ 163
　二、上市公司的概念 ································ 163
　三、公司上市的意义 ································ 164
第二节　公司上市的条件 ······························ 165
　一、何谓主板、中小板和创业板 ······················ 166
　二、股份有限公司公开发行股票需要具备的条件 ········ 166
　三、股票上市需要具备的条件 ························ 167
　四、主板(含中小企业板)IPO上市的具体要求 ·········· 168
　五、创业板IPO上市的具体要求 ······················ 169
　六、B股上市条件 ·································· 171
　七、暂停上市与终止上市 ···························· 172
　八、公司申请上市的程序 ···························· 173
第三节　上市公司情况分析 ···························· 176
　一、公司基本素质分析 ······························ 177
　二、上市公司的财务分析 ···························· 178
　三、上市公司财务状况分析的缺陷 ···················· 200

第七章　证券投资的技术指标应用 ···················· 208
第一节　证券投资技术分析与基本面分析的关系 ·········· 208
　一、证券投资技术分析基本概念 ······················ 209
　二、技术分析的基本要素 ···························· 209
第二节　K线理论 ···································· 214

一、K线指标的绘制 ················· 215
　　二、K线的主要形状 ················· 216
　　三、K线图的组合应用与分析 ············ 221
　　四、K线组合应用应注意的问题 ··········· 225
　第三节　均线分析 ··················· 225
　　一、移动平均线的绘制与分析 ············ 225
　　二、移动平均线的基本分析与葛兰维尔八大法则 ···· 227
　第四节　切线理论 ··················· 231
　　一、趋势分析 ···················· 231
　　二、支撑线、压力线 ················· 234
　　三、趋势线和轨道线 ················· 236
　　四、黄金分割线 ··················· 239
　第五节　形态理论 ··················· 241
　　一、持续整理形态 ·················· 241
　　二、反转突破形态 ·················· 250
　　三、应用形态理论应该注意的问题 ·········· 257
　第六节　其他技术指标的应用分析 ··········· 258

第八章　金融衍生商品交易分析 ············· 269
　第一节　期货交易 ··················· 269
　　一、期货交易概述 ·················· 270
　　二、国债期货交易 ·················· 274
　　三、股票指数期货交易 ················ 278
　第二节　证券期权交易 ················· 284
　　一、期权交易的种类 ················· 284
　　二、期权价格的构成及期权与期货交易的比较 ····· 287
　　三、期权交易的案例分析 ··············· 291
　第三节　权证 ····················· 303

一、权证的基本概念及包含的要素 ………………………… 303
　　二、权证的分类 …………………………………………… 307
　　三、权证的价格及其影响因素 …………………………… 308

第九章　证券市场的监管 …………………………………… 311
第一节　证券市场监管概述 ………………………………… 311
　　一、证券市场监管的目的 ………………………………… 312
　　二、证券投资监管的原则和方针 ………………………… 314
　　三、证券投资监管的方式与手段 ………………………… 317
　　四、证券市场监管模式介绍 ……………………………… 319
第二节　证券市场监管的主要内容 ………………………… 324
　　一、对证券发行市场的监管 ……………………………… 324
　　二、对证券交易市场的监管 ……………………………… 328
　　三、对证券交易所的监管 ………………………………… 331
　　四、对证券业从业人员的监管 …………………………… 334
　　五、对证券经营机构的监管 ……………………………… 336
　　六、对证券投资者的监管 ………………………………… 340
第三节　证券市场监管的处理 ……………………………… 341
　　一、证券市场监管的法律规范 …………………………… 341
　　二、证券市场违法违规行为的分类 ……………………… 344
　　三、证券市场违法违规行为的法律责任 ………………… 347

附录　中华人民共和国证券法(2014 年修正) ……………… 351

第一章 证券投资分析概述

本章重点：
1. 证券的含义及分类
2. 有价证券与无价证券的区别
3. 证券投资分析的功能
4. 基本分析和技术分析的主要流派
5. 基本分析与技术分析的区别
6. 证券投资分析策略

第一节 证券投资分析的含义及功能

一、证券含义的界定

证券，是一种对某项财物或利益拥有所有权的书面凭证。它主要有以下划分。（图1-1）

作为广义证券中的无价证券，它也是一种表明对某项财物或利益拥有所有权的凭证。但这类证券受政府或国家法律限制，不能在市场上作广泛流通，也不能通过流通转让来增加持券人的收益。因而无价证券事实上只是一种单纯的证明文件，如收据、发票等证据证券，它只表示是一种交易的证明；而凭证证券虽然也能证明对某项权益拥有合法权利，例存单、存款证明之类，但此类证券

图 1-1 证券的主要划分

一般在流通上受到限制,不能通过转让来增加收益(除部分规定可以转让的存单外),所以这类证券缺乏投资价值。

有价证券与无价证券最为明显的区别是它的流通性。有价证券可以在相应的范围内广泛流通,并且发生权益的增减。按其内容,有价证券可以划分为以下三类:

(1)商品证券。商品证券是提取某种商品或货物领用权的凭证,如提单、运货单、仓栈单等。

(2)货币证券。货币证券是拥有、提取和领用某种货币的凭证,如支票、汇票和期票等。

(3)资本证券。资本证券是拥有对某种投资资本权益的凭证,如债券、股票、认股权证,及其他一些政府或法律规定的投资品的权益凭证等。

按其在经济中发挥的作用分析,商品证券多被用作于一种贸易工具;货币证券多被用作于一种结算信用手段,唯有价证券中的资本证券,才真正具有投资价值。在市场经济中,证券主要指有价证券中的资本证券。本书所涉及的证券和证券投资都是指资本证券。

二、证券投资分析的含义及目标

随着中国经济的发展,百姓手中的闲钱越来越多,除了银行储蓄、理财等,很多人也积极参与股票、基金、债券等投资交易。

证券投资指的是投资者通过购买股票、基金、债券等有价证券及其衍生品,以期获得红利、利息及资本利得的投资行为与投资过程。

证券投资分析需要通过各种专业分析,对影响有价证券价格或价值的各种信息进行综合分析,从而判断有价证券价格或价值及其变动。在证券投资过程中,证券投资分析是十分必要的一个环节。

证券投资分析的目标主要如下:

1. 力争投资决策的科学性

证券投资的风险与收益并存,没有科学的分析,盲目投资,长期亏损是必然的。而科学投资决策则有助于保证投资的正确性和收益性,科学决策建立在系统的投资分析基础上。

2. 实现证券投资净效用最大化

证券投资的净效用是指证券投资收益的正效应与风险的负效应抵扣后的余额。证券投资分析旨在帮助投资者实现风险既定的条件下,实现投资者收益最大化;或收益既定情况下,实现风险的最小化。

三、证券投资分析的功能

证券投资的产生和资本市场的建立,与一般的货币借贷关系和货币市场相比是市场经济的一大发展。运用证券工具不仅可以变间接融资为直接融资的投资形式,而且可以筹集可供长期使用的巨额资金,它的主要功能表现为:

1. 资本大量聚集功能

证券投资在公开的资本市场上,它可以利用债券、股票等证券商品筹集巨额的资本,这些资金来源于本国的个人、家庭、企业和政府,以及国外经济主体。通过集腋成裘、续短为长的方式为资本的积聚提供了广阔的前景。

2. 资本高效配置功能

证券投资能够获得比银行存款利息更高的投资回报,在同样安全的条件下,投资者都愿意购买回报高、变现快的证券商品,诸如政府债券,高效企业、朝阳行业发行的股票等。投资者的这种偏好引导了社会资金流向符合社会利益的方向。

在证券市场中表现良好的主要是那些朝阳行业和高效企业,投资者购买这类企业的股票,而不买或少买没有潜力的劣质企业的股票。这实际上就是将大量的资金配置到高风险高回报的产业,从而实现有限资金的合理使用。

3. 资本均衡分布功能

所谓资金的均衡分布是指既定资金配置符合不同时间长短的需求。一般来说,通过银行贷款实现的资金分布是人为决定的,人的判断未必完全符合市场资金的实际需求,其调节也有相当的滞后,而通过证券市场的作用,能够最大限度地克服这种局限,实现资金的均衡分布。

4. 与银行不同的筹资特点

毫无疑义,银行也具有资金积聚功能、资金配置功能和资金均衡分布的功能,但是证券市场的这三种功能比银行的发挥更为充分和有效,因为证券市场筹资还有银行所不具有的特点。

证券市场资金可以作长期使用。一般来说,银行资金的短期来源决定了它大多只能作短期周转使用,而不像证券市场筹集的资金可以作为企业自有资金长期使用。在一次发行,永久使用的意义上,证券市场筹资比银行借款的成本更低,手续更加简便。

证券市场筹资可以降低金融风险。一般来说,银行的筹资贷款,就是银行承担全部风险,存款人到期收回本息,而不必顾虑贷款是否坏账。通过证券市场购买有价证券的风险则由投资人自行承担,因为证券价格波动的损失是投资者个人的事,与其他经济主体无关。正是因为这种筹资方式与投资者个人利益休戚相关,决定了他们会尽最大的努力来降低风险。此外,证券市场的风险可以通过价格的波动及时释放,而不像银行坏账要累积到一定的程度才会暴露出来,从而将这种风险对经济的震荡降到最低限度。正是在这个意义上,银行不愿从事,甚至无法胜任的高风险高回报的投资,可以通过证券市场来进行。而以证券市场积聚的资金,马上可以通过股价的波动表现出来,从而有望尽早释放风险,减少对经济的震荡。

证券市场筹资增强对企业的制约。证券市场筹资可以使股民通过股东大会,参与企业经营管理的过程中去,其效果要比银行筹资好,因为银行的监管只是通过企业之外的代理,对企业经营管理的最后结果进行监管。所以,证券市场筹资可以最大限度地保障投资的安全,以及资金积聚、配置和分布的效率。

第二节 证券投资分析的理论发展与演变

一、西方证券投资理论发展的主要脉络

西方证券市场至今已经有400多年的历史了,证券投资理论伴随着也有相应的发展。西方证券投资理论有基本分析理论、技术分析理论、投资组合理论及行为金融理论下的证券投资理论等。

基本分析理论的代表人物有巴菲特及其老师本杰明·格雷厄姆等。证券投资的技术分析理论内容丰富，是广大机构投资者和个人投资者实际操作的基石。证券投资组合理论，极大地促进了证券市场机构投资者的发展。行为金融理论下的证券投资理论是近些年来发展起来的理论，这种理论分析了人的心理行为对证券市场产生的影响。

西方证券投资理论的发展大致经过了三个阶段：第一阶段是古典证券投资理论（20世纪50年代前）；第二阶段是现代证券投资理论（20世纪50年代到80年代）；第三阶段是当代证券投资理论（20世纪80年代至今）。古典证券投资理论以公司的财务报表和财务分析为研究对象，格雷厄姆创立的股票价值的基本分析法属于古典证券投资理论范畴。现代证券投资理论以1952年马科维茨发表的《投资组合选择理论》为诞生标志。现代证券组合理论主要由三个分支构成：均值-方差模型、资本资产定价模型及套利定价模型。现代证券投资理论也叫标准证券投资理论，也是我们通常所说的主流证券投资理论。当代证券投资理论是在批判现代证券投资理论的过程中发展起来的，金融市场微观结构、行为金融理论、金融工程理论等都属于当代证券投资理论的范畴。

证券投资技术分析理论流派推崇图形、图表分析，它根据证券市场过去的表现、行为来预测未来的价格和趋势。代表人物有查尔斯·道、江恩、艾略特等。证券投资基本分析理论又称为价值投资理论，以证券的内在价值及其市场评价的偏差为研究对象。代表人物本杰明·格雷厄姆、弗朗哥·莫迪利安尼及巴菲特等。证券投资组合流派又称现代经典金融理论、标准金融理论、现代证券投资理论等。该理论对证券投资理论的发展具有里程碑的意义。投资者的资产组合选择问题可以简化为如何在投资组合的预期收益及其房产两方面取得平衡。代表人物有哈里·马科维茨、威廉·夏普、罗伯特·默顿等。证券投资的第四种流派，行为金融理论之下的证券投资理论以会犯错误的人的行为模型及其对市场的影响为研究对象。行为金融理论认为证券市场价格在很大程度上受投资者心理及行为影响,因而该理论将对人的心理及行为分析引入证券投资领域,使理论对现实的解释能力大为提高。"有效市场假说理论"由芝加哥大学教授法玛于1970年提出。该理论认为如果在一个市场中,价格反映了所有可获得的信息,那么这个市场就是有效市场。有效市场假说理论把证券市场分为弱有效市场、半强有效市场、强有效市场[①]。

证券投资理论纷繁复杂,归纳起来大致分为四大流派及一个假说。四大流派即:技术分析理论流派、基本分析理论流派,证券投资组合理论流派和行为金融理论之下的证券投资理论。一个假说即有效市场理论。

二、西方证券投资基本分析理论概述

西方证券投资理论中的基本分析流派强调股票的基本价值,认为股票的市场价格是由公司基本价值决定的。股票的市场价格虽然经常涨涨跌跌,但从长期看,股票的价格总是围绕着其基本价值上下波动。基本分析流派是西方证券投资理论界的主流分析流派。由于对股票基本价值的判断不同,基本分析流派又分为价值投资流派和成长分析流派。随着时间的推移和投资理论的不断发展,基本分析的两个流派也逐渐融合,逐渐形成系统的基本分析理论体系。

价值投资流派产生于一战之前,这一时期价值投资方法主要是对股票所对应的资产价值进行关注。最早对"价值投资"进行论述的是美国金融帝国的创始人摩根,他认为投资应从"控制企业"

---

① 参考:杨长汉,中国企业年金投资运营研究,经济管理出版社,2010年。

的角度进行。成长投资流派的创始人是埃德加·史密斯。他于1924年发表《以普通股进行的长期投资》一文。该文认为：股票是比固定收益债券更有效的长期投资工具，并认为普通股的价值取决于它的未来预期收益。

1929—1933年的大危机之后，本杰明·格雷厄姆用专业的理论观点和富有逻辑的分析力度改变了人们对股票的偏见。他是西方证券投资理论的发展史上第一个使用理论观点对股票市场进行分析的学者，打破了人们对于"股票市场就是投机市场"的偏见，同时形成了一条完成的价值投资理论框架，被誉为"价值投资之父"。

1938年，威廉姆斯提出公司股票价值评估的股利贴现模型（DDM），是一种最基本的股票内在价值评价模型，该模型认为股票的内在价值是其逐年期望股利的现值之和。股利贴现模型为证券投资的基本分析提供了强有力的理论根据。

1952年，马科维茨提出证券组合理论，标志着现代组合投资理论的开端。该理论解决了两个问题：第一，投资者为何要进行组合投资；第二，投资者怎样根据相关信息实现证券投资的最优选择。

1963年，夏普提出单因素和多因素模型。单因素模型是夏普于1963年在发表的《对于"资产组合"分析的简化模型》一文中提出的，单因素模型是描述证券收益率生成过程的一种模型，建立在证券关联性基础上。多因素模型，是指由影响公司价值及其股票价格的多个重要的基础因素构成的估价模型。

1964—1966年，夏普、林特耐和摩辛同时提出资本资产定价模型CAPM。资本资产定价模型是在资产组合理论基础上发展起来的，主要研究证券市场中资产的预期收益率与风险资产之间的关系，以及均衡价格是如何形成的。

1976年，蒂芬·罗斯提出套利定价理论（APT理论）。他在《经济理论杂志》上发表了《资本资产定价的套利理论》一文，提出了一种新的资产定价模型,这就是套利定价理论(APT理论)。套利定价理论用套利概念定义均衡,不需要市场组合的存在性,而且所需的假设比资本资产定价模型(CAPM模型)更少、更合理。

关于市场效率问题,1970年,尤金·法玛提出了有效市场假说。法玛对于什么是有效市场的定义是:在一个证券市场中,如果价格完全反映了所有可以获得的信息,这样的市场就是有效市场。

根据市场对信息反映的强弱程度不同可以将有效市场分为:弱有效市场、半强有效市场、强有效市场。

1. 弱有效市场

在弱有效市场中,证券价格充分反映了历史上一系列交易价格和交易量中所隐含的信息。

2. 半强有效市场

在半强有效市场中,证券价格能够反映所有公开信息,不仅包括证券价格序列信息,还包括有关公司价值、宏观经济形势和政策方面的信息。如果市场是半强有效的,只有那些利用内幕信息者才能获得非正常的超额回报。

3. 强有效市场

在强有效市场中,证券价格总是能充分、及时地反映所有有关信息,包括全部公开的信息和内幕信息,任何投资者都无法通过对公开或内幕信息的分析来获取超额收益。

进入20世纪80年代,实证发现了投资者市场行为与理性人假设不符的现象,行为金融学出现了。行为金融学从个体心理和群体心理角度对投资者行为进行了分析。个体心理分析基于"人的生存欲望""人的权利欲望"及"人的存在价值欲望"三大心理分析理论进行分析,旨在解决投资者在投资过程中产生的心理障碍问题。群体心理分析基于群体心理理论与逆向思维理论,旨在解决投资者如何在研究投资市场过程中确保正确的观察视角问题。

三、证券投资技术分析理论的产生与发展

证券投资技术分析的历史与证券市场一样久远,众多分析大师不间断的贡献,丰富了这个宝库,并为投资者提供长久的投资依据。

基本分析流派的投资者认为,股票价格受公司的运营状态和效益水平的影响,异常的股价波动是短暂的,只是受了投机者不稳定情绪的影响,一旦市场趋于平稳之后,价格自然会向反映公司基本面的价值回归。

技术分析流派的投资者认为,技术图形具有提前反映基本面的功能。因为基本分析所包含的内容都会反映在技术分析的图形当中。此外,通过技术分析,敏锐的投资者可以在股价变化之前,抢先一步采取应对措施,占领先机。

技术分析可以追溯到200多年前的日本,当时日本投资者就运用K线图理论对商品市场的价格走势进行分析,比如米市。K线图的分析方法是技术分析理论的雏形,经过200多年的实践与应用,已经形成一套完整的K线理论,并成为各国股票投资者运用的主要的技术分析方法。

道氏理论是使用最早和影响面最大的技术分析理论之一,该理论由查尔斯·道创立。查尔斯·道于1889年发行了至今都有很大影响力的《华尔街日报》。查尔斯·道是技术分析流派的创始人,他一生都在研究股票市场的价格变化趋势。1900—1902年期间,查尔斯·道公布了他自1884年用平均指数研究股票价格运动的结果,是历史上第一次对证券市场进行了系统性的研究。1903年,纳尔逊出版了《股票投机常识》一书,书中系统总结了查尔斯·

道等的理论观点，"道氏理论"第一次被用来概括查尔斯·道等的理论。1922年，威廉·汉密尔顿（1908年接替《华尔街日报》的编辑）出版了《股市晴雨表》一书，该书进一步总结了道氏理论的思想观点。另外，汉密尔顿还撰写了大量运用道氏理论对市场进行分析的文章，这些都为进一步推广和应用道氏理论作出了较大贡献。1932年，罗伯特·雷亚出版了《道氏理论》一书，该书对道氏理论的思想观点进一步做了锤炼，道氏理论在证券投资技术分析流派中的地位从此确立了。

威廉·江恩是证券投资分析流派中另一位具有先驱地位的人物。江恩自己提出了就"江恩理论"。由于江恩最早的兴趣不在股票市场，而是期货市场，因此，期货市场是"江恩理论"最初的试验田。1908年，江恩提出和发展了自己最为重要的市场走势预测方法，即控制时间因素方法。由于江恩理论多次准确地对市场后市进行了预测，因此江恩在证券市场中的名声越来越大，从而也确定了江恩理论在证券投资分析理论流派中的重要地位。1923年，江恩出版了他最早的关于股票投资的著作——《股票市场的真谛》，1930年，江恩又出版了《华尔街股票选择器》，1935年出版了《新股票趋势探测器》和《江恩股票市场教程》等等，江恩理论在这一系列的著作中不断地形成和发展。

"波浪理论"是技术分析流派中另一重要理论，该理论是艾略特于1939年提出的。"波浪理论"是对"道氏理论"的继承和发展。截至1939年，艾略特在《金融世界》杂志上发表了十几篇阐述"波浪理论"的文章，1946年又出版了《自然法则——宇宙的秘密》一书，详细阐述了"波浪理论"。1953年，博尔顿在每期的《银行信用分析家》中发表了《艾略特波浪附刊》，对"波浪理论"的推广和发展作出了贡献。1960年，博尔顿发表了《艾略特波浪理论——一份中肯的评价》一文，文中对"波浪理论"的基本体系进行了完善。1978年，柯林斯以艾略特的名义编写并出版了《波浪理论》一书，该书被认为是"波浪理论"的经典著作,至此,"波浪理论"才被正式确立。

20世纪中后期以来,技术分析理论得到了迅速的发展。墨菲、罗伯特·爱德华、威尔斯·王德及乔治·恩等人提出和发展的形态理论、趋势理论、异动平均线理论及摆动指数的技术分析方法都是比较有影响力的。

四、证券投资基本分析理论和技术分析理论的区别

1. 技术分析的假设条件

以道氏理论为基础,技术分析流派建立在三个假设条件之上:① 证券市场行为涵盖一切信息;② 证券的价格变动有一定的规律性;③ 历史或市场会重演。

(1) 证券市场行为涵盖一切信息。

"证券市场行为涵盖一切信息"是技术分析假设条件中最重要的一条,任何一个影响证券价格的因素,最终都必然体现在股票价格和交易量上。外在的、内在的、基础的和心理的因素,以及其他影响股票价格的所有因素,都已经在市场行为中得到了反映。不管这些信息是由谁发布的,它们对证券市场的影响最终都体现在证券价格和交易量上。

投资者在进行技术分析时,只考虑市场行为发生了哪些变化,而对影响市场行为变化的因素不做考虑。它们的主要工作是对证券价格和交易量的变化进行研究,以便从中发现价格和交易量的变化趋势。

(2) 证券的价格变动有一定的规律性。

这一假设条件是证券投资技术分析中最基本、最核心的条件。证券市场价格具有保持原有趋势运动的特征,同时,证券价格的运

动方向是由供求力量对比决定的,供求关系的对比一旦确定,证券价格的趋势就会按照一定的方向持续下去,只要供求力量的对比不发生变化,证券价格的变动趋势就不会发生改变。

(3)历史或市场会重演。

这条假设是从人的心理因素方面考虑的。在证券市场上,一个人在某种情况下按一种方法进行操作取得成功,那么以后遇到相同或相似的情况,就会按同一方法进行操作;如果前一次失败了,后面这一次就不会按前一次的方法操作。证券市场的某个市场行为给投资者留下的阴影或快乐是会长期存在的。因此,技术分析理论认为,根据历史资料概括出来的规律已经包含了未来证券市场的一切变动趋势,所以可以根据历史预测未来。

2. 证券投资中基本分析理论和技术分析理论的区别

基本分析理论和技术分析理论都是投资者经常用来进行市场分析的理论,基本分析能够从逻辑的角度说明价格涨跌的原因,而技术分析在入市时机的选择上更有优势。两者的区别主要有如下几点:

(1)基本分析法和技术分析法都认为证券市场价格受市场上供求力量的影响。但是,基本分析法主要通过分析影响供求力量的因素来预测证券市场价格未来的走势,而技术分析法则主要是分析证券市场价格本身的变化并以此来预测其未来的价格走势。

(2)基本分析法注重分析证券的内在价值,通过一系列相关信息的分析,得出证券价格是否被高估或低估的判断,从而进行投资决策。技术分析法不考虑证券的内在价值,只是集中分析证券价格的变动趋势,综合各种技术分析指标的分析结果得出何时买入、何时卖出的判断。

(3)基本分析法注重对证券价格长期趋势的分析。技术分析法虽然也对证券价格进行长期趋势分析,但主要的还是以中短期分析为主,在长期趋势预测方面基本分析法比技术分析法更加精准。因此,大多数投资者应用基本分析法预测证券价格的长期趋势,用技术分析法来预测证券价格的中短期趋势。

(4) 基本分析法注重对宏观经济、行业状况及公司业绩等进行分析,由此来判定证券的内在价值,通过对比证券的市场价格和内在价值,从而做出投资决策。技术分析主要通过一系列技术指标、图形的综合分析,通过对市场的过去行为进行分析和总结,进而实现对证券价格未来趋势的预测。

(5) 技术分析法比较灵活,适用面广,既可应用于股票市场,也可运用于期货、期权市场,外汇、黄金市场等。技术分析法适用于任何交易媒介和任何时间尺度。基本分析法进行的是因素分析,在分析某一市场之前,分析者必须成为这个市场的专家,了解这些市场的基本面情况,而经济基本面的资料太繁杂了,影响各个市场价格变化的因素又不尽相同,因此,基本分析者往往顾此失彼。

第三节 证券投资主要分析方法和策略

一、证券投资分析的主要方法

证券投资的分析方法主要包括四种：基本分析法、技术分析法、证券组合分析法和行为金融分析法。

1. 基本分析法

基本分析法又称基本面分析,是指证券分析师根据经济学、金融学、财务管理学及投资学等基本原理,对决定证券价值及价格的基本要素,如宏观经济指标、经济政策走势、行业发展状况等进行分析,评估证券的投资价值,判断证券的合理价位,提出相应的投资建议的一种分析方法。

基本分析法有两个假设:一是股票的价值决定其价格;二是股票的价格围绕价值波动。

基本分析法基本上体现了以价值分析理论为基础,以统计方法为主要分析手段的基本特征。基本分析法主要包括宏观经济分析、行业和区域分析、公司分析三大内容。

宏观经济分析主要研究各种经济指标和经济政策,比如经济指标有消费者价格指数(CPI),生产者价格指数(PPI),采购经理人指数(PMI),社会消费品零售总额。金融数据有GDP,狭义货币M1,广义货币M2,上海银行间同业拆借利率(Shibor),外汇储备,进出口,国外直接投资(FDI),新增信贷数据等,财政收入、存款准备金,利率等。经济政策比如货币政策、财政政策、收入政策等。

行业和区域分析主要分析行业所属的不同市场类型、所处的生命周期以及行业业绩对证券价格的影响,比如传统行业中有色金属、煤炭等等,新兴行业中"互联网+"、新能源汽车等。

公司分析主要分析公司的竞争能力、盈利能力、财务状况、潜在的风险,以及有没有资产注入等。

2. 技术分析法

技术分析法是以证券市场过去和现在的市场行为为分析对象,应用数学和逻辑的方法,探索出一些典型变化规律,并据此预测证券市场未来变化趋势的技术方法。由于技术分析运用了广泛的数据资料,并采用了各种不同的数据处理方法,因此受到了投资者的重视和青睐。技术分析法不但用于证券市场,还广泛应用于外汇、期货和其他金融市场。

技术分析中,价格、成交量、时间和空间是进行分析的要素。

这几个因素的具体情况和相互关系是进行正确决策的基础。

市场行为最基本的表现就是成交价格和成交量。技术分析就是利用过去和现在的成交量、成交价格资料,以图形和指标等工具来综合分析、预测市场的未来趋势。价格、成交量是技术分析的基本要素,一切技术分析方法都是以价、量关系为研究对象的,目的就是分析、预测未来的价格趋势,为投资决策提供服务。

在进行行情判断时,时间有着很重要的作用。一个已经形成的趋势在短时间内不会发生根本改变,中途出现的反方向波动,对原来趋势不会产生大的影响。一个形成了的趋势又不可能永远不变,经过了一定时间又会有新的趋势出现。

在某种意义上讲,空间可以认为是价格的一方面,指的是价格波动能够达到的极限。

以价格、成交量的历史资料为基础,运用统计、数学计算、绘制图表方法等手段,技术分析演绎出多种分析方法。一般说来,可以将技术分析方法分为如下常用的五类:指标类、形态类、切线类、K线类、波浪类。

(1) 指标类。指标类是根据价格、成交量的历史资料,通过建立一个数学模型,给出相应的计算公式,得到一个体现证券市场某方面内在实质的指标值。指标反映的内容大多是从行情报表中无法直接看到的,它可为我们的操作行为提供指导方向。常见的指标有:平滑异同移动平均线(MACD)、相对强弱指标(RSI)、趋向指标(DMI)、随机指标(KD)、能量潮(OBV)、乖离率(BIAS)、心理线(PSY)等。

(2) 形态类。形态类是根据价格图表中过去一段时间走过的轨迹形态来预测股票价格未来趋势的方法。价格的历史形态是市场行为的重要部分,从价格轨迹的形态中,我们可以推测出证券市场处在一个什么样的大环境之中,由此给今后投资一定的指导。主要的形态有:M头、W底、头肩顶、头肩底等十几种。

（3）切线类。切线类是根据股票价格数据，按一定原则和方法绘制图表中的一些直线，然后根据这些直线推测股票价格的未来趋势，作为投资者操作的参考。这些直线就是切线。切线的画法最为重要，画得好坏直接影响预测的结果。常见的切线有：趋势线、轨道线、黄金分割线、甘氏线、角度线等。

（4）K线类。K线图是进行各种技术分析最重要的图表。根据若干天的K线组合情况，由此可以推测多空双方力量的对比，进而判断证券市场的行情。人们经过不断地经验总结，发现了一些对股票买卖有指导意义的K线组合，并不断发现和运用新的研究结果。

（5）波浪类。波浪理论认为股票价格变动遵循波浪起伏的规律，所以把不同时期股价的涨跌看成是波浪的上下起伏，看清楚各个波浪就能准确地预见到跌势的尾声，牛市的前兆；或牛市的强弩之末，熊市即将来临。波浪理论与其他技术分析流派最大的不同是，波浪理论能提前很早预计行情的底部和顶部，而其他流派往往要等新的趋势已经确立之后，才能做出判断。然而，波浪理论又是公认的较难掌握的技术分析方法。

3. 证券组合分析法

该方法的出发点是以多元化投资组合来有效地降低非系统性风险。由于不同的证券具有不同的风险收益，该方法通过构建多种证券的组合投资，以实现投资收益和风险的平衡。即根据风险既定条件下，实现收益最大化，或在既定收益条件下使得风险最小的要求，求出各组合内证券的组合系数，进而进行组合投资。投资组合分析法分为传统的证券组合分析法和现代证券组合分析法。传统的分析法主要用来降低非系统性风险；而现代组合分析法则要实现投资收益和风险的最佳平衡，它是一种数量化的组合管理方法，如马科维茨的均值-方差模型、夏普和林特纳的资本资产定价模型和罗斯的套利定价理论。

现代投资组合分析法的优点是在投资分析中,对风险进行分类和定量化描述,寻求收益和风险的制衡,在理论上证明组合投资可以有效降低非系统风险的同时,运用定量化方法求解证券组合中,各个证券的最佳比例关系,这样就克服了传统证券组合法确定各组合证券比例的盲目性,从而实现投资收益和风险的最佳平衡。缺点是需要计算复杂模型;对证券市场的假定条件过于苛刻,以致与实际市场有着很大的差距,如果证券市场发展不很成熟,这就无法满足投资组合分析的基本条件,如缺乏计算组合比例所需的大量数据。此外,组合分析模型没有充分考虑到有些证券根本无法构建投资组合。投资组合分析法受到市场条件的限制,如交易成本的存在、对信息的了解度等,因此该方法比较适合于机构投资者,并且配合基本面分析进行。由于考虑了风险和收益的制衡,证券组合的收益有时较低,但收益比较稳定,适合基金公司和社保公司资本的运作。

4. 行为金融分析法

行为金融分析法源于 20 世纪 80 年代,由于证券市场上不断出现一些"异象",其与经典理论相悖,且不为经典理论所解释,如周末现象(周五股票价格提前反映一些下个周一的信息)、假日现象等。部分投资者利用这些"异象"进行投资,确实获得了超常收益。该方法就是以"异象"为研究对象,也就是从对古典金融理论的质疑开始,以行为科学为基础,研究投资者的心理行为,进而进行投资决策。如古典金融理论假定市场无摩擦、投资者是完全理性等,在现实市场中并不成立。且并非每个投资者都能理性地运用投资理论中的复杂数学方法,来推导均衡价格,并指导自己的投资行为。投资者也并不总是根据基本面来进行投资决策,他们往往会受到噪声的干扰,成为噪声交易者。行为金融分析法的优点是能使投资者在证券投资中保持正确的观察视角,特别是在市场重大转折点的心理分析上,往往具有很好的效果;缺点是该方法基于人的理性行为和心理特征,而不同人的这两者差别很大,所以很难得到相同的结论,用于指导投资者的决策。

二、证券投资分析策略及其类型

证券投资策略是投资者基于对市场规律和对人性的理解认识,结合投资目标制定的投资规则体系和行动方案。根据不同的标准,证券投资分析策略有不同的分类。

按投资策略的理念划分,证券投资分析策略可以分为消极型投资策略、积极型投资策略和混合型(博彩型)投资策略。

消极型投资策略也称非时机抉择型投资策略,具体又为简单长期持有型策略和科学组合长期持有型策略两种。简单长期持有策略以买入并长期持有策略为主,投资组合一旦确定,就不再积极地买入或卖出股票;科学组合长期持有型策略指通过构造复杂的股票投资组合来拟合基准指数的表现,并通过跟踪误差来衡量拟合程度。

积极型投资策略也称时机抉择型投资策略,具体又分为概念判断投资型策略、价格判断型投资策略和心理判断型投资策略三种。概念判断型投资策略是以基本分析为基础的投资策略,分为价值投资策略与成长投资策略。价格判断型投资策略是以技术分析为基础的投资策略,又可分为顺势策略与反转策略两种。心理判断型投资策略以投资者的悲观与乐观程度作为时机抉择的主要依据。

混合型(博彩型)投资策略包括心理判断与概念判断混合型投资策略、心理判断与价格判断混合型投资策略、概念判断与价格判断混合型投资策略等。心理判断与概念判断混合型投资策略以心理判断为选择进出时机的依据,以独立的投资概念为选择品种选择的基础。心理判断与价格判断混合型投资策略是通过将心理分析与技术分析相结合,从而做出时机选择的投资策略。概念判断与价格判断混合型投资策略以技术分析作为选择进出时机的依据,以独立的投资概念为选择投资品种的基础。

按投资决策的灵活性可划分主动型投资策略和被动型投资策略。主动型投资策略是指投资者根据市场变动对投资组合进行积极调整,并通过灵活的投资操作获取超额收益,通常以战胜市场为主要目标。被动型投资策略是指投资者根据事先确定的投资组合构成及其调整规则进行投资,不根据市场环境的变化主动地实施调整。

按投资策略适用期限可以划分为战略型投资策略和战术型投资策略。战略型投资策略是指着眼较长时间投资,追求收益与风险最佳组合的投资策略,一般不会随着市场行情的短期变化而轻易调整。战术性投资策略通常是一些基于市场前景预测的短期主动型投资策略。

按投资品种可以划分为股票型投资策略、债券型投资策略及另类产品投资策略。股票型投资策略是指投资者以股票投资为主;债券型投资策略是指投资者以债券投资为主;另类产品投资策略是指投资者以另类产品投资为主。

第四节 证券投资分析的信息来源

一、来自政府部门的信息

政府部门是一国宏观经济政策的制定者,是一国证券市场上相关信息的主要来源,也是主要信息的发布主体。我国与证券投资分析相关的八个政府部门包括:国务院、人民银行、中国证券监督管理委员会、财政部、国家统计局、国家发展和改革委员会、商务部、国务院国有资产监督管理委员会。我国四大宏观经济调控部门包括：财政部、人民银行、商务部以及国家发展和改革委员会。

投资者可以通过政府部门发布的信息了解国家经济的现状、国家政策的情况等信息。

二、来自证券交易所的信息

证券交易所是场内交易的组织者，交易所会向社会公布证券行情及多种报表。按日制作的证券行情表、根据场内交易情况编制的日报表、周报表、月报表与年报表等，这些都是技术分析中的首要信息来源。

三、来自中国证券业协会的信息

中国证券业协会是依据《中华人民共和国证券法》和《社会团体登记管理条例》的有关规定设立的证券业自律性组织，属于非营利性社会团体法人，接受中国证监会和国家民政部的业务指导与监督管理。通过证券协会投资者可以了解到相关证券公司经营数据、证券从业人员信息资料、非法仿冒机构名单、行业估值指数等信息。

四、来自证券登记结算公司的信息

证券登记结算公司是指为证券的发行和交易活动办理证券登记、存管、结算业务的中介服务机构。证券登记结算公司为证券交易提供集中的登记、托管与结算服务，是不以营利为目的的法人。提供的业务包括：证券账户、结算账户的设立和管理；证券的存管和过户；证券持有人名册登记及权益登记；证券交易所上市证券交易的清算、交收及相关管理；受发行人委托派发证券权益；办理与上述业务有关的查询、信息、咨询和培训服务；国务院批准的其他业务。

五、来自上市公司的信息

上市公司的季报、半年报、年报等及临时公告由上市公司提供。上市公司作为直接的经营主体,其经营状况的好坏要客观地反映在其报表中,作为相关信息发布的主体,它所公布的有关信息直接影响投资者对其证券价值的判断,影响上市公司股票在证券市场中的表现。

六、来自中介机构的信息

证券中介机构是指为证券市场参与者如发行人、投资者等提供各种服务的专职机构。具体包括证券经营机构、证券投资咨询机构、证券登记结算公司以及从事相关证券业务的律师事务所、会计师事务所、资产评估事务所、信用评级机构等。

证券公司的主要业务有证券经纪、证券投资咨询、财务顾问、证券承销和保荐、证券自营、证券资产管理、其他证券业务等。投资者可以通过证券公司获得相应的宏观经济、行业前景及上市公司情况的分析报告。证券投资咨询公司主要职能已经演化为帮助投资者了解市场、分析投资价值和引导投资方向。信用评级机构的基本职能是为证券市场上的机构和证券的信用状况进行评定,以客观真实地反映证券发行人及其证券的资信程度。证券结算登记机构的基本职能是从事证券登记、存管、过户和资金结算与交收。各种事务所主要提供上市公司所需要的报告,如审计报告、资产评估报告等。

七、来自媒体的信息

媒体具体包括书籍、报纸、杂志,其他公开出版物以及电视、广播、互联网等,通过媒体获得的信息都是公开信息。媒体是信息发布的主体之一,也是信息发布的主要渠道。投资者可以通过媒体获得关于国家经济、政策、交易所、证券登记结算公司、上市公司等发布的各种信息。

八、其他信息来源

投资者还可以通过实地调研、专家访谈、市场调查等获得相关信息,也可以通过家庭成员、朋友、邻居等获得相关信息。

关键词:

无价证券 有价证券 资本证券 弱有效市场 半强有效市场 强有效市场 基本分析法 技术分析法 证券组合分析法 行为金融分析法 道氏理论

问答题:
1. 简述证券的含义及分类。
2. 简述证券投资分析的功能。
3. 简述证券投资中基本分析理论和技术分析理论的区别。
4. 简述证券投资分析策略及其类型。
5. 证券投资分析的信息来源有哪些?

第二章　证券商品基本交易分析

本章重点：
1. 股票、债券和投资基金的原理、概念、特点，以及种类
2. 优先股的概念和种类
3. 荷兰式招标和美国式招标
4. 外国债券和欧洲债券的区别
5. 开放式基金与封闭式基金的区别
6. 我国投资基金运作与管理

第一节　股　　票

当今世界的证券品种名目繁多，根据我国证券市场的实际情况，我国的证券商品大致可以分成两类：一是基本证券商品，其主要构成为股票、债券和投资基金；另一类为金融衍生商品。本章主要阐述基本证券商品的内容。

一、股票的基本概念

股票是证券市场交易中，最为活跃，影响最广，对企业融资和社会经济的发展作用最大的一种证券商品。要想了解股票的作用和交易机制，则要从股票的基本概念开始。

股票是股份有限公司公开发行的、用以证明投资者的股东身份和权益,并据以获得股息和红利的凭证。股票是一种有价证券,一经发行,持有者即为发行股票的公司的股东,有权参与公司的决策、分享公司的利益;同时也要分担公司的责任和经营风险。股票一经认购,持有者不能以任何理由要求退还股本,只能通过证券市场将股票转让和出售。

二、与股票有关的概念的比较

1. 股票与股份

股票是股份的证券表现,是股份的形式和载体,股份则是股票的内容。股份有限公司将注册资本划分为若干等份的定额单位,并公开出售。这种等份的定额单位就是股份。投资者持有公司的股票,表示他拥有公司部分财产所有权的凭证。因此,股票也是一种主权证券,即它所代表的权利原已存在,股票只是担当权力证书的角色,与此相对应的概念是设权证券,即某种证券所代表的权利本不存在,是随证券的出现而产生,权利的发生是以证券的制作与出现为前提。每个股东所拥有的公司所有权份额的多少,取决于其持有的股票数量占公司总股本的比例。股东以自己的投资额对公司债务承担有限的责任,股东承担投资风险,分享投资收益。股份是公司资本的最小衡量单位,也是投资者购买的真正内容,只有占有公司股份,才能成为公司股东,并享受股东权利。股票与股份是两个既有联系又有区别的概念。

2. 股份公司注册资本、实收资本与发行资本

所谓股份公司注册资本是指认缴和募集的股金总额,即股份公司成立时在国家工商行政管理机关注册的资本总额。注册资本是股份公司股东合股投资或者通过发行股票筹措的公司资本,当

然，它也是股份有限公司的股东所负的有限责任的责任资本。

在我国，股份有限公司注册资本最低额为人民币100万元。公司的注册资本总额必须在公司章程中予以载明，如果未经股东大会通过决议，或者没有经过政府有关主管机构批准，不允许随意增加和减少注册资本数额。对此，公司法对注册资本的调整也有专门的规定。

股份公司的最低股本或注册资本必须由创办人或初始股东全部认购下来，即股东同意以现金或实物买下公司的股份。当然，发起人或初始股东也可以用工业产权、专有技术、土地使用权作价入股。

与公司注册资本意义相近的还有实收资本和发行资本。实收资本就是公司实际收到，并登记入账的资本。由于在股份公司成立时，不一定按核准的注册资本数额全部发行股票，况且并不是每位股东都能一次付清股金，这就要求公司可先发行一部分股票，其余部分在以后根据业务发展的需要再行发行。正因为如此，公司注册资本并不是一次筹集起来的，因而在财务上只能反映实收部分，而这一部分即为实收资本。实收资本是与股东缴纳股金的日期或期限直接联系在一起的。如果股东分期支付股金的日期被作为催告其缴纳股金的催缴日，那么在每个催缴日从股东那里所得到的股金可称为实收股金，而各个股东交付给公司的股金总值就是公司的实收资本。

发行资本是指股份公司实际上已向股东们发行的股票总额，也可以说，它是由股东们已同意以现金、实物、工业产权、专有技术等认购下来的股票总额。公司的注册资本必然限定了发行资本的范围，因发行资本在法律上不允许或事实上也不可能超过公司的注册资本，否则必须变更公司章程，履行相应的法定程序。股份公司成立时，发行资本或股本不能少于注册资本相应比例。

三、股票的基本特征

股票所承担的权责利与其他证券商品有所不同,这是股票本身的特点所规定的,只有了解股票的基本特征才能有效地发挥其作用。

1. 权利性

股东有参与公司决策的权利,有权参与股东大会,听取董事会报告,对公司经营状况、决策管理、重大筹资或投资项目以及分红派息方案等都有发言权和表决权。在同股同权,同股同利的证券投资原则下,有选举权和表决权,依法选举公司董事会、监事会成员。有管理监督权,如发现公司高级管理人员有损害公司利益或违法嫌疑,有权请示有关行政部门调查、纠正,或向法律部门控告或要求裁定公司重整、解散等。因为公司行为都通过他们的具体操作得以实施,公司高级管理人员承担着诚实信用和勤勉尽职的双重义务,既应注意必然的风险,又不能恶意侵犯中小股东的利益。这些都属于公益权,是直接以公司总体利益为目的。还有以股东自身利益为目的的自益权,包括分配请求权和优先认股权,股东有权在公司有盈余时,要求按某种方案分配,当公司增发新股或配股时,股东有优先承购的权利。公司凡有重大决策要生效实施,非经股东大会表决通过则无效。在特殊情况下,股东有权请求召开临时股东大会。股东的权利也体现了其参与性,这种权利性或者说参与性在形式上是公平的,每一股份所享有的权利是相等的,谁拥有较多的股票,其所占股权比例就相应较大,其控制公司的力度也就更强。

2. 责任性

股东享有公司一定的权利,自然也就应对公司经营结果承担相应的责任和义务。这种责任和义务主要体现在对公司债务的清偿上,当公司因经营管理不善,资不抵债时,应债权人请求,就必须按照《公司法》以及《证券法》的有关规定申请破产。此时,股东就应以自己当初所投资入股的这部分资金对公司相应比例的债务承担偿还义务,如清偿债务后尚有余额,应按比例退还股东。这一特点也反映了股份有限公司自身的特征,与股份无限公司形成鲜明的对照,因为后者在同等情况下,则要求股东以其全部资产偿还债务。

3. 非返还性

人们购买股票,就是向发行该股票的公司投资,它反映的不是借贷关系,所以,无偿还期限。公司运用这些真实资本投入产、供、销的资本营运中去,而股东手中持有的只是一张书面凭证。该凭证是"纸制的副本",代表股票持有人对公司部分财产份额的私人占有权。股东不能随意中途要求公司归还自己的投资资金,是为了保证公司正常运转。为确保实现预期的经济目的,公司规定一旦入股,不能要求退股,除非公司倒闭破产或经营中止关门,因此,只要公司正常运转,哪怕公司亏本负债经营,股东的资金自然也永驻长存,世代留传了。当然,投资者可在证券流通市场上转让股票,抽回资金,这种证券的转让易手,仅是公司股东结构的改变,并不影响公司资本存量,这从根本上确保了公司生产经营的连续性和稳定性,同样也保障了公司和股东的权益。

4. 盈利性

股票的收益主要来自两方面:一是公司发放的股息红利;二是通过证券流通市场赚取买卖股票的差价,属于资本利得。这两种收益都具有不确定的性质,当然,投资股票的预期收益也比其他的高,但是,预期收入不等于实际收入。在不成熟的证券市场中,投资股票收益来自股息红利部分的比例越来越低,个别股息甚至到了可以忽略不计的地步,投资者获利重点已放在股票的市值增值上。值得注意的是,促使股票市值增加的业绩因素和社会公众对股票看好这两个因素并非一直同方向变动,有时甚至会出现反方向变动的情况。当证券市场处于极度低迷之时,尽管公司业绩良好,生产蒸蒸日上,其股价仍然会一路盘跌,不断下挫。反之,当市场处于高涨,牛气冲天之时,整个股市人气沸腾,股价全面上扬,哪怕其中个别公司经营亏损,甚至是被处以"特别处理"的绩差股票,其股价也会被大势所拉上,只不过其上升幅度不同罢了。这就是说,股票的盈利具有很大的不确定性。

5. 风险性

股票投资的风险性主要表现为不能获取预期回报或者造成无法预料的投资本金损失,它表现在股票市场交易的价格波动上。股票投资风险主要来自三方面:一是公司经营亏损带来的风险,其中有决策失误或无法预测的宏观因素,也有因公司管理者肆意做假,恶意欺骗投资者所至,这种事例经常会发生在一个不成熟的证券市场上。二是证券流通市场变化无常的市场风险,这是由非公司本身的诸多因素造成的,如宏观调控目标和手段的调整,经济走势的变动。三是由投资者自身原因所造成,如缺乏基本投资常识、技巧,盲目入市,人云亦云,缺乏独立思考,或过于贪心,投机过度等。证券投资的风险与收益呈同方向变动关系,即预期短期收益越高,这不可测的风险也越大,反之则反是。

四、股票的分类与价格

根据不同的标准,股票有不同的分类。按股票所代表的股东权利划分,股票可以分为普通股股票和优先股股票。按照是否在票面上记载股东姓名,股票可以分为记名股票和不记名股票。按照有无票面价值划分,股票可以分为有面值股票和无面值股票。按上市地点分类,我国上市公司的股票有 A 股、B 股、H 股、N 股、S 股等的区分。这一区分主要依据股票的上市地点和所面对的投资者而定。下面重点介绍普通股和优先股。

1. 普通股

普通股是指每一股份对发行公司财产都拥有平等的权益,并不加特别限制的股票。它是股票家族中最基本、最重要的成员,普通股享有公司经营管理和公司利润、资产分配上最基本的权利。它是股份公司注册资本的基础,其发行量最大,是公司筹措资金的基本工具。普通股股息必须是在偿还了公司债务和债息以及优先股股息之后才能随公司利润大小而相应分配,上不封顶,下不保底。由此可见,普通股股东是公司的完全所有者,他们与公司的关系最为密切,他们承受的市场风险最大。我国目前上市交易的股票都是普通股。

普通股股东的基本特点:

(1) 经营参与权。普通股股东有权参加股东大会,享有发言权、质询权,对董事、监事候选人的提案,修改公司投资决策、章程等重大事项有投票权,所持每一股份有一表决权,持股比例越大,其拥有的权利就越大,持股10%以上的股东享有临时股东大会的召集请求权。达到一定比例,甚至可以进入董事会控制公司。

(2) 优先认股权。每当公司增发新股或配股时,普通股老股东有权按其原持股比例来认购新股或配股,以保持对公司所有权的比例不至于下降。增发或配发的股票价格一般都低于市价,这主要为吸引老股东购买,以实现公司增资扩股的目的。同时,也是因新增资本不能即刻产生利润会使每股净利润被稀释,而给老股东带来的投资风险作出一定的补偿。

(3) 剩余财产分配权。这一权利主要用于当公司倒闭破产时,普通股股东在公司先行偿付各类债务和优先股股东权益后,有权按比例参与公司剩余财产的分配。当然,前提是公司还有剩余财产,否则,此项权益就是一纸空文。有些公司并非负债累累,资不抵债,而是因资金一时周转失灵或者其他偶然因素宣布破产。尽管普通股股东的待偿顺序排列在债权人和优先股股东之后,其实际意义不大,但毕竟这是他们的权利。

2. 优先股

相对于普通股而言,优先股是指在公司股息分配或公司剩余财产分配上享有比普通股优先权利的股票。它并不完全具备人们通常定义的股票一般特征,而属于混合型证券,具有股票与债券某些共同特点的证券。公司发行优先股是为了偿付到期债务,或增加公司资产,同时又不影响普通股股东的持股比例。

优先股的基本特点:

(1) 股息优先并且固定。优先股的股息如同债券是事先固定的,并不随公司经营业绩好坏而调整。公司支付优先股股息排在普通股之前。在国际证券市场,优先股股息部分是免税的。如果优先股股东不能得到他全部应得的股息,那普通股股息就更是无从谈起。优先股股息虽然固定,但并非一定要支付,它无法律约束。与普通股股息相比,前者是固定的,后者是浮动的,前者支付顺序在先,后者支付顺序在后。

(2) 优先清偿。在股份公司破产清算时,优先股股东对公司剩余资产的要求权是排在债权人之后,而在普通股股东之前,通常仍可得到少量补偿。如优先股股东权益未能满足时,不能对普通股股东进行任何形式的分配。

(3) 有限表决权。优先股股东通常是没有表决权的。只有在特殊情况下才是例外,例如公司因财务困难而拖欠优先股股息时,其股东就具有临时投票表决权,其权利一直延续到股息支付完毕。又比如,股东大会作出某项有损优先股股东切身利益的决定,优先股股东具有否决权,以维护自身利益。这也是合情合理的。

(4) 优先股可由公司赎回。优先股是具有股票债券双重性质的折衷或两栖式证券。公司规定如有需要,公司可赎回发行在外的优先股,按原价或较为优惠的条件收回,这点与普通股完全不同。

总之,优先股收益固定,风险相对较小,股息又高于债息,股份还可转让而受投资者欢迎。也因股息固定不影响公司正常利润分配,不参与公司经营管理,而得到筹资方的欢迎。

优先股通常可分为累积优先股、可调换优先股和参与优先股:

① 累积优先股。累积优先股是指因为公司经营发生亏损,无力支付股息时,可以累积于次年,或以后等待有盈余时再行发放的优先股。这样,普通股股东就只能等到公司付清全部所欠优先股股息之后,才有机会分得投资回报。一般来讲,公司不再补发所欠股息的衍生利息。如不再补发所欠股息的,属于非累积优先股。

② 可调换优先股。可调换优先股经公司规定,在一定期限内,按一定调换比例,可由投资者自行决定是否把优先股换成普通股。这种优先股等于是公司给予投资者一个自由选择的权利,当公司处境较为困难,优先股股东可手持股票不动,稳坐钓鱼台,以保证自己的固定收入。当公司利润大增,普通股股价上升时,应及时按事先规定的比例把优先股换成普通股,既可获得比原来多的股息红利,又可获得股票增值的好处。显然,它受公司普通股股价波动影响较大。如一旦转换成普通股,就不能再换回来了。如公司规定任何时候都不可转换,则就是非调换优先股。

③ 参与优先股。这是指公司在盈利丰厚时,规定优先股股东除了原有固定股息外,还可与普通股股东共同分享公司剩余利润。显然,这样的优先股条件更为优厚,它按参与分红的程序,可分为

完全参与优先股和部分参与优先股。前者表示优先股股东可无限制地与普通股股东相同分红,后者表示参与分红只能达到某一限度,超过则停止。

此外,还有将累积优先股与可调换优先股相结合,给予投资者更大的实惠的股票。其目的为了尽可能吸引投资,壮大公司实力。对于投资者来说,究竟选择哪一种,应依自己投资目标而定。如希望稳妥投资回报,要规避风险,可选择优先股,而雄心勃勃,充满挑战意识,愿承担高风险去博取高利润的,则可以选择普通股。

3. 我国特定时期的股份种类

我国证券市场发展时间较短,仍处于不成熟的阶段。由于证券市场波动起伏变化调整较大,有关规章制度也有待规范完善,发展初期遗留下的许多问题还需逐步规范解决,这就形成了我国独特的股权分类结构:

(1)国家股。国家股又称国有股,即国家持有的股票,它是代表国家的政府部门或机构,以国有资产投入股份公司所形成的股份,国有资产管理部门委派股权代表。当国有企业改为股份制企业时,国家股一般由企业中原属国家拨款的资金所形成。从理论上讲,国家股应按重估增值后的国有资产价值,以一定比例折股而成,但实际情况却各不相同。国家股的持股数量与比例是国家借以调控企业投资规模与发展的重要手段和实力象征。各股份公司国家股比例无统一标准,高的达到90%以上,低的为零。但一般均在70%左右。

(2)法人股。法人股是股份公司创立时,以本企业自主支配的资金,如企业原生产发展基金、职工福利基金等折算入股形成的股份,其比例一般低于国家股,这是股份公司自己的家当,又称为发起人法人股。法人股的另一层含义是凡具有法人资格的企事业单位,以其依法可经营的资产向发行,或上市公司非上市流通股权部分投资所形成的股份。根据资产性质,国家股和法人股都称为公有股份。

(3) 个人股。个人股也称为社会公众股或A股。这是社会公众以私有财产投入公司所形成的股份,它又可分为公司职工股和社会公众股。社会公众股或A股的正式名称为人民币普通股票,它是由我国境内的公司发行,供境内机构、组织(不含港澳台投资者)以人民币认购和交易的普通股票。公司职工股又可分为职工股和内部职工股。职工股是指公司员工在公司正式对外发行股票时,按发行价格认购,不超过公司总股本额10%的部分。等待公司股票被批准上市六个月之后,可经证交所安排上市交易。这是在发行市场新股供不应求时,对本公司员工实施的一种福利政策,这种职工股基本无风险;内部职工股是在股份制改革试点时,公司只对相关法人和公司内部员工定向发行募集资金的一种股票,本公司员工往往以很低的价格,按公司自行规定的比例认购投票,等公司股票被批准上市流通三年后,方可上市交易。这种方式现已被淘汰,管理层已不再审批此种发行方式,因为这是对其他投资者的一种不公。

(4) 人民币特种股。人民币特种股是相对于社会公众股A股而言,称为B股。这是我国证券市场为实行对外开放,引进外资的一个新方式。B股是以人民币标明面值,专供港、澳、台地区等境外投资者以美元(上海证券交易所)或港币(深圳证券交易所)认购和交易的股票。B股股东与A股股东一样享有相同的权利和义务。证券管理层规定,境内广大投资者还不能直接认购交易B股,哪怕手中有外汇也不行。投资主体的限定,导致A、B股市场价格相差悬殊,这种情况以后会逐步解决,实现与国际惯例接轨。B股又称为境内上市外资股,我国第一只B股为1991年发行的上海真空电子B股。

(5) H股。H股是我国内地上市公司经证监会批准在香港联合交易所挂牌上市交易的股票。发行H股的目的与B股一样,也是为了进一步开拓国际市场,提高企业产品知名度和竞争力,发展我国证券市场。目前,国内已有几十家上市公司的H股成功发行,并受到香港地区投资者的欢迎,被他们称之为大陆股,香港联交所为此特地编制了大陆股综合指数。由H股概念延伸而来的是红筹股,这是香港地区投资者发明的一种称呼,主要指那些在境外注册并在香港挂牌上市交易的中国大陆概念股,这是一个较为模糊的概念,一般理解为其上市公司中资比例在30%以上的股票。在纽约上市的称为N股,新加坡上市的称为S股。显然N、S股都以上市地第一个英文字母命名。

专栏一

股权分置改革

2005年4月29日晚,正当市场绝大多数参与者准备暂时放下跌跌不休的市场,好好享受五一长假的时候,证监会公布了《关于上市公司股权分置改革试点有关问题的通知》,宣布启动股权分置改革试点。

2005年5月15日晚,时任中国证监会主席尚福林在股改试点开始之后,首次就股权分置改革接受专访。也正是在这次专访中,尚福林抛出他的股改名句:"开弓没有回头箭",中国股市成立以来最大的一次变革也就此轰轰烈烈展开。

所谓股权分置,是指上市公司的一部分股份上市流通,另一部分暂不上市流通。股权分置问题是由于我国证券市场建立初期,改革不配套和制度设计上的局限所形成的制度性缺陷。截至2004年底,我国上市公司总股本为7 149亿股,其中非流通股份4 543亿股,占上市公司总股本的63.55%;国有股份占非流通股份的74%,占总股本的47%。股权分置改革就是解决非流通股的流通问题,经过10余年的努力,部分上市公司已经实现了股份的全流通。

股权分置造成上市公司的股权结构极不合理、不规范,表现为：上市公司股权被人为地割裂为非流通股和流通股两部分,非流通股股东持股比例较高,约为三分之二,通常处于控股地位。其结果是,同股不同权,上市公司治理结构存在严重缺陷,容易产生一股独大,甚至一股独霸的现象,使流通股股东特别是中小股东的合法权益遭受损害。

然而,由于很多历史原因,由国企股份制改造产生的国有股事实上处于暂不上市流通的状态,其他公开发行前的社会法人股、自然人股等非国有股也被做出暂不流通的安排,这在事实上形成了股权分置的格局。另外,通过配股送股等产生的股份,也根据其原始股份是否可流通划分为非流通股和流通股。

根据投资主体的不同,我国股权设置有四种形式：国家股、法人股、个人股、外资股。而1994年7月1日生效的《公司法》,对股份公司就已不再设置国家股、集体股和个人股,而是按股东权益的不同,设置普通股、优先股等。然而,翻看我国证券市场设立之初的相关规定,既找不到对国有股流通问题明确的禁止性规定,也没有明确的制度性安排。股权分置改革与国有股减持不同。减持不等于全流通；获得流通权,也并不意味着一定会减持。

随着资本市场的发展,解决股权分置问题开始被提上日程。1998年下半年以及2001年,曾先后两次进行过国有股减持的探索性尝试,但由于效果不理想,很快停了下来。

股权分置的由来和发展可以分为以下三个阶段。

第一阶段：股权分置问题的形成。我国证券市场在设立之初,对国有股流通问题总体上采取搁置的办法,这就形成了事实上的股权分置的格局。

第二阶段：通过国有股变现解决国企改革和发展资金需求的

尝试，开始触动股权分置问题。1998年下半年到1999年上半年，为了解决推进国有企业改革发展的资金需求和完善社会保障机制，开始进行国有股减持的探索性尝试。但由于实施方案与市场预期之间的差距，试点很快被停止。2001年6月12日，国务院颁布《减持国有股筹集社会保障资金管理暂行办法》也是该思路的延续，同样由于市场效果不理想，于当年10月22日宣布暂停。

第三阶段：作为推进资本市场改革开放和稳定发展的一项制度性变革，解决股权分置问题正式被提上日程。2004年1月31日，国务院发布《国务院关于推进资本市场改革开放和稳定发展的若干意见》（以下简称《若干意见》），明确提出"极稳妥解决股权分置问题"。

股权分置改革解决了我国股市中存在的一项根本性制度缺陷，所以股改完成后，股市开始反映我国经济发展的成果，并开始快速地成长。

股权分置是我们国家独有的现象，是"摸着石头过河"的产物，其他国家都没有这个现象，也就没有股改。

4. 股票价格

股票价格种类很多，根据不同的计算口径可分为不同的价格。股票的价格与商品价格不同，它并不是代表相应的劳动，而是作为收益的凭证，谁持有股票，谁就有权获得收益。

（1）票面价格。票面价格是股份公司发行股票的第一个价格。印制在票面上，又称面值，它表明每股股份对公司总资本所占有的比例。票面价格按国际惯例一般定为一元。在我国证券历史上，最初为一百元，以后逐步拆细。

（2）发行价格。发行价格是公司依据证券市场供求情况、本次发行总量、同行业股价水平、本公司经营业绩等多方面因素综合比较后制定的,它一般高于票面价格。发行价格就是新股的实际销售价。

(3) 账面价格。股票账面价格是公司会计记录时所反映的每股股份实实在在的投资价值,它不应带有任何水分和虚假,其价格一般一年调整一次。这价格实际代表每股股票的净资产价值,它并不等于票面价格,而是采用公司总资产减总负债,得出净资产总额,再除以总股本得出账面价格。人们也可将公司总股本额加上公司各种公积金以及各类累积盈余得出净资产总值,这也称之为股东权益。

(4) 内在价格。内在价格是一种用于分析股票未来收益的理论价格,从而可以判断其市价是否具有潜在的投资价值。它代表股票的真实价值,一般是在预计股票未来收益的基础上产生,所以只能得出近似的数据。按照不同的分析侧重,可以得出同一股票的不同内在价格。其公式为

$$股票的内在价格 = \sum_{t=0}^{n} \frac{股票未来 t 年收益}{(1+贴现率)^t}$$

显然,该指标受公司效益、市场贴现率、持股期限等多种因素影响。人们往往在千方百计寻找内在价格大于市场价格的股票,挖掘含金量较高的投资对象,以获得潜在的投资收益。

(5) 市场价格。人们通常将市场价格称为行情,这也是市场转让股票的即时价格。它变化无常,最难以把握,任何一个微小的影响都会导致市价的起伏波动,但股票预期收益和市场利率仍是最主要的决定市场价格因素。市场价格是个综合概念,它包括开盘价、收盘价、最高价、最低价、买入价、卖出价等几种,其中以每日收盘价最为重要,它是投资者分析行情和绘制技术走势图表的基本数据。

(6) 清算价格。清算价格是公司在破产清算时,每一股份所

代表的真正价格。应该说,其计算方式与账面价格相同,但事实上,这两个价格有时并不一致,因为在清算财产进行拍卖时,要考虑拍卖成本,每股清算价格总小于账面价格。与此同时,剩余财产的拍卖,总是压低卖价以求尽可能快地出售。当然,相反的情况也会有所发生,即清算价格高于账面价格,但毕竟少数。

第二节 基本证券商品——债券

债券是一种古老的证券商品,在不同的历史时期和地域,它被赋予不同的内涵,并发挥有别于其他证券商品的市场作用。在新中国成立以后,债券先证券市场而出现,在证券市场出现后,其表现有些落后于股票,尽管如此,债券仍然是种很有生命力的证券商品,其重要性不亚于股票。在目前深化国企改革的关键时期,债券仍将发挥重要的、不可替代的融资作用。

一、债券的概念、特征

债券也是证券投资客体,是政府(中央政府及地方政府)、各金融机构(商业银行及非银行金融机构)和公司企业等为了筹措资金向社会公众发行的。它是表明投资方和筹资方之间债权债务关系,并约定在一定时期内按一定利率还本付息的书面凭证。债券作为一种法律与信用原则为基础的借款凭证,具有法律的约束力,反映借贷双方的经济权益关系,双方都必须严格按照合同规定履行自己的权利和义务。借款凭证不一定就是债券。而要被称为债券,它必须按同一条件和同一权益,同时向社会公众发行,并在规定的期限内还本付息。其基本特征为:

(1)偿还性。债券期限长短不一,到期后债务人必须向债权人支付既定利息,并全额偿还本金。利息是否提前支付应由债务人自行决定。国外曾发行无期限永久性的债券,这是不规范的,我国没有发行这类债券。在债券有效期内,持券人只是把货币暂时让渡给债务人使用,并不转移所有权,至于债务人如何使用这笔资金,债权人一般不必过问,除非大额定向发行的债券,即指定专用的债务。债权人只需到时收回本金利息即可,这种完全的借贷关系是债券的根本属性。

(2) 流通性。债券要经过管理部门批准才可上市流通。债券只是在已发行总额内流通,债权人所有权的转让并不涉及债务人使用资金的效益。流动性越强,债券变现能力越大,也越受投资者欢迎。

(3) 稳定性和风险性。债券收益要比股票收益稳定,这是人们公认的,其收益主要来自因债务人占用资金而支付的报酬,或者说,债务人使用资金的成本即利息。若上市交易的债券也有因市场利率下调,低于票面利率而额外获得的市场转让价差收益,后一部分收益在债券到期兑付日不再存在。债券利息收益是稳定的,它基本不受商业银行利率变动的影响。债券价格既不因债务人的经营状况不良而下跌,也不因其盈利大增而上升,它的稳定性显然强于股票,或者说,风险性比股票小。债券的收益是其时间价值和风险价值的综合作用,也是债权人暂时让渡资金使用权并承担投资借贷风险的补偿。

二、债券种类

债券种类繁多,按照不同的标准,可以划分为不同类型的债券。

1. 按发行主体划分

按发行主体的不同,债券主要分为政府债券、金融债券和公司债券。

(1) 政府债券。政府债券是政府为筹集资金而发行的债券,主要包括国库券和公债两大类。国库券通常是财政部为弥补财政收支不平衡而发行的债券;公债则是政府为筹集建设资金而发行的债券。两者有时也统称为公债。另外,中央政府发行的政府债券称国家公债,地方政府发行的称地方公债。政府债券中最主要的是国家公债,因其信誉好、利率优、风险小而又被称为"金边债券"。

国债发行采用招标方式进行。1996年,我国正式开始采用国际流行的招标方式发行国债,包括:划款期招标、收益率招标和价格招标。其中价格招标包括多种价格招标(美国式)和单一价格招标(荷兰式)。

划款期招标是投标商以缴款时间作为竞争标的物,发行人按由近及远的原则确定中标者,直至额满。缴款期即投标商将所认购债券款项划入发行人指定账户的时间,与债券发行期并非同一概念。这种方式适用于债券发行价或票面利率已定的前提,是一种较为低级的发行招标方式。

收益率招标是以债券投资年收益率为竞争标的物,发行人按由低到高的顺序确定中标者。即投标者所报年收益率最低为首先中标。中标商的盈亏由其缴款价格相对于债券面值的差价确定,投标商一般可依据二级市场债券平均收益率和自身认购实力进行竞争投标。这种方式是国际最常用的招标方式。

多种价格招标又称为美国式招标。这是投标商依据每个价位上自身认购能力,并考虑中标概率,提出各自不同的认购价格或年收益率,然后由发行人根据所有中标收益率的加权平均数作为债券利率,来依次确定中标者及其中标认购数量。各个中标商都有各自不同的认购价,即每家的认购成本和年收益率也不尽相同。这种方式公开竞争性强,应有合理的投标数量限定,以防资金雄厚者垄断投标市场。在债券供不应求时,票面利率会趋于下降,反之,则年收益率会提高。

单一价格招标又称荷兰式招标,是发行人根据募集资金,在投标额由高到低额满为止时,以最低投标价为最终中标价格,也是全体投标商的最终统一中标价。在以年收益率为竞争标的物时,最终中标认购年收益率自然成为所有中标年收益率中的最高值。这种方法鼓励投标商竞争高价,因为所有中标商都最终得到同样的最低中标价。它适用于投标技巧不高、市场需求旺盛情况,也容易造成债券年收益率过低的现象。

(2) 金融债券。金融债券是银行及非银行金融机构作为筹资主体,为筹措资金而向个人发行的债券,它属于银行及非银行金融机构的主动负债。在英、美等欧美国家,金融机构发行的债券归类于公司债券。在我国及日本等国家,金融机构发行的债券称为金融债券。金融机构一般有雄厚的资金实力,信用度较高,因此金融债券往往有良好的信誉。

(3) 公司债券。公司债券是公司依照法定程序发行、约定在一定期限内还本付息的有价证券。它是私人公司或公众公司举借债务时使用的工具,由发行人根据发行契约发行,作为债券持有人的债权凭证,由发行人承担还本付息的义务。公司债期限可长可短,短至几天或长达数十年。发行人在债券契约中必须说明资金用途、财务状况。另外,公司债还具有不免税、有固定发行面值、在交易所上市等特征,而且债券的发行通常由信用评级机构给予信用评定。

2. 按债券形态划分

按债券形态划分,分为实物券、凭证式债券和记账式债券。

(1) 实物券。这是债券最初的形态。采用钞票的印制技术和纸张,制作精良,是看得见、摸得到的有价证券,现在早已成为人们难觅的收藏品。我国最小的国库券面值为一元,最大的上万元,制作成本高,保存麻烦,现已逐步淘汰。

（2）凭证式债券。这是由发行人,一般是国家政府委托金融机构签发类似于商业银行定期存单的收据凭证,它同样载明债券面值、价格、还本期限、利率等基本要素,到期后由签发部门负责兑付收回凭证。这样的发行降低了发债成本,并可通过金融机构发达的网格体系顺利地完成发债计划。这是我国目前主要采取的一种债券形式。

（3）记账式债券。这是利用证券交易所网络发行的无纸化债券,并可直接在证券二级市场交易流通,如同股票买卖,它进一步降低了发行成本,完全省略了纸张,安全性高,交易转让快捷。证交所把债券发行、保管、交易结算和兑付等程序全部利用计算机网络完成,发行效率极高,这是债券发行的趋势。债券性质并不会因无纸化交易而发生变化,它仍可记名、挂失,发行期短,深受投资者欢迎,但对非股东的购买带来一定的不便。

3. 按债券利息支付方式划分

按债券利息支付方式划分,可以分为附息债券、贴现债券、累进计息债券和零息债券。

（1）附息债券。附息债券是在债券上附有各期息票的中、长期债券。通常息票每六个月或一年为一期,息票到期时,从债券上剪下凭此领取本期利息。附息债发行人往往于息票到期前先将息款存入银行,委托银行代为兑付,息票有编号,应与债券编号一致,息票上同样载明应付利息的金额与时间,如未到期,不得提前支取。息票实际也是一种可转让的有价证券。如某附息债券年利率为5%,规定每年附息一次,期限十年,则共附息票十张,如债券面值1 000元,每张到期息票应值50元。中长期政府公债及公司债券大多采用这一方式。

(2) 贴现债券。这是将债券利息在发行时先行返还给投资者的一种债券。也称无息券或贴息、贴水债券。债券发行时可不规定利率，而采用通过竞价以低于面值发行，到期则按票面额兑付。发行人也可将原标明票面利率的债券，以扣减利息后的余额发行，到期也按票面额兑付，其投资年收益率要高于票面利率。

(3) 累进计息债券。该债券利率逐年递增，投资者哪一年兑付就按哪一档利率计息支付，以鼓励人们长期持券，同时发行人也考虑了复利因素和通货膨胀因素。

(4) 零息债券。这是最普通的到期一次付息债券，不到期没有利息。我国目前大都采用这种方式。

4. 按债券偿还方式划分

按债券偿还方式划分，可以分为到期一次偿还债券、未到期的提前偿还债券和替代偿还债券。

除了到期一次偿还债券本金外，还有债券未到期的提前偿还和替代偿还。提前偿还还可以分为部分偿还和全额偿还。部分偿还可分为抽签偿还和市场买进偿还，都由发行人自行确定何时实施偿还债务。

抽签偿还是一种强制性的偿还方式。我国在1981年发行的十年期国债就采用一次发行，从发行第六年起分四次分批抽签偿还债券本金利息，中签偿还后未到期的利息不再支付。市场买进偿还是发行人委托中介商在债券到期前以市价收回债券。这种方式对双方都有风险，如市价低于债券面值，投资者吃亏，自然，他可以不卖，即发行人收回债券总额低于总发行量，发行人可再采用强制性抽签偿还方式。如市价高于面值，发行人的兑付成本将增加，发行人也可直接按面值提前兑付。总之，无论是部分还是全部偿还，未到期兑付都只从发行人角度考虑，都会打乱投资者的投资计划，会损害投资者利益，一般不宜采用。全额偿还是指债券到期一次性全额返回本金。

替代偿还债券是指债券到期后,发行人采用发行新债券替代偿还到期的旧债券。这种滚动发行债券的方式实质是以短期债券替代长期债券,属于变相的长期集资方式,较为典型的是三个月的短期国库券。这样,既满足了投资者短期灵活的投资需要,又使筹资者降低了债券利息,以较低的成本长期占用资金。替代偿还以国家信誉为前提,否则难以实施。

5. 按发行区域划分

债券依据发行区域可分为国内和国外。

国内债务为内债,以本国货币在国内金融市场对社会企业团体个人发行,其品种根据不同的筹资目的五花八门:有国库券、国家重点建设债券、财政债券、特种债券、保值债券、金融债券、可转换债券、三峡工程债券以及各类地方建设债券,如京九铁路债券、上海浦东建设债券等。其中解放初期的人民胜利折实公债较为特殊。

国外债务称为外债,以外国货币计值,在国际金融市场筹资,主要用于弥补发行国的国际收支逆差、引进外资用于国家重大工程项目等。这也称为国际公债,它分为两种主要种类:

外国债券。这是甲国以乙国货币为面值,在乙国发行的债券。通过向社会公众发行的是公募债券,一般即可上市流通,或向特定投资者发行的是私募债券,一般不上市。外国债券发行涉及两国资金流通换算,手续繁杂,其前提是发行国国内政局、经济稳定,证券流通市场、外汇管理制度健全。如我国在日本发行的武士债券等。

欧洲债券。这是甲国在乙国以丙国货币作为面值发行的债券,又称境外或欧洲货币债券。欧洲债券并非局限于地理概念上的欧洲范围,欧洲债券市场是一开放度极高的国际市场,它不属于某一国家,一般是由知名度较高、信誉较好的各国政府或国际机构、跨国银行等为发行人。我国也已在国际市场成功地发行过数次欧洲债券。

除以上介绍的债券种类外,还有许多名目繁多的种类,如以债券是否记名,分为记名和不记名债券;以资金募集方式分为私募和公募债券;以债券有无担保分为信用和抵押债券;以及固定、浮动利率债券;单利、复利债券等。

三、股票与债券的区别

股票与债券都是投资者进行长期投资的金融工具,也是筹资者用以进行长期筹资的对象,它们都是有价证券,都具有获得一定收益的权利,并可进行转让买卖。但是,股票是股权证券,体现了一种产权关系。债券是债权证券,体现了一种债权债务关系,这是两者最根本的不同处。它们主要表现为:

(1) 从性质上看。股票体现了股东对公司部分财产的所有权,股东所持股份的规模代表了他在公司控股权的大小。股东有参与公司经营管理的权利,与公司的关系是同甘苦共患难,风险共担,唇齿相依的密切关系。债权人仅是持有公司债券,无权参与公司管理,与公司的关系是对立的债权债务关系,其本息归还的权利得到法律保护。

(2) 从发行目的看。公司发行股票是为了筹措自有资金,所筹款项无须归还,可用于固定资产的投入或其他长期投资,其资金列入公司净资产即股东权益。而公司发债是为了增加营运资金或流动资金,一般为了短期资金需求而追加,所筹款项列入公司负债。

(3) 从偿还时间上看。股票无期限,公司无须偿还。债券有期限,到期必须偿还。因此,公司如发债过多,经营不善,就有可能因资不抵债而破产。而股票发行越多,净资产越大,其破产可能性越小。

（4）从收益形式上看。股东可从公司税后利润中分享股息红利，但因股票本身增值或贬值的可能性极大，其收益很不稳定。而债权人从公司的税前利润中得到固定收益，债券本身内涵价值不会变动，且债券的回报在股票之前，其索赔权也排在股票之前。

（5）从风险性看。债券属于单纯的投资对象，投机性小，风险低，收益固定。股票价格变动频繁，风险大，投机性强，预期收益比债券高，收益不稳定。

（6）从发行单位看。除股份有限公司既可发股又可发债外，其他部门，包括政府都只能报批发行各类债券，而不得发行任何形式的股票。

第三节 基本证券商品——证券投资基金

投资基金是国际流行的证券商品，也是我国在今后一段时间内大力发展的证券品种。投资基金具有降低投资风险，稳定证券市场的功能，尽管在失控的情况下，它也会造成很大的危害。这里将主要介绍投资基金的概念和它的运作等有关问题。

一、投资基金的基本概念

投资基金是证券市场中极为重要的一种投资品种。投资基金也称为共同基金，或单位信托基金。它是一种由不确定的众多投资者在自愿基础上，不等额出资汇集而成，具有一定规模的信托资产，"受人之托，代人理财"是其本质所在。投资基金交给各类专业人员操作管理，由此产生的经济效益在规定的期限以及基金到期后按投资比例分配。

投资基金的基本特点有:

(1) 专业人员操作经营。投资基金由专门从事证券投资研究分析的高学历高层次人员操盘,相对于个人散户投资者,他们经验丰富,技巧熟练,既懂基本面分析,又擅长技术面分析,完全可帮助那些不谙投资理论,又无时间,但想投资证券的人们得到一个较为满意的回报。

(2) 实行投资的最佳组合。基金投资于不同行业、不同品质的证券,采用投资组合原理,大大分散了风险。这个效果只有资金达到一定规模基础上才能取得,即个人投资者少量资金难以实现可观的效益和最小的风险。

(3) 按净资产比例分配。投资基金期限届满,即清盘终止运行。其每份基金产生的最终利益按投资比例分配,既有可能全额还本,也有可能部分还本或超额还本,这都取决于基金最终运作效果。这也是与股票永不还本及债券必须全额还本所不同。

二、证券投资基金的分类

根据不同标准,证券投资基金有不同的种类:

1. 根据基金单位可否增加或赎回划分

根据基金单位是否可增加或赎回,可将基金分为封闭式基金和开放式基金。证券投资基金开始于封闭式基金,目前数量非常有限,全球97%以上的基金都是开放式基金,我国也不例外。封闭式基金有固定的存续期,一般在证券交易场所上市交易,交易价格与基金资产净值不存在必然的联系。开放式基金规模不固定,一般不上市交易,而是通过银行、券商、基金公司申购和赎回,申购和赎回价格与基金资产净值存在必然的联系。

封闭型基金与开放型基金的区别：

(1) 基金规模可变性不同。封闭型基金在存续期限内不能赎回，只能按市场价格转让，基金规模固定。开放型基金在存续期限可随意扩大或缩小，导致基金资金额每日变动，发行时无须经证交所批准，基金应保证投资者能随时赎回。

(2) 基金单位交易价格不同。封闭型基金价格受市场供求影响而具有不确定性，或溢价或折价交易。开放型基金按相对固定的资产净值定价，不受市场直接影响。

(3) 基金投资比例及投资方式不同。封闭型基金可将全部资金作通盘长远规划，以追求利益最大化，且不受赎回干扰。而开放型基金则须留下备付金，无法将全部资金投入长线投资，这就势必影响其经济效益。国际证券市场中的基金发行历史和趋势证明，开放型基金将是基金市场中的主力军，美国的开放型基金已占基金总量的 90％以上，我国资本市场上目前仅存几家封闭式基金，其余的均为开放式基金。

2. 根据组织形态的不同划分

根据组织形态的不同，证券投资基金可分为公司型基金和契约型基金。公司型基金由按照公司法组成，以营利为目的的股份有限公司进行运营。契约型基金是根据一定的信托契约原理组织起来的代理投资制度。契约型基金一般由三方构成：基金托管人、基金管理人和基金受益人。基金管理人负责运作资产，基金托管人负责保管信托财产，投资成果则由投资者享有。我国的证券投资基金均为契约型基金。基金托管人一般由商业银行担任托管基金资产，要安全保管基金的全部资产，执行基金管理人的投资指令，并监督基金管理人的投资运作，出具基金业绩报告，提供基金托管情况，审查基金资产净值及基金价格报告，在必要时可要求原基金管理人退任，以维护基金受益人的权利。基金管理人一般由基金管理公司担任,管理和运用基金资产。

3. 根据投资收益与风险的不同划分

根据投资收益与风险的不同,可分为成长型、平衡型和收入型基金。

4. 根据投资对象不同划分

根据投资对象不同,可分为股票基金、债券基金、期货基金、货币市场基金等。

三、几个有关的概念

1. 分级基金

分级基金是我国资本市场上近几年出现的基金"新品种"。

分级基金也叫"结构型基金",是指在一个投资组合下,通过对基金收益或净资产的分解,形成两级(或多级)风险收益,表现有一定差异化基金份额的基金品种。分级基金的主要特点是将基金产品分为两类份额,两种份额的基金收益分配并不相同。从目前已经成立的分级基金情况看,通常分为低风险收益端(优先份额)子基金和高风险收益端(进取份额)子基金两类份额。

根据分级母基金的投资性质,母基金可分为分级股票型基金(其中多数为分级指数基金)、分级债券基金。分级债券基金又可分为纯债分级基金和混合债分级基金,区别在于纯债基金不能投资于股票,混合债券基金可用不高于20%的资产投资股票。

根据分级子基金的性质,子基金中的A类份额可分为有期限A类约定收益份额基金、永续型A类约定收益份额基金;子基金中的B类份额又称为杠杆基金。杠杆基金可分为股票型B类杠杆份额基金(其中多数为杠杆指数基金)、债券型B类杠杆份额基金。

2. QDII

QDII(qualified domestic institutional investors)是英语"合格的境内机构投资者"的首字母缩写。它是在一国境内设立,经该国有关部门批准从事境外证券市场的股票、债券等有价证券业务的证券投资基金。和 QFII(合格境外投资者)一样,它也是在货币没有实现完全可自由兑换、资本项目尚未开放的情况下,有限度地允许境内投资者投资境外证券市场的一项过渡性的制度安排。

3. QFII

QFII(qualified foreign institutional investors)是英语"合格的境外机构投资者"的首字母缩写,韩国、中国台湾、印度、巴西等国家和地区在 20 世纪 90 年代初就设立和实施了这种制度。QFII 制度实质上就是对进入本国证券市场的外资进行一定的限制。

QFII 是一国在货币没有实现完全可自由兑换、资本项目尚未开放的情况下,有限度地引进外资、开放资本市场的一项过渡性的制度。在这种制度下,外国投资者若要进入一国证券市场,必须符合一定的条件,得到该国有关部门的审批通过后,汇入一定额度的外汇资金,并转换为当地货币,通过监管严格的专门账户投资当地证券市场。

4. ETF

ETF(exchange traded funds)是"交易型开放式指数基金",是一种在交易所上市交易的开放式证券投资基金产品,交易手续与股票完全相同。ETF 管理的资产是一揽子股票组合,这一组合中的股票种类与某一特定指数,如上证 50 指数,包含的成分股票相同,每只股票的数量与该指数的成分股构成比例一致,ETF 交易价格取决于它拥有的一揽子股票的价值,即"单位基金资产净值"。

ETF的投资组合通常完全复制标的指数,其净值表现与盯住的特定指数高度一致。比如上证50ETF的净值表现就与上证50指数的涨跌高度一致。

目前我国证券市场中有200多只ETF基金。

5. LOF

LOF(listed open-ended fund)是一种可以同时在场外市场进行基金份额申购或赎回,并通过份额转托管机制将场外市场与场内市场有机联系在一起的一种开放式基金。我国目前有100多只LOF基金。

主要特点:

(1)上市开放式基金本质上仍是开放式基金,基金份额总额不固定,基金份额可以在基金合同约定的时间和场所申购、赎回。

(2)上市开放式基金发售结合了银行等代销机构与深交所交易网络两者的销售优势。银行等代销机构网点仍沿用现行的营业柜台销售方式,深交所交易系统则采用通行的新股上网定价发行方式。

(3)上市开放式基金获准在深交所上市交易后,投资者既可以选择在银行等代销机构按当日收市的基金份额净值申购、赎回基金份额,也可以选择在深交所各会员证券营业部按撮合成交价买卖基金份额。

在我国ETF是在上海证券交易所上市交易的开放式基金,LOF是在深圳证券交易所上市交易的开放式基金。

ETF基金和LOF基金的差异点:

(1)适用的基金类型不同。

ETF主要是基于某一指数的被动性投资基金产品,而LOF虽然也采取了开放式基金在交易所上市的方式,但它不仅可以用于被动投资的基金产品,也可以用于经济投资的基金。

（2）申购和赎回的标的不同。

在申购和赎回时，ETF与投资者交换的是基金份额和"一揽子"股票，而LOF则是基金份额与投资者交换现金。

（3）套利操作方式和成本不同。

ETF在套利交易过程中必须通过一揽子股票的买卖，同时涉及基金和股票两个市场，而对LOF进行套利交易只涉及基金的交易。更突出的区别是，根据上交所关于ETF的设计，为投资者提供了实时套利的机会，可以实现T+0交易，其交易成本除交易费用外主要是冲击成本；而深交所目前对LOF的交易设计是申购和赎回的基金单位与市场买卖的基金单位分别由中国注册登记系统和中国结算深圳分公司系统托管，跨越申购赎回市场与交易所市场进行交易必须经过系统之间的转托管，需要两个交易日的时间，所以LOF套利还要承担时间上的等待成本，进而增加了套利成本。

四、我国投资基金运作与管理

1. 基金的募集、申购、赎回

基金募集期限自基金份额发售之日起不得超过三个月。基金募集期限届满，募集的基金份额总额符合《证券投资基金法》第五十九条的规定，并具备下列条件的，基金管理人应当按照规定办理验资和基金备案手续：基金募集份额总额不少于两亿份，基金募集金额不少于两亿元人民币；基金份额持有人的人数不少于二百人。

发起式基金不受上述限制。发起式基金是指基金管理人在募集基金时，使用公司股东资金、公司固有资金、公司高级管理人员或者基金经理等人员资金认购基金的金额不少于一千万元人民币，且持有期限不少于三年的基金。发起式基金的基金合同生效三年后,若基金资产净值低于两亿元的,基金合同自动终止。

基金管理人应当自收到投资者申购、赎回申请之日起三个工作日内,对该申购、赎回的有效性进行确认,但中国证监会规定的特殊基金品种除外。

基金管理人应当自接受投资者有效赎回申请之日起七个工作日内支付赎回款项,但中国证监会规定的特殊基金品种除外。

开放式基金的基金合同生效后,基金份额持有人数量不满两百人或者基金资产净值低于五千万元的,基金管理人应当及时报告中国证监会;连续二十个工作日出现前述情形的,基金管理人应当向中国证监会说明原因和报送解决方案。

2. 基金的80、20指标

根据《公开募集证券投资基金运作管理办法》(以下简称《办法》)第三十条:百分之八十以上的基金资产投资于股票的,为股票基金;百分之八十以上的基金资产投资于债券的,为债券基金;仅投资于货币市场工具的,为货币市场基金。

3. 基金的投资与分配

一只基金持有一家上市公司的股票,其市值不得超过基金资产净值的百分之十;同一基金管理人管理的全部基金持有一家公司发行的证券,不得超过该证券的百分之十;基金财产参与股票发行申购,单只基金所申报的金额不得超过该基金的总资产,单只基金所申报的股票数量不得超过拟发行股票公司本次发行股票的总量;一只基金持有其他基金(不含货币市场基金),其市值不得超过基金资产净值的百分之十,但基金中基金除外;基金中基金持有其他单只基金,其市值不得超过基金资产净值的百分之二十;基金总资产不得超过基金净资产的百分之一百四十。《办法》第三十二条规定基金管理人应当自基金合同生效之日起六个月内使基金的投资组合比例符合基金合同的有关约定。

《办法》第三十五条规定封闭式基金的收益分配,每年不得少于一次,封闭式基金年度收益分配比例不得低于基金年度已实现收益的百分之九十。开放式基金的基金合同应当约定每年基金收益分配的最多次数和基金收益分配的最低比例。第三十六条规定基金收益分配应当采用现金方式。

4. 优化指数型基金操作

优化指数型基金其操作基本思路是以某个股价指数为参照,在股票投资组合中的结构和数量比例,基本参照该股价指数的编制确定方法,使基金持有的股票比例与构成和该股价指数的股票权重比例基本相符。这种投资方式决定了基金的收益率基本等于指数的涨跌幅度。所谓优化指数,是相对于简单型指数基金而言的。简单型指数基金是指基金投资组合构成与所跟踪的指数完全一致,包括股票种类及其权数,并不随其指数的涨跌同比例增加或减少持股比例。这样的投资组合保持着与指数的涨跌方向及幅度完全一致。优化型指数则可追踪指数走势部分调整投资组合,两者的涨跌方向和幅度并不完全一样。简单型基金在市场下跌而又不允许卖空的前提下,是难以避免风险的,更谈不上获利了。优化型指数则可依据情况投入资金,主动调整投资组合,掌握主动权。当然,盯住大盘指数,与其并驾齐驱的前提是基金管理人在市场运行的大方向上不出现重大判断失误,并能灵活调整所持仓位及结构,在指数处于中长期相对低位时加大持仓量,反之,在中长期相对高位时减磅避险。

优化指数型基金有利于证券市场的稳定发展,其资金为市场锁定了大批筹码,在行情上扬时是市场有力的支撑,在行情下跌时则因锁定筹码而具抗跌性。它以追踪大市为目的,避免选择个股和入市时机的风险。优化指数型基金具有充分投资,费用较低及非系统风险基本为零的特点。充分投资是指基金不必费心选股，可采取完全被动式钉住指数构成结构，一心一意跟着指数，把所有资金全部投入其投资组合中，或者将基金资金的一部分作微调，以剔除亏损股，小幅优化，灵活操作，不拘泥于指数的翻版，这也称为主动性充分投资，它并不影响与指数的高度相关性。费用较低是因为指数相对个股股价变动要慢，以追踪大市为目的，在一定周期内，基金不会也无须经常变动投资结构。非系统风险基本为零是投资额相对分散，优化指数型基金有利于取得超过平均水平的投资收益，即有可能超过大盘盈利面，但确切地说，这并非操作人的本意，基金是宁愿模仿指数尽力接近，它而不是战胜它。当然，这种基金也有不足，对那些追求高风险高收益的证券投机者而言，则显得弹性不足，索然无味，无法满足其投机欲望。

指数基金的风险表现为：基金管理人可能的判断操作失误，使指数基金投资者无法享受指数上升带来的收益；在市场大幅下跌之时，部分减持股票仍然无法抵销投资损失；因要调整投资组合而频繁交易，增加运行费用，削减了自身优势。在美国证券市场上，这类基金是所有基金品种中发展最快的一种，吸引了半数以上购买共同基金的资金。在美国股市长期处于上升趋势时，指数基金充分享有大盘指数上升所带来的收益。

五、基金的风险与管理

1. 基金的风险

作为一种投资方式，基金也有风险性和收益性的并存。基金的风险主要表现为：

（1）法律风险。基金在本质上是一种信托，如果没有信托法规，它就成为空中楼阁；对于基金设立和日常运作进行规范的法律不健全，或者虽健全却未被遵守，都会增加投资者的风险。

(2)机制风险。无论是契约型基金还是公司型基金都是通过投资者、经理人、保管人组成的三角机制来运作的。维持这种机制的核心文件是信托契约或公司章程,主体是基金经理人。如果信托契约或公司章程不完备,或者不被严格遵守,这种机制就不能发挥效用,就会给基金带来很大的风险。

(3)营运风险。这种风险主要来源于一基金经理人的运作水平有限,以及投资运用范围的过于广泛,失去所谓"专家管理"的意义,不适于基金所处的宏观经济环境与市场条件,如宏观经济政策的改变、通货膨胀、实际利率等。

(4)流动性风险。封闭型基金必须公开上市交易,基金上市交易后的价格更多是受证券市场走势、基金可流动性的影响,而与基金单位与资产和基金运作情况脱节,这对于长期投资者来说,存在着流动性风险。开放型基金的赎回如果受到限制,也存在此类风险。

2.基金风险管理的一般原则

(1)分散投资:根据资本资产定价模型 CAPM,人们将一定规模的资金分散投资于多种金融资产上能够降低甚至消除单个证券的独特风险,与此同时,组合投资的收益却并不降低,投资基金正是根据该理论进行的组合投资。

(2)专家经营:基金管理公司聚集了一批既懂经营管理,又具备产业知识的高级人才,他们掌握最先进的投资手段,信息灵通,在资本市场上谨慎操作较一般投资者具有资金优势、技能优势和时间优势。

(3)经营分开:无论是契约型还是公司型基金,基金管理公司都与保管公司相分离,即他们在财务、人事等方面严格分开,没有直接或间接的联系。管理公司负责基金的运营管理,保管公司负责基金资产的保管,这一方面可以使基金管理公司免除烦琐事物的纠缠,提高工作效率;另一方面保管公司可以监督管理公司的经营活动,确保投资者的利益。

(4)流通变现:一种投资工具具有较高的流动性是其受欢迎的原因之一,而基金正是具有这样的特征。例如开放型基金,投资者可以随时认购或赎回;封闭型基金的收益单位可以在场外交易,对上市基金投资者可以在交易所进行转让或购买。

关键词:

普通股 优先股 债券 投资基金 荷兰式招标 美国式招标 外国债券 欧洲债券 开放型基金 指数基金 分级基金 账面价格 内在价格

思考题:
1. 简述股票的种类以及基本特征。
2. 股票账面价格和内在价格如何计算?
3. 债券的种类和特征是什么?
4. 简述贴现债券、累进计息债券、外国债券和欧洲债券的概念。
5. 股票与债券有何区别?
6. 投资基金有哪些种类?
7. 债券贴现发行时,其票面利率与年收益率之间有何关系?
8. 债券发行价格招标中,美国式及荷兰式招标各有什么区别?
9. 优化指数型基金基本操作特点是什么?

第三章 证券市场的运行

本章重点:
1. 股票发行方式和发行价格的确定
2. 债券的折价发行和溢价发行
3. 会员制和公司制交易所的优缺点
4. 三板市场的发展过程
5. 股价指数的计算方法
6. 信用交易方式及其利弊

第一节 证券发行市场

证券市场是有价证券供求双方为了一定的目的,在一定的组织方式下进行特殊商品交易活动的总和,也是资金供求双方通过竞争以决定资金价格的场所和网络。它包括股票市场、债券市场和投资基金市场等,是资本市场的重要组成部分,是竞争性强、风险性大的金融市场。由于证券价格是指其所有权转移的市场评估,是人们对其预期收入的一种认可,它具有极强的不确定性,也决定了证券市场的基本属性是具有极大的风险性。证券市场包括发行主体、交易主体、中介机构等,各自代表不同利益的群体,内部运作机制各异,随着交易品种层出不穷,金融证券衍生商品不断推出,其功能多样化、复杂化,既为市场筹资又可套期保值和投机。

市场参与者包括社会所有阶层。证券市场可以分成证券发行市场和证券流通市场两大部分。

一、证券发行市场

有组织有秩序的证券交易首先发生在证券发行市场上,该市场的规范发展有助于证券商品交易将来的发展。各国和各地区的发行市场有着不同的证券发行的规定和制度。

1. 证券发行市场基本概念

市场是商品或权责关系相互转换的场所。证券发行人将自行设计、代表一定权利的有价证券商品通过媒介转让销售给需要投资的人们,这一过程统称为证券发行市场。原始证券的发行是证券市场的起步阶段,也称一级市场或初级市场,它涉及面广,政府、金融机构、企业经批准都可依法发行自行设计的不同种类、目的的新证券。法律规定,社会公众个人不能作为证券发行人,也不是任何机构单位都能发行有价证券。

证券发行市场发行计划、规模、频率都有国家证券管理部门制订,并依靠证券承销商具体实施。证券市场未必有固定场所,证券承销商可以利用计算机网络组织销售,完成新证券的转移。从这一意义上,发行市场又被称为无形市场。证券市场也可以不事先预告发行时间,而依据发行人的需要、证券市场的总体趋势、投资者的承受能力,以及国民经济宏观调控的要求确定发行。

2. 发行人和中介商

证券发行市场主要当事人有三方面:发行人、投资者和中介商。发行人包含社会多方面,政府、金融机构和企业等均只能发行债券。而公司主要有两大类型:股份有限公司和有限责任公司,前者是股份产权制度最基本的形式,其注册资本由等额股份构成,并公开发行股票筹资,股东以自己的投资额对公司债务承担有限责任,不涉及投资者其他资产,公司是以其全部资产对公司债务负责的法人。后者是指由两个以上的股东共同出资,每个股东以其认缴的出资额对公司承担有限责任,公司也是以全部资产对其债务负责的法人。股东的出资转让、增加新股东都受到严格控制,非经全体股东同意,不得自行决定,即并非任何人都可成为股东。出资股本不能上市,其投资凭证也不称为股票,而是股单,或称出资证明文件。每位股东只持有一个股份,股份价值以投资额计算,表明对公司的出资总额。这两类公司各有特点,如前者属于开放型公司,那后者就是封闭型公司,这后一种模式越来越受到广大中小企业的青睐。

我国证监会对发行人资格审查要求严格。股票发行需申报证监会核准审批。股票发行后,公司经营发生变化并导致投资风险,则由投资者自行承担,即人们无法依据核准理由向公司或批准部门索赔损失。

证券中介商,即券商是发行市场不可缺少的角色,他们是专门受托代理发行人承销各类证券商品的金融机构,又称证券承销商。在国际证券市场上被称为投资银行,在英国被称为商人银行,它有别于传统的从事存贷业务的商业银行。在我国,则主要就由各证券投资公司担任此职。证券中介商主要业务有:

(1)证券承销业务。证券发行手续繁杂,工作量大,需要专业机构参与,并承担相应风险,这是证券中介商最初也是最基本的业务。

(2)证券交易业务。这是发行结束由一级市场转而进入二级市场后,券商通过自营交易获得差价和利润,以及代客交易获得一定比例的经纪手续费,即佣金收益。

(3)兼并和收购业务。券商为兼并或收购的双方牵线搭桥,提供价格咨询或融资服务。

（4）基金管理业务。券商既可作为基金发起人或作为基金管理人,也可作为基金承销人。

（5）风险投资业务。在高科技风险投资中,一些公司希望得到券商的资金支持,作为回报,券商在公司投资成功后可获可观的利润,同时也承担亏损风险。

（6）咨询服务、理财业务。一些规模较大的证券公司在人才、信息、技术方面拥有优势,可在一、二级市场的业务中接受发行人及交易双方的各类咨询,提供基本面和技术面的分析研究,有些有实力的券商可以提供相应的证券理财产品。

二、证券发行方式和发行价格

1. 股票的发行

我国20世纪90年代最初开始发行股票,发行方式分为公开发行和内部发行。前者委托中介商代理,发行人与中介商共同依据证券法规合理确定有效认股人和认股数量,在此基础上,协商确定发行价格,公开、公平和公正地解决供求矛盾,发行方式分为包销、代销和联合发行。包销根据发行责任大小又可分为全额、定额和余额三种包销。全额包销是券商先全部认购所发行的新股,再组织销售,承担风险最大,发行手续费也最高。对发行人而言,发行人无任何风险就能筹措到全部资金,虽成本较高,但方便快捷。定额发行是券商只承担相应比例的股票发行额度,一般适用于发行人并非要求资金一步到位,也意味着该股紧俏好销。余额包销是券商承诺接受所有发行剩余股票,风险较大,尤其在市场低迷时,这也是券商显示自己资金实力与信心的方法,发行人同样无后顾之忧。代销是券商代理销售,对剩余股票不承担任何责任与风险。自然,发行手续费最低,也是券商对该品种看淡的一种表示。法律规定代销或包销期最长不得超过90天,否则双方协议失效。

联合发行是适用于发行数量特别巨大的证券,由一家券商为主承销商,联合数家机构共同完成发行任务。发行风险共同分担,发行费用共同分摊,这种辛迪加式的方式,其内部的管理协调十分重要,否则会引起混乱。

在我国,发行方式确定后,具体推销办法仍有很大的差别,尤其是在新股供不应求的前提下,其主要方式经历了无限量发行认购证、认购储蓄存款单、全额缴款再比例配售余款退回,以及定价或竞价上网发行等(具体变革过程见专栏一)。这些发行形式各有千秋,但是最受发行人及投资者欢迎的大概可以算是上网定价发行,它比较符合相对平等、经济、安全且股权分散的要求。上网定价发行是指主承销商利用证交所交易系统,作为新股的唯一卖方,以众多申购者为买方,在指定的时间,按指定的价格和数量限定范围内上网申购。交易系统处理申购原则是:

(1) 当有效申购总量等于该次股票发行量时,申购人就按其申购量认购。

(2) 当有效申购总量小于发行量时,申购人按实际申购量认购,余额部分按承销协议办理。

(3) 当有效申购总量大于发行量时,由证交所按每一千股(上海证券交易所)或每五百股(深圳证券交易所)确定一申报号,连续排队再摇号抽签确定最终认购人。

专栏一

我国新股发行方式的变革

我国的新股发行方式经历了一个不断探索的过程。1991年和1992年采用限量发售认购证方式,1993年开始采用无限量发售认购证方式及与储蓄存款挂钩方式,此后又采用过全额预缴款、上网竞价、上网定价、市值配售、网下向机构投资者询价配售等方式。在总结经验教训的基础上,目前国内新股发行方式主要采用上网定价发行、市值配售和询价配售等几种方式。

上网定价方式是指主承销商利用证券交易所的电脑交易系统,由主承销商作为股票的唯一"卖方",投资者在指定的时间内,按规定发行价格委托买入股票的方式进行股票认购。主承销商在上网定价发行前应在证券交易所设立股票发行专户和申购资金专户。申购结束后,根据实际到位资金,由证券交易所主机确认有效申购数。

如果有效申购总量等于股票发行量,那么每个投资者都可以按其有效申购量认购股票;若有效申购总量小于股票发行量,投资者按其有效申购量认购股票后,余下未申购的部分根据承销协议处理;而当有效申购总量大于股票发行量时,中签率=股票发行量÷有效申购总量。

市值配售方式始于2000年,是指二级市场投资者以其持有的股票或其他有价证券的市值申购新股,中签后再缴纳认购资金的一种发行方式。

2005年实施的询价制度,作为一种主要的方式与另外两种网上发行方式的结合,即一部分采用网下询价发行、剩余部分网上定价发行或市值配售。询价制度既是发行方式的创新,同时也是定价方式的改革。

在发售方式上,询价制度实施后至"新老划断"前,新股发行仍然采取市值配售方式。2006年"新老划断"后,取消了市值配售,代之以网下询价配售与网上资金申购相结合的发行方式。网下网上均为资金申购。

2009年6月和2010年10月,中国证监会发布了《关于进一步改革和完善新股发行体制改革的指导意见》和《关于深化新股发行体制改革的指导意见》,对询价制度做了进一步改革,进一步强化了新股定价的市场化约束机制。

2014年前半年重新发行新股，发行按市值配售，采用全额预缴、比例配售、余款退还的方式。2016年开始，新股发行还是按市值配售，但又有新的改革，不用预缴款，中签后保证账面中有相应的资金，证券公司会自动扣款，新股认购即成功。

我国新股发行方式的变革过程如下：

1992年之前，内部认购和新股认购证。

1993年，与银行储蓄存款挂钩。

1996年，全额预缴款方式。

1999年，对一般投资者上网发行和对法人配售相结合。

2001年，上网竞价方式。

2002年，按市值配售新股。

2006年至今，IPO询价制＋网上定价方式。

2005年实施询价制度以来，我国新股发行价是向各个机构询价，由机构报价得来的。

每一只新股的网下询价，都有数百家机构投资者参与报价申购。一般由研究部提供研究支持以及询价建议，各基金产品在此基础上独立报价，必须经过首发股票询价与申购决策小组审批。一家大型基金公司往往有几十只基金及专户组合参与打新，每个组合报一至三档价格。所有报价通过同一个端口完成。不同基金公司的不同基金组合，对新股报价往往相差50%甚至更多，在具体的内部操作中，研究员提供建议，由基金经理本人对发行报价和参与比例进行自主决策。合规部门把控风险。基金公司对新股询价的流程一般是：由行业研究员研究调查、参加路演提问解惑，综合得出一个报价区间，报研究总监审批。审批通过后，研究员会通过邮件的形式，将报价区间发给各个基金经理参考。在此过程中，研究员往往会小幅修正其报价区间。每位基金经理自行决定最终报价及申购量。为了提高中签可能，基金经理报价时，往往同时给出1—3档报价。报价一般在研究员给出的区间范围内，或略高于该区间。

基金公司研究员参考什么指标定价？主要是基于对上市公司盈利能力的判断，结合市盈率、市净率、市销率、PEG估值方法，放弃定价过高的新股发行。各家基金公司研究员对新股盈利能力、PE/PB等一般会有量化的选取指标。而每个指标根据新股所在行业不同，新兴产业估值略微高一些。而市场热点公司，其盈利能力门槛可以稍微放低。参考指标大同小异，但是具体量化标准不一样，这就是各个基金公司打新报价的底牌，不对别人说。新股定价以研究员的基本面研究最为重要，其次新股申购的市场热度和发行制度的设计，导致了是否启用存量发行对于新股的价格也有较大影响。

2. 股票发行价格的确定

新股发行价格基本上有三种确定方法：市盈率定价法；竞价确定法；净资产倍率法。市盈率定价法是新股发行定价方式的一种，是指依据注册会计师审核后的发行人的盈利情况计算发行人的每股收益，然后根据二级市场的平均市盈率、发行人的行业状况、经营状况和未来的成长情况拟定其市盈率。竞价确定法是指由各股票承销商或者投资者以投标方式相互竞争确定股票发行价格。发行底价由发行公司和承销商根据发行公司的经营业绩、盈利预测、项目投资的规模、市盈率、发行市场与股票交易市场上同类股票的价格及影响发行价格其他因素共同研究协商确定。由于这种方法易于机构大户操纵发行价格，因此，经试验后即停止使用了。竞价确定法在具体实施过程中，又有下面三种形式：一是网上竞价；二是机构投资者（法人）竞价；三是券商竞价。净资产倍率法又称资产净值法，是指通过资产评估和相关会计手段，确定发行公司拟募股资产的每股净资产值，然后根据证券市场的状况将每股净资产值乘以一定的倍率,以此确定股票发行价格的方法。

3. 债券的发行

债券发行方式较为简单,类似于股票,一般都公开销售,卖完为止,故此处略而不叙。债券发行价格取决于多种因素,如发行额度、票面利率、偿还期限等,其中票面利率是关键,因它是事先确定的,一些事后影响的因素则要通过发行价格的调整来表现,以改变市场上要么抢购要么滞销的情况。发行价格相对于其面值,有平价发行、溢价发行和折价发行。

溢价发行即发行价格高于面值,投资者的实际收益率要低于债券的票面利率,其发行公式为:

溢价发行价格 = 票面额 + 利息/1 + 市场利率 × 年限

如某公司发行一债券,面值一千元,票面利率 5%,期限 3 年。在即将推向市场时,市场利率下调,也就是市场同期债券均以 4% 的年利率发行,求该公司如何调整其发行价?套用公式 $1\,000 \times (1+5\% \times 3)/(1+4\% \times 3)$,该公司调整发行价格为 1 026.79 元,这表示公司以高出面值 26.79 元的价格出售这张一千元的债券,那么投资者的年收益率降为 4%,这并不影响他们的购买热情,因为这与整个市场利率大致相同。当然,公司还可在此基础上去除 0.79 元尾数,使年收益率略高于同期利率,这样,既能加快发行进程,又及时完成发行任务,及时适应了变化的市场利率。

折价发行是公司用降低发行价的方法来让利于投资者,以调整与市场利率的差别,折价越多,意味着投资者获得越多,折价越小,收益率也越小。这主要用于债券票面利率已定,而市场利率上升之时。如:某公司发行一债券,面值一千元,票面利率 4%,期限 5 年。在即将发行时,同期市场利率上升到 5%,求调整后的发行价。

折价公式与溢价公式相同,套用公式得知该债券发行价调整为960元,投资者的年收益率即上升到5%,这40元的差价是公司让利给投资者用以提高年收益率的。

贴现发行即贴水发行,发行人按债券面值扣除部分金额后,以余额发行,到期按面值兑付。这扣除部分就是投资者的利息。这种发行方式使发行人省去届时支付利息的费用和手续,而投资者又等于事先就得到了利息收益。贴现发行虽然也低于面值发行,与折价发行相似,但性质完全不同。贴现发行的债券可以没有票面利率。根据单利计算及复利计息,债券贴现发行价格有两种计算方式:

单利发行价 = 票面额 × (1 − 年利率 × 待偿年限)
复利发行价 = 票面额 / (1 + 年收益率)^{年限}

这两个公式中,年利率不同于年收益率,年利率即票面利率,可看成是在贴现发行下的年贴现率,而年收益率则是投资者在购买贴现债券时的实际年收益率,显然,它应该大于年利率。

如:某公司发行一无票面利率的债券,面值一千元,期限6个月,年贴现率为8%,求该债券贴现发行价。

在我国,债券一般均是到期一次还本付息,故我们采用单利计息公式计算。如一年以上需采用复利计息,会指明要求。套用单利公式得贴现发行价为960元,六个月后按票面额兑付。

如:某公司发行2年期债券,面额一千元,票面利率为5%,求其贴现发行价及年收益率。

先采用单利公式,方便地得出贴现发行价为900元。即发行人已将2年利息100元一次先付给了投资者。投资者以900元成本就得到这张千元债券。此时,这5%就是年贴现率。

然后我们再求该债券的年收益率。由复利公式着手:

$$S = \frac{P}{(1+r)^n}$$

整理公式,推导出年收益率 r:

$$r = \left(\sqrt[n]{\frac{P}{S}} - 1\right) \times 100\%$$

在此公式中,S 为贴现发行价;P 为票面额;r 为年收益率;n 为期限。将已知数值代入公式,$r = 5.41\%$。这年收益率是采用复利公式计算得出的。如果采用单利公式计算,那年收益率应该大于 5.41%,但不能从上述单利贴现发行公式中推导得出,因为式中无年收益率,所以得另外给出计算单利的年收益率公式:

$$年收益率(单利) = \frac{票面额 - 发行价格}{发行价格 \times 期限} \times 100\%$$

将已知数值代入公式,单利年收益率等于 5.55%,这表明这张票面利率为 5% 的债券以 900 元的贴现价格发行,其年收益率根据不同的计息方法,可得到不同的结果。贴现发行价格确定后,其年收益率无论是单利计息还是复利计息都与票面年利率是两个完全不同的概念,不可混淆。如此案例中,给出贴现发行价,要求解票面利率,也是很容易得出的。

我国的国债发行一直采取对公众募集的公募法,而 1999 年新增的 600 亿国债则采取承受法。它与公募法不同,用银行或国家的特别基金承受购买政府发行的全部国债,它为西方国家普遍采用。间接公募法和承受法的实质区别是国债持有者的主体不同,前者是个人(包括个人、非商业银行),后者是银行(指商业银行)。两者的目的不同,银行持有主要是为了投放多余资金,抵充储蓄,并可扩大信用。个人持有主要是为了储蓄。在发达国家国债持有者结构中,金融机构占有相当显著的份额,如美国为 50%,德国为 60%,英国为 80%,这些国家商业银行所持有的国债占有其资产总额的 10% 左右。

第二节 证券流通市场

证券流通市场的发展表现在证券交易的整个历史上,从古老的纽约证券交易所到先进的纳斯达克交易系统,从发达国家证券交易市场到新兴证券市场的建立,都是证券流通市场功能的不断拓展和完善的表现,了解这一市场的构成和作用是进行证券投资分析的基础。

一、证券流通市场基本概念

证券流通市场是重复买卖已发行的证券商品的有形场所,是证券商品所有权在无数投资者手中流转易手的集中地,这是与证券发行市场相对应的,也称为二级市场、次级市场或有形市场。在这一市场中,投资者期望的资本短期收益和机构企望的资本长期性投资之间的矛盾通过证券所有权的转移得到了解决。

证券流通市场有两个基本职能:一是为投资者提供在需要现金时按市场价格变现的场所;二是为不断增加的新投资者提供投资投机机遇和实现个人聪明才智、自身价值的舞台。证券发行市场和证券流通市场相互依赖又相互制约,它们互以对方的存在为前提,形成一个完整的对立统一体。一级市场均衡有序地发行新证券,二级市场则能源源不断为公司提供资金,融入社会再生产,这又促进了一级市场的稳步扩展,形成良性循环。二级市场证券易手,并不增加社会资金量,它实现了证券流动性,能有效促进投资者加入一级市场。每次证券市场火爆行情都会带来无数新投资者的加入。反之,一级市场扩容过度,必然导致二级市场的消化不良,市场价格下调,投资者纷纷躲避撤离股市。二级市场如果交易投机过度,管理失控,使市场价格剧烈振荡,那么,市场最终必然受管理层干预,行情萎缩,一级市场的运转筹资也会受到影响。

二、证券流通市场的构成

证券流通市场分为场内交易市场和场外交易市场。场内交易市场是由证券交易所为代表的唯一集中有形交易市场,具有固定的场地和时间,证券交易所允许符合证券法规定的证券经批准上市买卖。场外交易市场与之相对应,分为柜台交易市场、第三市场和第四市场等。其基本特点是都不在交易所内进行交易,具有价格、时间的灵活性,其佣金手续费用的低廉,无场地限制等。在国外场外市场占有率超过场内,但相对投机性强,风险度大。

1. 证券交易所

证券交易所是由经纪人、证券商组成,进行证券集中交易的有形场所,是二级市场的主体。证券交易所本身并不买卖任何股票,它只为证券交易双方提供证券集中交易的固定场所、工作人员、设施和管理以及及时提供证券交易价格行情信息,以保护广大投资者的切身利益,同时也保护证券经纪商的合法利益。

证券交易所组织形式有公司制证交所和会员制证券交易所。公司制证交所由商业银行、证券公司、投资信托机构及各类工商企业等共同出资入股建立,是以营利为目的的公司法人。它的长处在于:对在本范围内交易的证券负有担保责任,即因为证交所成员违约而使投资者遭受损失,证交所将予以赔偿,为此,证交所设立赔偿基金。证交所规定,券商或股东不得担任证交所高级行政管理人员,即证交所的交易者、中介商与管理者相分离,以示公正,确保证交所保持不偏袒任何一方。证交所为了营利尽力为投资者提供良好的服务,完善的硬件设施和软件服务,从而形成较好的信誉。公司制证交所不足在于：因受利益驱使，交易所成员不断增多，容易增加管理的困难，滋长过度投机。按照公司制证交所的性质，作为以盈利为目的的企业就不能排除其经营不善而倒闭破产的可能，而一旦出现这一后果，将会给整个社会带来无可挽回的冲击和破坏，这是区区赔偿金无法弥补的。为增强抵御风险的能力，扩大经营实力，从市场角度激活证券交易所的管理职能，有些国家正在考虑使公司制的证交所以一般的企业的身份上市。纽约证交所现在正在积极准备此项工作，若此举成功，则说明证交所也将具有一般企业的特点。

会员制证券交易所为若干证券公司及企业自愿组成，不以盈利为目的，实行自律型管理的会员制事业法人。其法律地位相当于一般的社会团体。会员制证交所优点是：收取的各类费用和交易双方的经济压力都相对较低，能够防止不规范行为发生。证交所得到政府的支持，没有破产倒闭的可能。它的不足在于：首先，因为无任何担保责任，投资者在交易中的合法利益往往得不到应有的保障，风险相对较大，尤其是在不成熟的证券市场，时有投资者甚至券商受诈骗遭到损失，诉诸法律的事件也增多，给市场带来不稳定因素。因为没有一个规范安全的交易场所，证券交易可能趋于萎缩。其次，证交所的管理者同时亦可是交易的参加者，这不利于市场的规范管理，有悖于投资的公平原则。会员制证交所的参加者主要是券商，它们也是会员商，连接着投资交易双方，参与流通市场业务，发挥中介功能。没有履行会员手续的券商不能进入证交所。会员大会是证券交易所的最高权力机构，大会有权选举、罢免会员、理事。证交所财务预算决算报告须经会员大会审议通过才能生效。

我国的证券交易所都是不以盈利为目的的会员制交易所。

2. 场外交易市场

场外交易市场又称柜台市场或店头市场，英文缩写为OTC，它是证券流通市场的重要组成部分。从广义上讲,凡是不在有组织的场内进行的证券交易,都统统属于 OTC 范畴,这包括在交易所挂牌上市的证券和还未在交易所上市的各类证券。它相对于有严密组织、严格管理和集中交易的场内而言,是一个相当松散、无集中场地,而由券商与无数投资者采用信息网络交易的无形市场。在这一市场中,证券交易价格通过协商产生,可讨价还价。价格的随意性、投机性比场内交易大,尤其是还未上市的证券品种,其价格无可比性。券商之间的成交价格通过 OTC 网络统一对外显示,对客户的报价具有直接的指导和参考性。场外交易参与者无数,价格也无法垄断,因此,实际上也是竞价交易,只是表现为一对一的特点,而不同于场内竞价由无数买方对无数卖方,这种成交价较为真实地反映出当时的供求关系。尽管场外交易的分散性、投机性加大了交易的风险,但它却满足了人们对灵活交易和低廉成本的需要,从而得到迅速的发展,成为证券市场的重要组成部分。

以美国最大,也是全球之最的场外交易市场 NASDAQ,即"全国证券交易商协会自动报价系统"为例。1971 年,NASDAQ 开始运作,通过计算机网络将股票交易双方、经纪商、做市商和证券监管机构联为一体,也是目前世界上最大的电子化交易市场。与场内交易相比,它具有交易时间长、交易精度高、成交速度快、收费较低、交易品种多的特点。它没有专门的交易大厅,通过与世界各地连接的数十万台计算机销售终端,传递全面报价和最新的交易信息。NASDAQ 市场已成为美国硅谷高科技公司上市的首选之地,或者说,成了高科技公司的孵化器。

NASDAQ 市场的独特之处在于除了计算机自动报价系统之外,还有一套做市商系统。所谓做市商是由具有一定实力和信誉的券商,经交易所批准,对若干个固定不变的证券品种进行买卖双向报价,供投资者在其报价基础上委托交易,做市商以自己的资金实力不间断买卖以维持证券的流动性,自己则从买卖报价的差价中获得利润。做市商系统可使得证券避免因交易双方申购量不符而停顿。做市商股票报价可与其手中客户限价委托的价格不一,当其报出的卖价高于限价委托或买入报价低于限价委托时,这些本来可以成交的委托因无法与市场行情相通而不能成交。在做市商之间,有一内部交易市场,做市商们相互买卖,其交易价格常优于 NASDAQ 的公开报价,以赚取两个市场的价差利润。显然,这种做法形成了市场信息的隔阻,于投资者不利。为此,美国证券管理层在 1997 年颁布规定:一是要求做市商向市场报价时,其买(卖)价不得低(高)于投资者已交付给它的限价委托价;第二是要求做市商报价时,必须是内部交易市场的最优价格,以防止做市商不按最优价格报价,故意抬高卖价,压低买价,赚取内部市场和公开市场的双重价差。这也是为了引入价格竞争机制,促进市场三公原则,提高市场透明度,杜绝操纵市场行为,尽可能减少由于市场信息不对称给部分投资者带来的损失。

现在,NASDAQ 市场已与纽约证交所并驾齐驱,从某种意义上讲,其指数的广泛性甚至超过了道琼斯股指,而当初创立这市场作为辅助性市场阶梯式上市股票的策略观念正逐步淡化。两市场虽同处一市,但泾渭分明,前者采用最先进的通信技术,其行情信息瞬间传遍全球,但其信息的汇总、规范和市场透明度仍逊于后者。增加透明度自然是管理层与投资者的共同愿望,但遇到大额交易,如果委托信息全部公开,必然会在信息公布后和全部成交前,出现投机性跟风操作,从而导致大额交易成本上升,降低了市场效率。几乎所有机构大户都不希望在成交前披露全部信息。这种对市场透明度的回避是场外交易一大特色。尽管这种大笔买卖并非场外交易的主流。总之,NASDAQ 市场培育了大批高科技企业,这些企业反过来也促进了这一市场的繁荣与发展。NASDAQ 市场成立至今,从一个交易量仅占纽交所 30%,交易额仅为纽交所 17% 的小柜台市场迅速崛起,成为交易额与交易量都可与纽交所一比高低的世界第一大场外市场。

3. 第三市场

这是指原来在交易所上市的证券,现在转移到场外进行交易所形成的市场。即人们在场外交易那些已在交易所内挂牌上市的证券,这部分业务原属于场外交易市场范围,只不过如今这部分交易量日渐扩大,已逐步形成具有独立地位的市场。由于不是会员的券商不能进入交易所,场内交易必须遵守严格的佣金制度,不能随意变动佣金。因此,相当部分的机构大户在进行大宗证券买卖时,其费用支出也相当可观,这也促使他们把目光转向场外,而非会员券商正好迎合其需要,于是这部分原来在交易所上市的证券就转入OTC市场经营挂牌上市,交易价格自然以场内报价为准。严格地讲,第三市场的出现,是以节约佣金为出发点,就其性质,仍属于OTC,它反映了当今证券市场的一种趋势,即交易的日益分散化和多样化。第三市场交易特点是大宗交易数量集中,甚至超过场内,但总交易量仍不及场内。它以成本低,交易灵活,为投资者看好。

4. 第四市场

第四市场是直接通过计算机网络,没有经纪人的一个场外交易市场。它的好处是交易成本进一步降低,价格一般较为切合实际,而且成交迅速,无论是机构大户还是散户,都完全不通过中介商,彼此间利用计算机交易且保密隐蔽性较好,对整个市场一般不会形成干扰。当今,计算机已深入人们生活的每一角落,电脑的全球联网,使世界成为一个有机的整体,证券买卖越来越方便,不出家门可买卖股票。该市场的进一步扩大是证券市场的发展趋势,也对证券交易所形成强大的竞争压力,迫使其逐步降低佣金标准。可以预见,用不了多久,我国的第四市场也会有令人刮目相看的发展。

5. 证券佣金经纪商

佣金经纪商是专门代客买卖证券,收取服务费的券商。我国法律规定专以收取佣金为客户代理股票交易业务的券商为经纪类证券公司,其注册资本最低为五千万元人民币。他们的职责是代客花费最小的代价,为客户取得尽可能大的利益,为自己获得报酬,即佣金,佣金标准由证券管理层而不是交易所确定,这样的证券商也称为佣金经纪商,以区别在一级市场从事新证券承购包销业务的经纪商。佣金经纪商应先申请取得会员资格,才能得到交易席位和派驻场内交易员。场内交易员就是"红马甲",他们须经严格考试培训才能上岗,因为投资者的委托指令要通过他们数以万计的敲打键盘输入电脑,键键关系到投资者切身利益和券商声誉,其速度和准确性不容半点迟疑和差错,他们应具备熟练的操作能力,以及对证券行情的敏感性和对客户尽职的职业道德。由于佣金经纪商最低注册资金五千万元人民币,他们只可经营经纪业务,如要同时进行自营买卖业务,按证券法规定,其注册资金应在五亿元人民币之上,这就是综合类证券公司。它具有双重身份,法律允许其作经纪与自营业务,但在操作时,一旦发生客户指令与自营同时同额买卖,应先执行客户指令,以维护客户利益。经纪商的中介业务,是沟通交易双方的桥梁,是证券市场有效运转的润滑剂。他们除了要使投资者满意,自己盈利,还要做好其他方面工作,如为投资者提供咨询分析,当好投资与筹资双方的管家、参谋,使社会资金合理有效流动,同时不断提高自身业务水平。

专栏二

新三板市场

三板市场包括老三板市场和新三板市场两个部分。老三板市场包括:原STAQ、NET系统挂牌公司和退市公司。新三板市场是指自2006年起专门为中关村高新技术企业开设的中关村科技园区非上市股份有限公司股份报价转让系统。退市的股票进入老三板市场。新三板与老三板最大的不同是配对成交,设置30%幅度,超过此幅度要公开买卖双方信息。

三板市场起源于2001年"股权代办转让系统",最早承接两网公司和退市公司,称为"旧三板"。在2000年,为解决主板市场退市公司与两个停止交易的法人股的股份转让问题,由中国证券业协会出面,协调部分证券公司设立了代办股份转让系统,被称为"三板"。由于在"三板"中挂牌的股票品种少,且多数质量较低,要转到主板上市难度也很大,因此很难吸引投资者,多年被冷落。

"新三板"市场特指中关村科技园区非上市股份有限公司进入代办股份系统,因为挂牌企业均为高科技企业而不同于原转让系统内的退市企业及原STAQ、NET系统挂牌公司,故形象地称为"新三板"。

从2006年初新股份转让系统的建立至如今,新三板市场已经经历了10年的成长。在2011年以前,挂牌数量不足百家,市场参与热情并不高。自从2012年4月证监会明确提出"将加快推进新三板建设"以后,新三板才逐渐走上资本市场的大舞台,不仅挂牌数量迅速提升,来自政府部门、金融机构、中小企业的多方力量也开始积极参与推动新三板的建设。

2013年12月国务院将中小企业股份转让试点扩大至全国的决定,搅动了资本市场的一池春水。截至2014年2月底,全国中小企业股份转让系统(下称"新三板")的挂牌公司数量达到649家,总股本达到219.6亿股,总市值达1 250亿元。

在新三板结束试点正式揭牌运行的2013年,共有156家企业亮相新三板。而在全国扩容政策实施不足2个月的2014年里,挂牌数量就已接近300家,截至2016年5月,已有7 000多家企业在新三板挂牌,1 504家采用做市商制度。

新三板的挂牌对象和条件：(1)合法存续两年；(2)主营业务突出,有持续经营的记录；(3)公司治理结构合理,运作规范；(4)面向国家级高科技园区企业；(5)有限责任公司须改制后才可挂牌。

新三板市场的挂牌企业在证券业协会备案后,可以通过定向增资实现企业的融资需求。

第三节　基本证券商品交易

证券交易是证券市场运作的最主要和最基本的内容,不论是证券商的开拓创新,还是证券市场的服务,监管都紧紧围绕这一主要内容展开。而且,证券交易是否合理正常,也反映着证券市场的规范程度。在我国证券市场的交易中,股票交易所占的比重最大,所以股票交易的各项规定和整个过程也将是本节所要展开阐述的重点。

一、股票交易程序

凡在场内交易的证券,都要严格遵守交易规则与程序。场内交易程序一般分为六个程序。开户、委托、竞价、清算、交割和过户,这顺序一般不能颠倒或省略。投资者主要是与佣金经纪商打交道,而不是与证交所,尽管许多程序都须在交易所电脑中完成,并通过交易所下属的结算登记公司完成清算、交割、过户等事项,但这些手续最终都由券商办理。

1. 开户

开户有两层含义,一是券商在证交所开设有账户,用以接受客户委托买卖,其前提是该券商为证交所会员,该账户称为一级账户。二是投资者在证交所开设的证券账户,俗称磁卡,以取得证券交易的资格,也称二级账户。证券账户分为个人账户和法人账户,个人账户开设须凭本人身份证到证交所指定的地点办理,交纳开户费,填写个人信息内容的申请表。证交所有关工作人员、股票发行人员、未成年人、无行为能力的人、没有身份证的特殊人员以及被判为"市场禁入者"的人员和有关领导干部不能开户。2015年4月之前,每人只能在一个证交所开设一个证券账户。2015年4月中旬之后,一人多户的时代到来了,也就是说同一个投资者可以在不同券商处开户。

2. 委托

委托这一环节是投资者交易的焦点。一般有柜台委托电话委托、网上自助委托等方式。柜台委托即当面委托,须填写买卖委托单,注明交易方向、数量、品种、价格、时间等个人信息资料,交给柜台人员下单,目前这种委托方式已经较少采用。随着通信技术的发展,网上自助委托下单已经被越来越多地使用。投资者进行委托时,委托价格主要有如下几种:

(1)市价委托。市价委托是投资者要求券商按交易市场上的即时价格买入或卖出,而不论此价位是高还是低,都能够立即成交。

(2)限价委托。限价委托是委托业务中最常用的方式。投资者在买入委托时,所填的限价意味着这是一个可以接受的最高买价。委托都当日有效,在当日收盘前,如该证券价位并未降到所填的限价价位,则委托失效。在卖出委托时,所填的限价意味着这是一个可以接受的最低卖价。在行情未上升到限价价位时,其委托不能成交。这种委托方式,风险较小,投资者可把要承受的风险控制在一定范围内,但有可能当日不成交。

（3）停止损失委托。就是投资者为了保住账面盈利或限制可能遭受的损失，指令当某一品种行情上升或下降到其指定的价位时，即按市价买入或卖出。

限价委托与停止损失委托的相似之处是，都由投资者限定交易价格，控制风险，券商应严格遵守执行，其区别在于，限价委托买入价格在当时市价之下，以期能达到更低的成交价。限价委托卖出价格在当时市价之上，以指望能以更高的价格卖出。而停止损失委托正相反，其指令的买入价在当时的市价之上，而卖出价委托在当时市价之下。这主要因为委托人的出发点不同，目的都一样，为了尽可能地增加盈利或减少损失。

此外，还有授权委托，即投资人把交易的所有决定权都交由券商来代理。我国证券法明令禁止这一委托方式。一次成交委托是客户要求券商对所委托的数量必须一次予以成交，不得分笔，否则就取消委托，这种从数量上加以限制的方式常用于大额交易。开市或收市委托是客户从交易时间上加以限制，要求在特定的时间段委托成交，否则就取消委托。

3. 竞价

客户在完成委托事项后，便由券商操作。证交所电脑主体收到委托指令后，根据价格优先和时间优先的原则进行自动撮合成交。所谓价格优先是指价格较高的买入申报优先于较低买入申报，价格较低卖出申报优先于较高的卖出申报，市价委托申报优先于限价委托申报。时间优先是如果委托申报价格相同，则按照申报时间先后决定优先顺序，因为各电脑终端申报时间也可能相同，但证交所主机电脑再快也得一笔一笔输入，总能分出先后。竞价方式一般在开市前采用集合竞价和开市后采用连续竞价两种方式。

集合竞价只适用于 A 股，B 股不采用集合竞价方式，集合竞价时间是 9:15—9:25。电脑根据输入的所有买卖申报采用以下方式产生一个基准开盘价。该开盘价应同时满足三个原则条件：一是成交量最大；二是高于这基准价格的买入申报和低于这基准价格的卖出申报全部成交；三是与基准价格相同的买入申报或卖出申报至少有一方全部成交。满足这三个原则条件的基准价格就是开盘价。

如某股票开市前买卖申报委托和各自的委托累计数量与最大成交量数据如表 3-1：

表 3-1　某股票开市前申报价和申报数量、最大成交量表

价格单位：元，数量单位：股

买卖申报价	买入申报量	累　计	最大成交量	累　计	卖出申报量
8.50	0	0	0	2 600	600
8.30	100	100	100	2 000	400
8.10	200	300	300	1 600	200
7.80	400	700	700	1 400	400
7.60	600	1 300	1 000	1 000	300
7.30	500	1 800	700	700	400
7.10	300	2 100	300	300	200
6.90	400	2 500	100	100	100

从表 3-1 中看出，申报价格由高到低排列，在不同价位分别对应买入申报和卖出申报。对买入申报者而言，成交价格能低于他的申报价，对卖出申报者而言，成交价格能高于他的申报价，都是他们所乐意的。从买卖方申报数量的累计中寻找一个最大的配对成交量作为基准价格。显然表中最大成交量为 1 000 股，所对应的价格是 7.60 元，这一价格满足三个原则条件，因此，该股当日开盘价即为 7.60 元。如果最大成交量中出现两个相同最大成交量，则须修改以下数据进行分析，见表 3-2：

表 3-2 某股票开市前申报价和申报数量、最大成交量调整表

买卖申报价	买入申报量	累计	最大成交量	累计	卖出申报量
8.50	0	0	0	2 300	600
8.30	100	100	100	1 700	400
8.10	200	300	300	1 300	200
7.80	400	700	700	1 100	400
7.60	600	1 300	700	700	0
7.30	500	1 800	700	700	400
7.10	300	2 100	300	300	200
6.90	400	2 500	100	100	100

表 3-2 数据表明，在 7.60 元价位上没有卖出申报，这就形成三个最大相同的成交量，究竟哪个对应的价位是基准价格呢？判别依据仍是这三个原则条件，7.80 元价位上的 700 股完全符合三原则，7.60 元价位上的 700 股同样满足三原则，其卖出申报量为零，可看作满足三原则中第三条，这是符合数学基本原理的。7.30 元价位上的 700 股不能满足三原则中第二条，因此它不是基准价格的候选，两个符合条件的基准价格，取其平均值 7.70 元作为该股当日开盘价。这 7.70 元同样满足集合竞价三原则。由此还可推断出另一结论：集合竞价方式不会出现三个或三个以上的基准价格。

连续竞价是在开盘后一直到收盘这段时间内采用。凡在集合竞价中未能成交的所有买卖有效申报，都一并转入连续竞价过程，其处理原则是，电脑对每一笔买卖委托都当即判断是否成交，如不能成交则继续等待，直至收盘。如部分成交就让剩余部分继续等待，该交易价格当日有效。

集合竞价与连续竞价除了时间不同以外，适用的对象和产生的结果也不同。采用集合竞价产生开盘价的除 A 股外，还有 A 股配股和红股除权后的开盘。而国债、B 股、国债回购均不运用此方

法开盘。它们是以当日第一笔成交价为其开盘价。集合竞价依据基本三原则产生开盘价,连续竞价的原则是:最高买入申报与最低卖出申报价位相同。买入(卖出)申报价高(低)于市场即时的最低(高)卖出(买入)申报价格时,取即时的最低(高)卖出(买入)申报价位。如果市场出现极低的卖出价或极高的买入价也不可能立即成交,因为证交所规定两个相邻价位差距不能超过10%,在实行涨跌停板制度时,也限制了价格的大幅波动。如果投资者参加集合竞价的委托价格与开盘价相等而没有成交,这是完全可能的,因它符合三原则条件中第三条,即基准价只满足买卖委托申报中的一方全部成交,未能成交的申报可能因时间优先的原则被排在后面无法满足。

4. 清算

清算是将买卖证券的数量与金额在交易结束后分别相抵,并交割净额或钱款的程序。各券商将自己当日接受买卖委托成交的数量、金额按品种分别报证券登记结算公司,在相互抵消后,就其净额进行交割。这种抵消买卖额只收付净额的过程就是清算,它可以减少实际交割数量,节省人力物力,其原理与商业银行的票据清算是相似的。清算包括证券经纪商之间以及证券经纪商与投资者之间进行清算。清算遵循的原则是:证交所当日所成交的买入股数与卖出股数必然相等。证交所当日所成交的买入金额与卖出金额也必然相等。参加清算的各券商当日营业结束后,将各证券的买入量与卖出量相抵,其余额如果在买方,即买大于卖,则轧出;如余额在卖方,即卖大于买,则轧进。对当日各券的买入金额与卖出金额相抵,其余额如在买方,即买大于卖,应如数轧出;如余额在卖方,即卖大于买,应如数轧进。各券商都应按规定在结算公司统一开设清算头寸的结算账户,并保持足够的现金。

5. 交割

清算之后,办理交割手续,这是投资者买方付款领券,卖方付券领款,双方在券商处相互交换钱券的行为称为交割。这一交割行为应在证券商与证券商之间交割之前进行。因为投资者均在券商处开设资金账户,所购证券也都由交易所集中托管,所以投资者双方互不见面,买入方也无须知道该证券是出自谁手,反之亦一样。交割通常采用以下几种方法:

(1) 当日交割。交易双方成交后,当天即可办理钱券的相互交换行为。通过电脑处理,这种交割在瞬间完成。它有利于证券投机者进行短期操作,投资者在得知自己委托成交后,即可进行反向委托操作,使资金在一日中频繁来回数次,发挥几笔资金作用。当日交割也称 T+0 制度,证交所当日成交总金额要大于实际资金量。

(2) 次日交割。也称为隔日交割,投资者成交后,须在下一个交易日内完成交割手续。遇休息日则顺延。这种 T+1 制度使投资者当日买入成交后,不能再反向卖出,必须等到下一交易日。这事实上制约了投机行为,使成交资金都是实际资金量。

(3) 例行交割。即在规定的若干天期限内完成交割。美国的证券交易所至今仍实行 T+3 制度,这是因为他们仍实行有纸交易。我国 B 股交易因涉及境内外以及托管方多方面,所以也采用 T+3 制度。

6. 过户

所谓过户是股权或债权的所有权转让后,登记变更手续。投资者在场内交易中,凡买卖记名证券都须办理登记变更手续。投资者买入股票后,只有经过过户登记变更,在股东名册上有记录的合法持有人才能享受股东权利,如有纸化证券遗失,还可办理挂失,申领补发。过户后,才能确保所购证券的真实性。在我国实行证券无纸交易和集中托管的制度,清算、交割、过户等手续都由证交所电脑一并代劳,并打印出一份完整的成交清单给投资者,注明交易的全部内容信息,投资者只要确认无疑,就算是办妥了全部手续。这份成交清单也是重要的具有法律依据的证明文件。

二、股价指数

1. 股价指数的计算方法

股价指数即股票价格指数,是由证券交易所或金融服务机构编制的表明股票行市变动的一种供参考的指示数字。这种股票指数,也就是表明股票行市变动情况的价格平均数。编制股票价格指数,通常以某年某月为基期,以这个基期的股票价格作为一个固定的乘数(如 100 或 10),以后各时期的股票价格和基期价格比较,计算出升降的百分比,再乘以固定乘数就是该时期的股票价格指数。投资者根据指数的升降,可以判断出股票价格的变动趋势。为了能实时地向投资者反映股市的动向,所有的股市几乎都是在股价变动的同时即时公布股票价格指数。股票价格指数的计算方法有多种,主要是算数平均法、加权平均法和几何平均法。

第一,算数平均法。这种方法不考虑每个股票对市场影响的大小,只是将每个股票进行简单平均,计算出一个平均值。计算公式为:

$$I = \frac{\sum_{i=1}^{n} P_i / P_0}{n} \times I_0 \qquad (3-1)$$

式中:I 为股票价格指数;P_i 为报告期股票价格;P_0 为基期股票价格;I_0 为基期股票价格指数;n 为组成股票指数的股票种类数。

例 3-1 某报告期所计算的股票价格指数中包括四种股票,价格分别如下,如果基期股价平均价为每股 8 元,基期指数为 100,请用算术平均法计算报告期股价指数。

公司	A	B	C	D
股票价格	20	30	40	50

解:将上述数据代入公式(3-1),可得:

$$I = \frac{20/8 + 30/8 + 40/8 + 50/8}{4} \times 100 = 437.5$$

早期美国的道琼斯股价指数以及英国《经济学家》杂志所刊登的股价指数,就是采用算术平均法计算而来的。算术平均法计算股价指数的优点是简便易行,但是由于方法过于简单,常忽略一些重要因素。考虑到在股价指数所包含的多种股票中,每种股票在股市中的地位及起到的作用各不相同,因此人们采用加权平均法来计算股价指数。

第二,加权平均法。其计算公式为:

$$I = \frac{\sum_{i=1}^{n} P_i W_i}{\sum_{i=1}^{n} P_0 W_i} \times I_0 \qquad (3-2)$$

式中:I 为报告期股价指数;P_i 为组成股价指数的各种股票报告期价格;P_0 为组成股价指数的各种股票基期价格;n 为组成股价指数的各种股票种类数;W_i 为组成股价指数的各种股票的上市总量或市场总价值;I_0 为基期股票价格指数。

例 3-2 仍选例 3-1 中的四种股票,设它们在报告期的权数分别为 100、200、300、400,其他条件不变,代入公式 3-2,则加权股价指数为:

$$I = \frac{20 \times 100 + 30 \times 200 + 40 \times 300 + 50 \times 400}{8 \times (100 + 200 + 300 + 400)} \times 100 = 500$$

世界上大多数国家的股票交易所中,股价指数采用加权平均法计算。比较著名的有美国的 S&P500 指数、巴黎证券交易所指数、多伦多 300 种股票价格指数以及东京股票交易所指数等。

第三,几何平均法。

少数国家的证券交易所采用几何平均法来计算股价指数,几何平均法的计算公式为:

$$I = \frac{\sqrt[n]{P_1 \times P_2 \times \cdots \times P_n}}{P_0} \times 固定乘数 \quad (3-3)$$

式中:I 为报告期股价指数;P_n 为组成股价指数的各种股票报告期价格;P_0 为组成股价指数的各种股票基期价格;n 为组成股价指数的各种股票种类数。

仍选例 3-1 中的四种股票,根据公式(3-3),采用几何平均法计算的股价指数为:

$$I = \frac{\sqrt[4]{20 \times 30 \times 40 \times 50}}{8} \times 100 = 413.72$$

采用几何平均法计算股价指数,也没有考虑股票权数的影响。另外,几何平均法计算出来的股价指数在相对长的时间内可能会发生误差。一般来说,计算值低于实际值。

世界上目前采用几何平均法计算的股价指数为:美国堪萨斯价值线指数和英国伦敦《金融时报》工业普通股指数。

2. 国外和我国的主要指数

(1) 道琼斯股指。

1884 年 7 月 3 日,美国道琼斯公司首次公布纽约证交所中以

11家样本股为代表的综合股指。此后扩大到65家,样本股包括30家工业类股票,20家运输类股票和15家公用事业类股票,并同时编制这三类分类股指。现在,世界各地经常引用的道琼斯股指并非是其65家综合股指,而是30种工业类股指。道琼斯采用算术平均数计算,并用修正平均数加以修正。道琼斯股指采用算数平均法计算,其计算公式为:

股票价格平均数 = 入选股票的价格之和 / 入选股票的数量

(3-4)

(2)标准普尔500指数。

标准普尔500指数英文简写为 S&P 500Index,是记录美国500家上市公司的一个股票指数。这个股票指数是由标准普尔公司创建并维护的。

标准普尔500指数所覆盖的公司,都是在美国主要交易所,如纽约证券交易所、纳斯达克交易所上市的公司。相比道琼斯指数,标准普尔500指数涵盖的公司更多,因此风险更为分散,反映市场变化更广泛。

1957年,标准普尔公司开始编制标准普尔500指数。最初该指数由425种工业股票、60种公用事业股票和15种铁路股票组成成分股。1976年7月1日后,其成分股有所调整,变为由400种工业股票、40种金融业股票、40种公用事业股票和20种运输业股票组成。标准普尔500指数以1941年至1943年为基期,基期指数定为10,采用加权算术平均法,并以股票上市量为权数,按基期进行加权计算。相比道琼斯工业平均股票指数,标准普尔500指数覆盖面更广、连续性更好、精确度更高。而且该指数是根据纽约证券交易所上市股票的绝大多数普通股票的价格计算而得,能够灵活地对认购新股权、股票分割和股份分红等引起的价格变动做出调节,所以更具代表性,该指数也因此成为股票指数期货合约理想的标的物。

(3) 伦敦金融时报 100 股指。

1984年1月3日,伦敦金融时报100指数创立,简称富时100指数或FTSE100指数,该指数的成分股包括在伦敦证券交易所上市的最大的100家公司。伦敦金融时报100指数是欧洲最重要的股票指数之一,也是英国经济的晴雨表。与之相关的股票指数包括富时250指数(除了100家最大的公司以外接下去的250家最大的公司的股票指数)和富时350指数(富时100和富时250指数的结合)。

FTSE100指数由世界级的指数计算机构FTSE(富时指数有限公司)编制,成分股包括在伦敦证券交易所上市的100种股票,涵盖欧陆9个主要国家,以英国企业为主,其他国家包括德国、意大利、法国、瑞士、芬兰、瑞典、荷兰及西班牙。FTSE100指数、法国的CAC-40指数和德国的法兰克福指数并称为欧洲三大股票指数,该指数也是当前全球投资者观察欧洲股市变化趋势的最重要的指标之一。

(4) 日经225指数。

又称"日经道氏股票价格平均指数",全称为"日本经济新闻社道琼斯股票价格平均指数",由日本经济新闻社按道琼斯平均股价指数的方法编制和发布。

日经指数的样本股票分别来自制造业、建筑业、运输业、电力和煤气业、仓储业、水产业、矿业、不动产业、金融业及服务业等在本行业中具有代表性的股票,覆盖面很广,所以具有较充分的代表性。为更广泛和客观地反映股市行情,从1982年1月4日起,又将股票数量从225种扩大到了500种,并增设了日经500股票价格平均指数,同时每年4月根据前3年间东京证券交易所全部上市股票的成交量、成交金额、市价总额,对500种股票进行调整,以真实反映日本产业结构的变化,但原225种股票指数仍然保留。

(5) 恒生指数。

香港恒生指数,简称 HSI,由香港恒生银行于 1969 年 11 月 24 日开始发表,是香港股票市场上历史最悠久、影响最大的股票价格指数。恒生股票价格指数的样本股是从香港众多家上市公司中挑选出来的 33 家上市公司的股票,这些公司具有很强的代表性,且经济实力雄厚。33 家股票包含四大类——4 种金融业股票、6 种公用事业股票、9 种房地产业股票和 14 种其他工商业(包括航空和酒店)股票。这些股票占香港股票市值的 60% 之上。由于该股票指数涉及香港的各个行业,因此具有较强的代表性。

(6) 上海证交所股价综合指数。

该指数以上证所成立那一天,1990 年 12 月 19 日为基期,采用全部上市股票为样本股,并选用发行总股本为权数,通过拉斯贝尔指数法得出。B 股指数采用上一周外汇交易市场平均汇率将美元换算成人民币计算。分类指数分为工业、商业、地产、公用事业和综合五类,其 A 股基期日为 1993 年 4 月 30 日。

(7) 深圳证交所成分股指数。

这是深交所选用 40 家样本股,以 1994 年 7 月 20 日为基期日,基期指数定为 1000 点,它选用上市流通股为权数,采用派氏指数法计算。

三、债券交易程序

债券的交易也分为场内交易和场外交易两大类,而这两类交易的流程也各有各的做法。场外交易以自营买卖为主,也有少量的代理买卖。由于证券交易商可以在自营买卖中与普通投资者直接交易,因此,在自营买卖中,投资者与投资者、投资者与证券商之间的交易可以不通过交易所和经纪商,而是以双方直接协商议价的方式进行。因此,下面将主要介绍场内交易的交易流程。

1. 开户

债券投资者要进入证券交易所参与债券交易,首先必须选择一家可靠的证券公司,并在该公司办理开户手续。

2. 委托

投资者在证券公司开立账户以后,要想真正上市交易,还必须与证券公司办理证券交易委托关系,这是债券交易的必经程序。投资者与证券公司之间委托关系的确立,其核心程序就是投资者向证券公司发出"委托"。

3. 成交

证券公司在接受投资客户委托后,就要由其驻场人员在交易所内迅速执行委托,促使该种债券成交。

4. 清算和交割

债券交易成交以后就必须进行券款的交付,这就是债券的清算和交割。

(1)债券清算。债券的清算是指对同一证券公司在同一交割日对同一种国债券的买和卖相互抵消,确定出应当交割的债券数量和应当交割的价款数额,然后按照"净额交收"原则办理债券和价款的交割。

(2)债券交割。债券的交割就是将债券由卖方交给买方,将价款由买方交给卖方。在证券交易所交易的债券,按照交割日期的不同,可分为当日交割、普通日交割和约定日交割三种。如上海证券交易所规定,当日交割是在买卖成交当天办理券款交割手续;普通交割日是买卖成交后的第四个营业日办理券款交割手续;约定交割日是买卖成交后的 15 日内,买卖双方约定某一日进行券款交割。

5. 过户

债券成交并办理了交割手续后,最后一道程序是完成债券的过户。过户是指将债券的所有权从一个所有者名下转移到另一个所有者名下。

四、开放式基金的认购、申购和赎回

开放式基金不同于股票、债券,投资者购买基金后,可以享有这个基金的收益,所以它们也像股票债券的交易一样,要遵循以下的规则。

1. 开户

投资者购买开放式基金也必须先办理开户手续,拥有开放式基金账户,然后才能买卖开放式基金。开放式基金的开户手续包含三个要点:首先是要到基金管理公司、拥有基金代销资格的银行或证券营业部等基金销售网点填写开户申请表,或者通过基金管理人等的网上交易系统办理开户。其次如果到银行等地的柜面开户个人要带上身份证等身份证件;如果是企业或公司开户,则要带上公司的营业执照副本、法人证明书、法人授权委托书、经办人身份证和公司印鉴等。最后,必须预留一个接受赎回款项的银行存款账户。

2. 开放式基金的认购、申购和赎回

认购是指在开放式基金募集期间,投资者申请购买基金的行为。基金的认购以书面委托或其他经过认可的方式进行。在基金募集期间,投资者可进行多次认购,但已申请的认购不能撤单。募集期间,投资者在 T 日的认购申请,T+2 日投资者可在销售商处查询初步确认结果;待基金合同生效后,投资者可以查询到最终确认结果。

基金申购是指基金在存续期间投资者向基金管理人提出申请购买基金份额的行为。基金的申购以书面方式或经认可的其他方式进行。当日的申购申请可以在15:00以前撤销。投资者一般于T+2日起可查询申购确认结果。特殊类型的基金除外。

基金赎回是指投资者通过基金销售机构申请将手中持有的基金份额变现的行为。基金的赎回以书面方式或经认可的其他方式进行。当日的赎回申请可以在15:00以前撤销。投资人的赎回申请成功以后,基金管理人通常将在T+7日内支付赎回款项,巨额赎回支付办法参照基金合同。

3. 开放式基金交易的手续费

在申购开放式基金时支付的手续费一般称为申购费,赎回时支付的则称为赎回费,目前国内开放式基金的申购费率水平普遍在1.5%以下,赎回费率水平则以0.5%居多。一般来说,基金的申购费用比例并不是固定不变的,而是随着申请金额的增加而递减,如很多基金管理公司以五百万份基金份额作为分界,如果申购超过五百万份的基金份额,就可以适用比较低的申购费率。赎回费是针对赎回行为收取的费用,主要是为了减少投资者在短期内过多赎回给其他投资者带来的损失,收取的赎回费在扣除注册登记费等手续费后,余额全部归基金资产,用来补偿未赎回的投资人,且归入基金资产的部分不得少于赎回费的25%。投资者可以在购买开放式基金前,仔细阅读有关基金的基金合同和招募说明书,了解其申购费与赎回费的具体收取原则。

在实际的运作当中,申购费的收取方式有两种,一种称为前端收费,另一种称为后端收费。前端收费指的是在购买开放式基金时就支付申购费的付费方式,后端收费指的则是在购买开放式基金时并不支付申购费,等到赎回时才支付的付费方式。后端收费的设计目的是为了鼓励能够长期持有基金,因此后端收费的费率一般会随着持有基金时间的增长而递减,某些基金甚至规定如果持有基金超过一定期限,后端申购费可以完全免除。需要提醒的是,后端收费和赎回费是不同的。后端收费与前端收费指的是申购费的不同收取方式,选择后端收费后,在赎回基金时,依然要支付相应的赎回费。因此,如果在认购/申购时选择后端收费,那么在赎回基金的时候,除了必须支付赎回费以外,还必须支付采取后端收费形式收取的申购费。

根据《开放式证券投资基金试点办法》的规定,开放式基金单个开放日中,基金赎回申请超过基金总份额的10%时,将被视为巨额赎回。巨额赎回发生时,基金管理人在当日接受赎回比例不低于基金总份额的10%的前提下可以对多出的赎回份额申请延期办理。即,基金经理可以根据情况给予赎回,也可以拒绝这部分的赎回,被拒绝赎回的部分可以延至下一个开放日办理,并以该开放日的基金资产净值为依据计算赎回金额。

五、证券商品的信用交易

证券商品交易必然会产生风险,其根源在于证券商品本身的投机性,以及对证券商品的管理不严,所以证券交易风险管理是证券监督机构管理的首要任务之一,这也是衡量一个证券市场是否成熟规范的标志。在证券交易风险中,又首推信用交易风险为最大。

证券商品信用交易包括融资交易和融券交易。融资交易是指当投资者预计未来证券价格将会上涨,并通过证券信用交易方式买入。也就是投资者按照初始保证金的水平预交一部分价款,其余差额由证券商垫付。等证券价格上涨后,再高价卖出证券,并将所借价款还给证券商,从中赚取涨价的收益。融券交易是指当投资者预计证券价格将要下降,向券商交纳一定的保证金后,由证券商垫付证券,并将证券出售,等证券价格下跌后,再低价买进证券还给证券商,从中赚取降价收益的交易方式。

信用交易风险来自两方面:一是指投资者凭借本人信誉,通过缴付较少比例现金作为保证金,在大量购入证券时,得到券商的资金融通支持;二是指投资者看淡后市时,由券商大量贷出证券供其出售,届时,借钱还钱,借券还券,并支付高得多的利息。这也称为保证金交易、垫头交易。保证金占融资或融券折合资金的比例决定了信用交易风险度的大小,两者呈反比。保证金比例的高低,反映了券商对证券市场的态度,它受管理层调控影响,取决于中央银行货币政策、市场大趋势、券商自身实力即融资融券能力等多种因素。券商融资款项出自其自有资金部分只是少数,他不能挪用其他客户资金,主要融资款项还是来自商业银行的信用支持或其他融资渠道。券商从转贷中获得利差收入,加上正常的佣金收入,所以他们很有积极性。券商的融券部分来自券商的存货或即时在市场上购入。显然,融券风险要大于融资,因为券商届时既要承担客户无法归还的风险,还要担心贷出证券价格的变动风险,他在风险控制上更难以把握,一般融券利率要高于融资利率。对投资者而言,信用交易能满足其投资的最大需求,在看好后市时,希望能即刻获得大量资金购入证券,以求行情上升后抛售获利,或在看淡后市时,又能马上得到足够多的筹码用于抛售,以便在行情下跌后再低价补回,同样实现盈利目的。前者称为买空交易,或保证金买空,或称保证金多头。后者称为卖空交易,保证金卖空,保证金空头。无论是买空还是卖空,对后市行情的准确评判才是获利的基本前提。

由于融资额远远高于保证金,投机者对行情的预测判断又难以做到神机妙算、百发百中,风险由此产生。买空交易的止损底线一般不能超过保证金,否则券商无须得到委托指令即可强行平仓将证券卖出。如客户要避免这一结局,要么追加保证金,以期行情回升,要么立即归还融资本息,结束信用交易清仓退出,而这一点往往难以做到。卖空交易客户面临的风险程序同样如此,投机者指望借券先行抛出后,行情果然下跌,再低价补回牟取价差收入。如行情走势恰恰相反,他就不得不高价补回证券用以归还券商,或追加保证金。

信用交易有利有弊。在证券市场处于低迷之际的信用交易,如买空交易可以增加市场交易量,刺激市场需求,促使行情趋暖。而卖空交易则使投资者在行情下跌之时,同样可以获利,这一功能是现货市场所不具备的。信用交易有利有弊,并随市场条件而变化。投机者进行信用交易时,往往确信自己对后市行情的判断力,并倾其所有以求一搏,尤其是在数次获利之后,其融资融券量逐步扩大,万一失误,后果不堪设想。不幸的是,这种"万一"时有发生,其杠杆效应同样会使亏损放大数十倍,甚至更多。买空交易的虚假需求又使市场泡沫增多,投机性加大,最终危及证券市场的规范与稳定;卖空交易在股市低迷时,又是雪上加霜,起到推波助澜的作用,造成市场加速下跌,这是管理层和广大投资者所不愿意看到的。所以,发达国家制定了许多法律法规,以最大限度地限制信用交易的投机性,而发挥它促进证券市场发展的积极作用。

中国股市于2010年开始信用交易。上交所、深交所于2010年3月31日起接受券商的融资融券交易申报。中国股市引入融资融券交易仅有五年多时间,但杠杆已然超出了有100多年融资交易历史的美国。2015年中国股市就上演了一场波澜壮阔的杠杆牛市,在不断涌入的资金推动下,日成交超过万亿(上海证券交易所)也时有发生。

关键词:

证券发行市场　证券流通市场　股价指数　场外交易市场

信用交易　修正平均数　加权平均数　竞价　申购费　赎回费
前端收费　后端收费　融资交易　融券交易　会员制交易所　公司制交易所

思考题：

1. 证券发行市场与证券流通市场的主要不同有哪些？
2. 集合竞价的含义是什么？成交价如何确定？
3. 加权指数的主要公式有哪些？
4. 如何确定股票债券发行价的公式？
5. 评述OTC、第三市场和第四市场的概念。
6. 信用交易的基本概念？对券商和投资者各有什么利弊？
7. 开放基金的交易有什么特殊性？
8. 证券商品信用交易有何风险与利弊？

第四章　证券投资风险衡量与分析

本章重点：
 1. 系统性风险及其分类
 2. 非系统性风险及其分类
 3. 对马科维茨均值-方差理论的理解
 4. 资本市场线的含义
 5. 信用评级的内容

　　证券投资的目的在于获得它未来的收益，而未来的收益不是现实的收益，未来的收益会因为各种不确定因素的干扰，很可能得不到。这种得不到的可能性就是证券投资的风险。因为证券商品不像其他实物资产那样本身有价值，且证券投资的未来收益取决于证券市场的状况，所以证券投资的风险要比其他实物资产的投资要大得多。分清证券投资风险的种类，衡量和分析这种风险是保障和提高证券投资效益的重要方面。本章主要介绍现代证券组合原理，马科维茨理论的主要内容，并通过证券投资信用评级分析，了解信用评级对投资方和筹资方的意义，阐明正确确定证券投资风险衡量与分析的基本原则和方法，以及我国目前信用评级现状等。

第一节 证券投资风险

证券投资、特别是股票投资有风险,这几乎已经为所有的投资者所熟知,所以证券投资的首要问题就是清楚具体投资将面临哪些风险,以及如何最大限度地规避风险,并承受无法规避的风险,才能最大限度地保障证券投资的收益。

一、证券投资风险的来源和类别

证券投资风险与其他风险有很大的区别,它是由各种因素,如政治、经济、人为和自然共同影响经济,然后传导到证券价格的波动,本章主要是罗列与归纳这些风险的来源与类别。

1. 风险的基本论述

证券投资的收益具有不确定性,这是因为证券投资包含着诸多风险的因素。所谓风险,是指投资财产损失的可能性。从统计角度理解,这是投入一定数额的本金,而将来的投资回报却是不确定的,或者可表述为投资预期收益率与实际收益率之间的离差。从投资心态角度解释,则是未来收益的不确定性造成投入本金及预期收益损失或减少的可能性。两种表述的区别在于:前者将超出自己预计收益的部分划归为风险范畴,而后者仅仅是把投资损失列入风险。从辩证角度分析,收益与风险是矛盾的统一体,亏损及负收益自然是风险,但超额收益却应该是风险的报酬。人们之所以会承受股价暴跌的亏损风险,正因为他期待股价飙升而带来超额收益。高收益必然伴随高风险,高风险才能带来高收益,相应的是风险越低,其收益也越少。人们往往把证券投资收益视为对其承担风险的补偿,所以要求投资股票的预期收益比投资国债高,因为股票价格波幅明显高于国债价格波幅。

一般来说,投资者在预期收益相同的投资中,通常选择风险最小的证券商品,这就是他们对安全性的偏好,如果没有对所承担风险相称的高回报,投资者就不愿选择风险资产。然而,这种风险报酬在多大程度上为投资者所接受,却又依据投资者对风险的承受度来确定。将这一结论引至极端,即不顾风险大小,仅以预期投资收益最大为标准来选择投资对象,这就是对高风险的偏好,其表现和结果都如同赌博。在大多数情况下,投资者根据自身的偏好,选择适当的收益和可承受的风险。

毕竟,风险只是投资损失的一种可能性,而非必然性。风险在于投资各类证券商品而无法获得预期报酬,这种可能性会随国家政治、经济、市场及个人与社会心理与诸多因素而变化。投资者努力去进行技术分析、基本面分析、公司财务状况分析等,只是尽可能把握大势,使实际收入接近投资预期收益,实际上这两者的趋同是偶然的,而背离却是必然的。投资者的预期收益包含着为推迟消费而要求的时间补偿,以及将眼前实在的收入变成了未来不确定收入的风险补偿。前者被理解为货币的时间价值,相当于机会成本,这对任何投资者都是相同的。后者为风险的价格,它取决于投资者的风险偏好,对风险厌恶度大的,投资相对稳定的证券,其风险补偿也相对较小。反之,喜好风险,则可选择高风险、不稳定的投资证券,其风险补偿也相应大。

如:某人投资一万元于某股票,期望年收益率为 25%,然而实际年收益率仅为 8%,即投资风险为 17%,其预期收益损失一千七百元,尽管他仍然实际到手八百元投资回报。如果该投资者当初预期的年收益率仅为 10%,那预期收益损失就为二百元,风险自然低得多。可见,预期收益率越高,风险越大,可能遭受的损失也越多。预期收益率一般可理解为市场投资的平均收益率,而非投资者心目中随意确定的一个指标。预期收益率与实际收益率的差距即是投资风险,投资风险与投资时间形成正比关系,反之,当风险未发生时,其投资回报率也最高,投资风险则转变为投资净收益。在所有证券商品中,普通股票是风险最大的品种,其市场价格受极其复杂的各种因素影响,变化无常,难以掌握,也正因为如此,普通股票行情走势代表了股票市场的发展状况。

2. 风险的分类

证券投资的传统风险是指人们进行证券投资遭到损失的可能及程度,而现代意义上的风险则被认为是证券报酬额的变化,该报酬的变化指它的额外增加或减少。证券投资风险的分类,通常是以风险的影响辐射范围和人们最终能否有效地分散、化解为标志的。

(1) 系统性风险。

系统性风险是指由于公司外部、不为公司所预计和控制的因素造成的风险。通常表现为国家、地区性战争或骚乱,全球性或区域性的石油恐慌,国民经济严重衰退或不景气,国家出台不利于公司的宏观调控的法律法规,中央银行调整利率等。这些因素单个或综合发生,导致所有证券商品价格都发生动荡,其断裂层大,涉及面广,人们根本无法事先采取某针对性措施予以规避或利用,即使分散投资也丝毫不能改变和降低其风险。在这一意义上,系统性风险也称为分散风险或者宏观风险。系统性风险包括政策风险、经济周期性波动风险、利率风险、购买力风险、汇率风险等。

系统性风险的基本特征表现为:

第一,系统性风险由共同一致的因素产生。它包括上述提及国家情况的变化。1929年的美国股市大灾难,1994年墨西哥金融危机,1997年的东南亚金融危机,2006年次贷危机等,都属于系统性风险,都给股市带来的巨大灾难。这种灾难具有明显的突发性和极强的破坏性,令人措手不及无法抵御。其给国家造成直接经济损失远远不止毁灭数个亿万富翁或者几个大银行,而是整个经济瘫痪和多米诺骨牌式倒塌的联动性。此外,灾难降临之前,人们无法预测灾难的长度、宽度和深度。

第二,系统性风险影响证券市场所有证券商品,包括某些具有垄断性的行业,所不同的只是受影响的程度不同。例如,国家发生战争,那么军工企业反而因祸得福,得到国家支持的基础性行业、高科技行业受到的影响也相对较小。

第三,系统性风险难以通过投资分散化来化解。因为所有的篮子都掉下来了,分散在这些篮子中的蛋都无法幸免。

第四,系统性风险与投资预期收益成正比关系。越是风险大、无人敢涉及的领域,其预期收益大的诱惑就越强。系统性风险的进一步分类可以是:

① 政治政策性风险。无论何种社会经济制度,证券市场走势始终与政治、经济政策密切相关,所谓宏观基本面取向,绝大部分为政策取向决定,因此,政策风险主要包括政府领导人的变动,宏观经济政策的调整,货币政策、财政税务政策、汇率政策和产业政策的变化等。由于这类政策信息的发布有一定的突然性和逆转性,其冲击力度大,波及面广,给投资者造成的损失惨重,投资者需要给予特别关注。

② 利率风险。资本市场或货币市场供求变化,导致市场利率变动,而市场利率的波动又直接影响证券市场的商品价格,从而形成投资收益或损失的可能性,这就是利率风险。众所周知,市场利率与证券商品价格呈反向变化。利率从两方面影响证券价格:一是改变资金流向;二是影响公司成本。

③ 购买力风险。物价的上涨致使等量资金只能买到较少的商品。由物价变动造成实际资金购买力的不确定性,称为购买力

风险,或通胀风险。在证券市场上,投资证券的回报以货币形式来支付,所以在通胀时期,货币购买力下降,就是投资的实际收益减少,这就是购买力变动给投资者带来损失的可能。

④ 汇率风险。这是国际金融市场上,外汇汇率波动造成证券投资损失的可能性。1998年日元对美元汇率一度跌破145日元大关,不到两个月,就在人们纷纷抛售日元,日元市场一片看淡,突然日元又翻转飙升,一度突破115日元,令投资者瞠目结舌。这种大幅度的汇率跌宕,也给纽约证券市场以及东京证券市场带来一波又一波的冲击。例如某人在1美元兑换145日元时,用100万日元兑换成6 897美元,投资中国B股。然而,短短数十天,以美元标价的B股价格还未有变动,而日元却升至115日元兑换一美元,或者说,美元贬值,此时,投资者抛出所持B股,再换回日元,剔除手续费,只剩79万日元,直接亏损20%的投资。可见,汇率变动让B股投资者遭受汇率和股市的双重风险。汇率波动还会造成外贸出口股份公司的收益不稳定,如日元升值有利于对日出口的公司在销售和结汇上的受益,反之,则加重了从日本进口的负担,在对日所发行的武士债券还会因日元升值增加还本付息的负担。此外,汇率波动还会影响从事进出口业务的股份公司的业绩,影响他们股票的市场价格。

(2) 非系统性风险。

非系统性风险指由股份公司因内部微观因素造成证券价格下跌的可能性,它只存在于相对独立的范围,或者是个别行业中。这种风险产生于某一证券或某一行业的独特事件,如破产、违约等,与整个证券市场不发生系统性的联系,这是总的投资风险中除了系统风险外的偶发性风险,或称残余风险。

非系统风险的主要特征是:第一,它是由特殊因素引起的,如企业的管理问题、上市公司的劳资问题等。第二,它只影响某些股票的收益。它是某一企业或行业特有的那部分风险。如房地产业股票,遇到房地产业不景气时就会出现暴跌。第三,它可通过分散投资来加以消除。由于非系统风险属于个别风险,是由个别人、个别企业或个别行业等可控因素造成的,因此,股民可通过投资的多样化来化解非系统风险。

非系统性风险主要包括如下几种:

① 企业经营风险。经营风险主要指公司经营不景气,甚至失败、倒闭而给投资者带来损失。公司经营、生产和投资活动的变化,导致公司盈利的变动,从而造成投资者本金及收益的减少或损失。例如,经济周期或商业经营周期的变化对公司收益的影响,竞争对手的变化对公司经营的影响,公司自身的管理和决策水平等都可能产生经营风险。

来自企业自身的经营风险主要表现在以下几个方面:第一,项目投资决策失误。公司一旦决定要对某一工程项目进行投资,就一定要对该项目的可行性作充分的研究分析,但仍有可能判断失误,从而损失惨重。第二,公司忽视产品更新换代和新技术的开发利用。结果产品被淘汰出市场,甚至面临生存的挑战。第三,公司逐步失去市场和客户。这种风险由各种因素造成,但一旦发生,公司和投资者的未来都非常严峻。

② 企业财务风险。这是公司采用融资方式不当而造成投资者预期收入下降的风险。因为筹措资金不当,公司有可能丧失偿债能力。公司经营所需要的资金,不外乎四个渠道:一是自身的历年积累,这是公司自己的钱,没有风险。二是向商业银行贷款,这是构成公司债务的组成部分,得有一定的先决条件和使用规则,否则,无法得到。三是向社会公开发行债券,到期还本付息,债券利率事先确定,到期必须支付,无论企业盈亏,还本付息都是刚性的,公司即便亏损,砸锅卖铁也得偿还债务。四是发行股票,所筹资金归属公司资本,不必归还。此第二、第三部分是公司债务,与发行股票所筹措的自有资金共同构成公司资本结构。债务筹资的

财务风险相对要大,因为公司经营过程中的不确定因素难以预料,因经营亏损无力偿付银行本金、利息和债券本息,就会给投资者(包括银行)造成实实在在的利益损失。

③ 企业道德风险。也是企业风险的一种表现形式,尽管不是主要的。但一旦发生,则后患无穷,其对企业本身的杀伤力极大,也是投资者最难以预防的风险之一。通常表现为上市公司肆意编造虚假的财务报表或隐瞒公司的巨额亏损、法律诉讼败诉等欺骗投资者。这种亏损的风险远比公司经营风险、财务风险更为恶劣和危险,投资者为此遭受的损失难以估量。我国海南省一家上市公司,原董事长公然示意下属,违反国家关于公司经营管理制度和财务会计管理规定,向广大股东提供虚假利润,并虚编公司资本公积金增加的财务会计报表,误导广大投资者,使其股价异常上升,最终被中国证监会停牌交易达两年之久,严重损害了股东的利益,该公司负责人以身试法,被判有期徒刑三年。此外,还有券商或公司内部人员利用内幕信息进行违规联手操纵,非法获取暴利,也属于道德风险范畴。

④ 信用风险。也称为"违约风险",指不能按时向证券持有人支付本息而造成投资者损失的可能性。此风险主要发生在债券上,只有公司破产时,股票才会面对信用风险。造成违约风险的直接原因是公司财务状况不好,最严重的是公司破产。因此,对于证券投资,不管是股票还是债券,投资者必须详细了解发行债券的信用等级及发行股票的上市公司情况,才能"知彼知己,方可百战不殆"。

二、证券投资风险存在的特殊性

不确定因素是造成证券投资风险风险的主要原因,但是证券投资风险的存在还有其特殊原因,它是由证券的本质及证券市场运作的复杂性所决定。

1. 证券的本质决定了证券价格的不确定性

从本质上讲，证券没有劳动价值和使用价值，它的价格不像普通商品的价格那样，由其本身的价值或使用价值决定，而是由证券以外的市场因素决定，投资者根据其未来收益的判断，决定现在的买入或卖出，进而决定证券的价格。这就是说，股票价格要受利率、汇率、通胀率、所属行业前景、经营能力及市场参与各方心理等多种不确定因素的影响。这些都不是股票本身所具有的，也不是投资者能够充分预见到的。证券的这种本质决定了证券投资自始至终具有较高的风险性。

2. 证券投资心态影响证券价格的波动

一般来说，商品的价格在很大程度上为商品的需求所决定，而商品需求的基础则是商品的使用价值（效用）。在不讨论商品供给的情况下，商品的使用价值提高，商品的需求增加，商品的价格就上升；反之则下跌。在这个意义上，商品价格的波动是相对有规律可循的。而证券价格的决定却有很大的不同，因为证券没有使用价值，人们对证券的需求为证券未来的收益所决定，而证券的未来收益又为人们对证券的需求所决定。如果大家看好某证券，大家买入，该证券的价格就上升，该证券的收益就大，就越应买入；反之，大家看淡某证券，该证券价格就下跌，该证券就越不应买入。尽管人们对某证券的看好或看淡也有其客观经济基础，但是这种看好和看淡仍可能与它们的客观基础相背离，这就使得证券价格的波动在很大的程度上要受投资者的心理因素的影响。尽管在长期中，证券的价格最终要为该证券的客观经济基础所决定，但是，在短期中，心理因素不能不是决定价格的关键变量。而心理因素的多变和难以捉摸，极大地增加了证券投资的风险。

3. 证券投资风险的难以控制性

证券市场涉及面广，灵敏度高，社会政治经济各领域的变化都会对该市场造成影响，都会造成风险。投资者可以尽可能准确地预测证券市场风险发生的可能性，但是却不能阻止这些不利于证券市场的因素发生，也不能消除这些因素波及的影响。尽管现代的金融投资理论已经发展得相当成熟，为这种理论武装起来的投资者的经验也非常老到，有关市场监管的法律措施也相当完善，但是要想全面控制和回避证券投资风险，依然几乎是不可能的。

三、证券投资风险的防范

管理层为了保障证券市场的健康有序发展，也要采取各种措施，将风险将至最低限度。投资者和券商要想从证券投资得到高的回报，就要想方设法规避风险。从本质上讲，对于证券投资风险防范的根本是规范整个证券市场。我国在《证券法》的界定和约束下，可以把非法的投资风险减少到最低程度。这里主要从管理的角度讨论防范证券投资风险的方法。

1. 健全法律制度

我国已经出台了包括证券法在内的，数十个具体的法规、条例及暂行规定等，这些具有法律效力的文件有效地保障了证券市场规范有序地发展，任何投资主体及社会公众都不能违反这些法规，上市公司及证券中介商同样应该遵守规则。但是，在利益的诱惑下，违规的事情仍然时有发生，我国证券史上的"327"事件，就是过度恶意投机严重违规的典型，它导致我国国债期货交易的暂停。还有2013年8月16日光大证券乌龙事件引发交易市场混乱。此外，还有徐翔操纵股票，造成股市起伏震荡的丑闻。所以，我国应借鉴西方发达证券市场管理的经验，严密规章制度，健全预警系统，严惩违法违规行为等,这些都是防范证券投资风险的重要方面。

2. 完善监管措施

本书第九章将专门论述证券投资的监管监察制度的制定和执行,这也是防范风险的重要措施,本处先做简要的说明。证券交易所下属的中央证券登记清算公司应针对整个市场的运行提出控制防范和化解风险的预警报告,严格执行证券监督管理委员会的各项措施,运用高科技手段,对交易全过程进行全程有效监督,包括任何细小的违规隐患,作为管理层进行监管的有力保证。除了要有完备的监察监控体系外,还要严格执行,保证该体系的有效运作。

3. 加强交易中介的自律

证券经纪商在证券市场中上通下达,他们既代表买方,又代表卖方,证券经纪商承担着防范证券投资风险的重要责任。因为投机者中的恶意违规,过度投机很难以绕过券商,所以只要券商能够充分发挥作用,实行自律管理,就能最大限度地防范各类风险。自律管理包括行业协会的例行财务审计,证券交易所会员的业务考评,掌握《证券法》知识的业务评比,制定内部切实可行的规章制度等。对于无法抗拒的系统性风险,则应加强宏观经济预测,分析国家经济形势,密切关注国际形势,研究对股市的直接和间接的影响。对于个别风险的防范,一般可具体情况具体分析,通过对资料数据的收集整理,参照证券投资基金的投资结构,对证券行情预测随时修正调整。

第二节　证券投资风险的衡量

投资者面临的风险有大有小,其遭受的损失也不一样,这就需要以某种方法测定和规避风险,这里将介绍其中主要的三种方法。

一、马科维茨均值-方差理论

在介绍马科维茨均值方差理论前,必须先了解证券组合投资的基本概念。证券组合是投资者通过对证券收益与风险的权衡后,形成相对固定的若干个投资品种,以达到在一定的约束下,实现投资收益的最大化。这种组合并非是若干个证券商品简单随意的拼凑,而是经过精心选择和科学搭配,体现投资者的意愿和所受的约束,并可随时调整,盯住投资者的预定目标,期望实现本金安全、收入相对稳定,并逐步实现资本增值的综合目标。

要想实现这近乎完美的目标,人们往往根据证券的基本面分析,采用静止、过去的资料数据,以自己的感性认识和直觉判断来进行证券商品的投资组合,所得到的只能是一个定性分析的原则,缺乏具体的定量分析,无法判断究竟承受多大风险,将证券分散到何种程度,在哪一点上才能达到高收益与低风险的最佳组合。正是为了弥补这种不足,证券组合理论才应运而生,哈里·马科维茨(Harry M. Markowitz)是该理论的创始人和代表人物。证券组合理论提出一套理论框架,运用二维规划和复杂的数理统计方法,以解决如何最有效地分散组合证券风险,求得最大收益。它的重要假定是,人们确定投资的预期收益时,期望证券组合的风险最小;确定投资风险后,则要追求预期收益的最大化。也就是说,如果没有额外的收益,他们不愿承担额外的风险,由此可实现证券风险和收益最有效转换。均值-方差理论奠定了证券组合理论的基本框架,通过风险测量,较为准确地计算出投资者收益和成本遭受损失的可能性。在此基础上,经过许多学者的不断完善和发展,逐渐形成证券组合理论。

1. 证券组合均值或预期值的计算

任何一种证券的投资收益都是不确定的,收益的不确定性存在于一切证券投资之中。人们要考虑各种投资收益发生的可能性,即其概率分布,又要考虑到各种收益的绝对值。均值就是投资的预期收益,或者称预期值,它可以采用证券投资的各种可能收益的加权平均值,以各种可能收益发生的概率作为权重计算而得。证券组合的预期收益率公式表达为:

$$\bar{R}_p = \sum_{i=1}^{n} X_i \bar{R}_i \qquad (4-1)$$

式中:$\bar{R}_p$ 为证券组合收益预期收益率;

X_i 为投资于证券 i 的期初市场价值在组合中所占的比重;

$\bar{R}_i$ 为证券 i 的预期收益率;

n 为证券组合数目。

这里,为了理解某证券的预期收益率,再给出某证券 i 的预期收益率的公式:

$$\bar{R}_i = \sum_{i=1}^{n} R_{ij} p(R_{ij}) \qquad (4-2)$$

式中:R_{ij} 为证券 i 第 j 种可能的收益率;

$P(R_{ij})$ 为证券 i 收益的第 j 种可能性的概率;

n 为可能性的总和。

假定某人投资四个股票,组成一证券组合,经多方分析研究,他认为在不同时期,四个股票有可能获得的收益率以及相对应的每一结果可能发生的概率,可大致依据公式(4-2)计算得出的各股的预期收益率,见表 4-1。

表 4-1　四个股票的预期收益率　　　　单位：%

不同时期	出现概率	可能的收益率				各股收益率
		A	B	C	D	
市场极其火爆	20	25	30	20	25	18.3
市场条件较好	40	20	25	30	30	20.5
市场箱形盘整	30	15	10	12	20	20.6
市场情况糟糕	10	8	15	10	10	24

如果知道了某一个股全部收益结果出现的概率,那么,无论其结果发生的概率是否都相同,投资者的证券组合预期收益率就等于全部收益结果与其发生概率之积相加的总和,即公式(4-1):

$$\bar{R}_p = 0.2 \times 18.3\% + 0.4 \times 20.5\% + 0.3 \times 20.6\% + 0.1 \times 24\%$$
$$= 20.44\%$$

2. 证券组合的方差——确定风险测度指标的计算

方差(或称标准差)是统计学中最基本的测算工具之一。在确定性的条件下,投资收益率是决策的最好依据,而在不确定性条件下,仅靠上述预期收益率一个指标来判断某证券商品的优劣,并据此作出是否投资的决策是远远不够的,甚至是轻率的。所以,需要考虑不能实现预期收益而要面对的风险。如前所述,投资预期收益并不等于实际收益,实际收益率完全可能高于、低于或等于预期收益率。这种围绕预期收益率波动的程度越大,即上下振幅越大,实际收益率与预期收益率之间的差距也越大。投资者不能实现预期收益率的可能也就越大,投资风险也就越大,这种波动程度实际上已成了判定投资成败的第二个指标,也称为风险指标。运用统计学中的方差(也称标差,variance)来对实际收益率偏离预期收益率的幅度作出估算,也就是对证券投资风险作出数理统计的测度。

方差公式:

$$\mathrm{var}_i = \sum_{j=1}^{n} P(R_{ij})(R_{ij} - \bar{R}_i)^2 \qquad (4-3)$$

var_i 表示某个证券的方差，var_P 表示证券组合的方差。

这种两种比率之间离差的估算，显然无法用各证券的方差加权平均求得证券组合的方差值，因为各证券商品的风险与证券组合的风险数值不同。在许多情况下，往往前者要大于后者，因为证券组合的风险不仅取决于各单个证券的风险，也取决于单个证券商品之间的关联程度，其中相互抵消的情况很普遍。在实际计算中，为了避免各个证券实际收益与预期收益之间的离差在求均值相加时出现正负离差的相互抵消，人们先对每一离差进行平方，然后再对全部离差的平方求其均值，这一结果称之为平均平方离差，简称均方差。有时也用均方差的正平方根来代替均方差，作为衡量证券风险大小的测度，均方差的正平方根，也称为标准差。

3. 证券组合与协方差计算

所谓协方差，是两个证券收益离差乘积的加权平均值，是以离差的概率为权数。上述阐述介绍，证券组合的风险并不等于组合中各单个证券风险的加权平均，它除了与单个证券风险有关外，还与各个证券之间的协方差有关。协方差与方差不同：方差是两个证券收益离差本身平方的平均值，协方差是两种证券与各自离差之积的平均值，方差在任何情况下，都是正数，协方差值是可正可负。

当两种证券同时出现上升的收益效果，即各自的离差 ($R_{1j} - \bar{R}_1$)，($R_{2j} - \bar{R}_2$) 分别大于零时，或者各自的离差分别小于零时，这两离差之积都是正值。协方差英文为 covariance，用 cov 表示：$\mathrm{cov}_{12} > 0$ 由此可以推论，当两种证券同时呈现出相反情况，即一种证券好的收益结果与差的收益结果同时出现时，两个离差之积就为负数，表示为 $\mathrm{cov}_{12} < 0$。换言之，两种证券收益变动方向一致，

就是协方差大于零。如果两种证券收益结果变动方向无规律、无任何关系,其协方差等于零。协方差是衡量两种证券之间收益互动性的一个测度指标,它对证券组合风险起着直接放大或缩小的作用。在单个证券风险和投资比例确定的前提下,协方差就是证券组合风险大小的决定性因素。根据以上方差的理解,可以给出证券组合方差的一般公式:

$$\mathrm{var}_P = \sum_{i=1}^{n}\sum_{j=1}^{n} X_i X_j \mathrm{cov}(R_i, R_j) \qquad (4-4)$$

式中:X_i,X_j 是证券 i 和证券 j 在证券组合中的比重,即权数;$\mathrm{cov}(R_i, R_j)$ 是证券 i 和证券 j 收益率之间的协方差,$\sum_{i=1}^{n}\sum_{j=1}^{n}$ 代表双重加总,所有有关协方差都是相应相加的。

4. 证券组合与相关系数的计算

为了计算的简便实用,采用某种比例方式将协方差标准化,即用相关系数来代替协方差。相关系数一般采用 AB 两证券的协方差作分子,它们以各自标准差的积作分母来表示。其取值范围在负 1 与正 1 之间。当相关系数取值大于 0 小于 1 时,即两种证券之间存在着一种正相关比例,系数越接近 1,两种证券之间的这种正相关性越强,证券组合的风险也越大,反之,越趋于 0,正相关性就越弱,或者说,负相关性就越强。当系数取值为负 1,表明两个证券之间完全负相关,即两个证券彼此之间风险完全抵消,这也是一种理想的投资组合。由此可见,无论人们投资比例如何,只要证券之间不存在完全正相关的关系,即系数小于正 1 时,证券组合的风险总是会低于单个证券风险的加权平均值,或者说,证券的组合投资可以在不减少投资预期收益的前提下,取得降低风险的效果。

5. 有效边界概念与最佳组合

了解了在证券投资组合中,通过预期收益 R 和风险指标均方差 cov 两个指标来研究分析收益与风险的相互关系,以求得在风险既定时,追求收益的最大化,或在收益即定时,最大限度地规避风险。这就是二维规划的含义,见图 4-1。

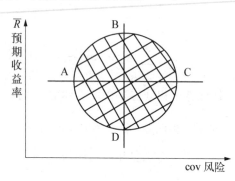

图 4-1 证券或证券组合预期收益与风险的投资机会范围

图 4-1 的横轴表示证券组合的投资风险,纵轴表示证券组合的预期收益水平,任何一种证券组合,都能在图表中找到所相对应的一点。全部证券组构成图中 ABCD 的阴影部分,它代表人们面对的所有投资机会。越是处于图形上端的点。所对应的预期收益就越大,反之则越小;而越是位于图形右边的点,所对应的投资风险就越大,反之则越小。显然,A 点代表了风险最小的证券组合,B 点代表了预期收益最大的证券组合,没有其他比 A 点风险更小的和比 B 点预期收益更大的证券组合。根据平面几何的作图原理:这二维规划的可行性区域只能在第二象限中。如果以 360 度为所有点的包容区域,那么最佳组合点必定都落在 270 度—360 度之间。如 A 点,它是证券组合中均方差最小的一点,即圆圈中 270 度此点必然与纵轴相切,其他任何一点都只会加大风险。图中 B 点是证券组合中预期收益最大的一点,即圆圈

中360度,此点必然与横轴相切,其他任何一点都只会减少预期收益。在圆内的任何一点,都可引申出一条平行线,在圆周上找到与其收益相对应的点,因风险必然更大,所以是非有效组合。同理,也可引申出一条垂直线,在圆周上找到与其风险相对应的点,因收益必然更小,所以也是非有效组合。可见,只有落在 AB 曲线上的证券组合才是有效组合,AB 曲线也是所有证券有效组合的有效边界,在有效边界以内的任何一点投资都是非有效的。对于风险厌恶者,即最保守的投资者来说,可选择 A 点附近的有效组合,虽然收益值较小,但是 cov 同样也小。反之,雄心勃勃的投资者(aggressiveness)则可选择接近 B 点的有效组合,以获取最大的收益,当然承担相对应的高风险。这样的观点还可进一步在图 4-2 上进行分析:

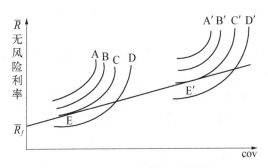

图 4-2 无差异曲线与有效边界

无风险利率假定投资者可从银行以确定的利率无限制获得贷款,并用其进行风险投资。图 4-2 中 A、B、C、D 和 A′、B′、C′、D′都是人们进行投资的无差异曲线,它是在此坐标中,给人们带来相应满足的证券组合轨迹,具有正斜率,并且互不相交。显然,处于上方的曲线要比下方的曲线更优,给人们带来的满足更大,或者说人们的满足程序依次递减,A 大于 B,B 大于 C,C 大于 D 以及 A′大于 B′,B′大于 C′,C′大于 D′,但 A、B 和 A′、B′不存在与之对应的投资机会,只有C、D和C′、D′与有效边界有交点,因此,人们自然选择E和E′点进行投资。这两点的区别在于E点的投资者较为谨慎,也就是其风险厌恶程度较大,而E′点的投资者属冒险性的。此外,其余有效边界上的点都在E和E′点所在的无差异曲线的下方,所以要被淘汰。

以上五点大致介绍了马科维茨的均值-方差理论,它提供了一个权衡收益与风险的定量分析方法,通过这种方法,找到证券组合,并从中选择适合自己投资偏好习惯的最佳组合。

二、资本市场线

马氏理论关于均值方差的论述主要研究个别投资者的行为,通过分析厌恶风险程度的不同实现投资的预期收益最大化,这就是证券组合理论。而资本市场线(CML)主要分析资本市场实现均衡时,人们根据证券组合理论进行决策,通过对投资者集体行为的分析,求出所有证券和证券组合的均衡价格,这就是资本资产定价模型理论,它是在马氏证券组合理论基础上发展起来的CAPM理论。资本市场线只是其中一部分内容,另一部分是证券市场线理论。

资本市场线理论认为,在市场实现均衡时,资本资产的供给总量必等于其需求总量,也就是人们买入证券的总量必然等于人们卖出证券的总量。恰如在会计总账中,借贷总量必然相等,全部投资者的投资总和,恰好是市场证券总和,每一品种所占市场证券的比重等于该品种市值占全部证券总市值的比重。由此引申出资本市场均衡的另一层含义,即风险相同的证券与证券组合的预期收益率也是一致的。这种收益率也可被称为均衡收益率。

进一步分析,既然市场实现均衡,那么人们投资证券的组合就应该包括风险证券和无风险证券,通过风险证券和无风险证券的结合可以得出更完善的有效组合。无风险证券投资可以是三个月的短期国库券,或商业银行的定期存款等,这种投资称为无风险贷出。反之,以固定利率借入资金并投入风险证券,则称为无风险借入。无风险借入和贷出使得人们投资灵活性得到极大提高,有利于实现风险与收益的最佳搭配组合。资本市场线可用以下公式(4-5)表达:

$$\bar{R}_p = R_f + \frac{\bar{R}_m - R_f}{V_m} \times V_p \qquad (4-5)$$

式中:$\bar{R}_p$ 表示在均衡条件下,任一证券或证券组合的预期收益率;

R_f 表示市场无风险贷出利率,也是无风险资产的投资点,在此点上,只有收益,而无风险;

$\bar{R}_m$ 表示市场风险组合的预期收益率;

V_m 表示市场风险组合的风险;

V_p 表示在均衡的条件下,任一证券或证券组合的风险。

该公式表明在均衡的条件下,任一证券或证券组合的预期收益率与其风险的关系。显然,此两者表现出线性关系,即 $\bar{R}_m - \frac{R_f}{V_m}$ 为正斜率,R_f 是曲线的截距。在均衡条件下,任何证券和证券组合的预期收益率都由两部分组成,一是无风险贷出利率 R_f,这是对投资者延迟消费的补偿,即资金的时间价格;二是风险收益率 $\frac{\bar{R}_m - R_f}{V_m} \times V_p$,也是证券组合的市场风险价格乘以所承受风险的总量,即投资者承受市场风险所获得的报酬。所以,公式(4-5)也可表示为:

资金预期收益率＝资金的时间价格＋资金的风险价格
　　　　　　×风险总量

图 4-3 进一步表明资本市场线的含义：马氏均值-方差理论说明，如不存在无风险借贷，证券的有效组合都落在曲线 AMC 所代表的有效界面上。引入无风险借贷后，人们所面对的有效界面就变为图中的射线 R_fM。M 点是所有有效组合与无风险资产的最佳风险性证券组合。M 点也一定是整个市场的证券组合，例如，道琼斯三十种工业股指、恒生股指，以及上海股价综合指数等，因其样本股较为全面合理，或具有无可置疑的影响力，都被近似地认为是市场证券的组合。

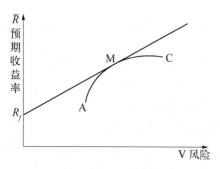

图 4-3 资本市场线

在图 4-4 中，D 点表示人们全部投资在无风险资产，风险厌恶度最大，收益也最低，风险为零。E 点和 G 点分别表示保守型投

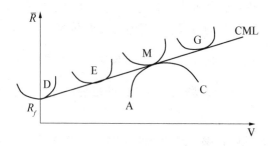

图 4-4 无差异曲线与资本市场线

资与冒险型投资的风险承受度。在 G 点上,该投资者也愿意承担更大的投资风险,借入固定利率的资金,以增加投资于证券组合 M 点的收益。

三、证券市场线

资本市场线阐述了所有证券组合都落在射线上,而非证券组合都处于有效边界的下方。这就需要进一步完善风险测度指标,否则,就无法合理地衡量非证券组合的风险与收益的关系。在本章第一节中,已经提到证券投资风险可分为系统性风险和非系统性风险,风险程度通过证券收益率概率分布的均方差来表示。证券组合可有效消除非系统性风险,实现无法避免的系统性风险中,投资效益的最大。换句话说,人们的证券组合总风险就是它所承担的系统风险,为弄清系统风险的方差 var 与预期收益率之间的关系,这里引进 β 系数。

所谓 β 系数,是美国经济学家威廉·夏普(William F. Sharpe)提出的风险衡量的相对指标,反映证券组合波动性与市场波动性之比。在一般情况下,将某个有一定权威性的股指作为测量股票 β 值的基准,也称为市场组合。如果基准为 1.0,而 β 值为 1.1,表明该股票波动性要比市场大盘高 10%,如 β 值为 0.95,则说明该股票波动性弱于大势。该指标可较方便准确地反映投资收益与风险之间的关系。用 β 值衡量风险是利用统计学中的回归分析原理,世上事物都是相互联系和制约的,一个事物变动,常受其他事物变动的影响。父母身高会影响孩子的身高,前者称为自变量,后者是因变量,孩子身高随父母而定,但父母身高不受孩子影响。统计学中利用回归分析法来观察两种以上互有联系的事物之间相互变动的关系。回归分析利用最小二乘法,其基本方程式为 $Y = a + bx$,Y 是因变量,X 是自变量,a 是 Y 的截距,也是回归系数。

在证券投资中,人们利用 β 值代表某种证券受市场影响而产生价格波动的大小,符合测定其风险的要求。把 β 值看成是用来测量某一证券收益对市场平均收益变动的敏感性指标。根据这一思路,人们采用回归方程式求得 β 值:$Y=a+\beta x+\varepsilon$。式中:Y 为某证券预期收益率;a 是纵轴回归截距,也是表示无风险资产利率;x 为市场平均预期收益率;β 为回归线的斜率;ε 为剩余收益,由于随机差错因素而产生,理论上一般可以忽略不计。因为单个证券的价格波动与市场证券总体价格水平的波动不仅并不一直保持同步,甚至还会出现背离的倾向,所以以市场证券组合的平均收益波动为参照物,单个证券或证券组合的波动——风险也就相对容易衡量了。证券 i 的 β 值是相对于证券组合 p 而言,证券 i 收益的变动性。证券 i 的 β 值等于证券 i 与证券组合 p 收益的协方差除以证券组合 p 的方差:

$$\beta_{ip}=\frac{\text{cov}_{ip}}{V_p} \qquad (4-6)$$

式中:β_{ip} 表示证券 i 相对于证券组合 p 的 β 值。

cov_{ip} 表示证券 i 与证券组合 p 收益之间的协方差。

V_p 表示证券组合 p 的方差。

证券组合 Q 的 β 值等于该证券组合中各证券 β 值的加权平均数,以各证券占证券组合 Q 的投资比重为权数:

$$\beta_{qp}=\sum_{i=1}^{n}X_{iq}B_{ip} \qquad (4-7)$$

式中:β_{qp} 表示证券组合 q 相对于证券组合 p 的 β 值;

X_{iq} 表示证券 i 占证券组合 q 的投资比重;

B_{ip} 表示证券 i 相对于证券组合 p 的 β 值;

n 表示证券组合 q 中包含的证券数量;

β 值越大的证券,预期收益率也越大,否则,该证券只会增加证券组合的风险,却不能同比增长预期收益率,这样的市场证券组合也就算不上是最佳市场风险组合投资。所以,人们只要从中剔除不起积极作用的证券,就可使该组合的预期收益率相对于它的风险而增加。因此 β 值与预期收益率 $\bar{R}$ 是一种正相关关系,也就是说,无风险证券的 β 值等于零,证券组合相对于自身的 β 值就是1。

证券与证券组合的 β 值,衡量相关证券与证券组合收益的波动性。个别公司因经营亏损发生股价剧烈波动不在 β 值的衡量范围内。β 值衡量无法通过分散投资予以化解的系统性风险。非系统风险由单个证券的收益波动来决定,可通过分散投资来化解。人们只需知道某个证券过去一系列收益数据,以及作为参照物的特定证券组合在相应年份的变动数据,就可得出该证券的 β 值,而证券组合的 β 值就是该组合中各证券 β 值的加权平均数。

根据资本市场线的公式,可以将上述公式变换成:

$$\bar{R}_p = R_f + (\bar{R}_m - R_f) \times \frac{v_p}{v_m}$$

$\dfrac{v_p}{v_m}$ 表示某个证券或证券组合风险在市场证券组合风险中的比重,也就是证券组合波动性与市场波动性的比例,即可用 β 系数值表示。某个证券的预期收益率,可用公式表示为:

$$\bar{R}_i = R_f + (\bar{R}_m - R_f) \times \beta_i \qquad (4-8)$$

进一步还可用图4-5说明。

证券市场线表明各种证券的收益率与以 β 值衡量的风险之间的关系。证券市场(SML)线上的 M 点($\bar{R}_m$、1.0)表示某个证券或证券组合的预期收益率与市场证券组合的预期收益率相符,这个市场证券组合即以某个具有一定权威性的股指作为测定的基准。当 β 值小于1,表示某证券的预期收益率将低于市场预期收益率,或者说,某证券的风险低于市场风险。在实际操作中,人们

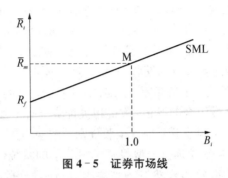

图 4-5 证券市场线

如要计算某证券或证券组合的预期收益率,那么,应首先获得以下三个数据:无风险利率,市场证券组合预期收益率,以及 β 值。

假定某证券的无风险利率是 3%,市场证券组合预期收益率是 8%,β 值为 1.1,则

$$\bar{R}_i = \bar{R}_m + (\bar{R}_f - \bar{R}_m) \times B = 3\% + (8\% - 3\%) \times 1.1 = 8.5\%$$

可见,β 值可替代方差作为测定风险的指标,它与证券或证券组合的预期收益率成正相关关系。

第三节 证券投资的信用评级分析

在证券市场中,人们越来越清楚地意识到证券投资风险的重要性,并千方百计要了解风险的大小以决定投资的时间、数量。马氏理论是一种操作性较强的分析风险的方法。随着证券市场的发展扩大,证券交易品种越来越多,纽约证券交易所上市品种超过四千种。而场外交易市场也有了很大发展,美国全国证券交易商协会的自动报价系统 NASDAQ,有六千个交易品种,市值超过二万亿美元,这就增加了投资者评估股票质量与风险的困难。截至

2015年底,我国主板市场、中小板市场及创业板市场的上市公司总计将近3 000家,投资者,尤其是中小投资者也很难完全了解这些公司的信用情况,因此,建立一个证券信用评级制度就变得非常重要。

一、证券信用评级的概念与内容

信用评级就是由专门机构对上市的证券的信用等级作出评价,帮助广大投资者简便地拥有足够的信息,并作出相应的分析,从而最大限度地降低风险。

1. 证券信用评级的概念

证券信用评级就是对证券发行人的信誉以及所发行的证券质量进行全面、综合和权威的评估。这种评估,不仅对投资者有参考价值,而且也是对证券发行人的考核,它揭示证券的质量,提供评判证券优劣的依据。证券信用评级制度来自美国人约翰·穆迪写于1909年的书。当初,他只是简单使用A、B、C符号,将企业所发行的债券分成若干信用等级,供投资者参考。1923年,美国标准普尔公司也采用相似的方法进行证券信用评级,从此,信用评级业务逐渐成为证券发行必不可少的程序之一。投资人通过信用评级,了解所要投资的对象信用,从而作出合适的投资决策,同时也给证券管理部门提供宏观调控决策的依据。证券信用评级应该客观公正,信用评级机构也应是独立的民间组织,处于比较超脱的地位,与被评者之间不应有感情和利害关系,既不受政府政策的影响,也不为任何大财团公司所操纵。

2. 证券信用级别的内容

由于股票信用评级需要许多前提,如股票价格的稳定、股息收益的确定、股息的总量,而这些往往难以确认,这就会影响股票信用评级的实用性和科学性,所以人们会利用每股赢利和股价这两个基本因素来评定普通股和优先股,以判断股票的大致情况。以下主要介绍债券的信用评级情况。

债券信用评级是对债务发行人能否在有效期限内及时偿付特定负债的能力和意愿的鉴定,然后标上专门设计的信用评级符号。证券市场参与者只需看到这些符号便知道债务发行人的信用等级,而无须做复杂的解释或说明。国际最著名最具权威性的信用评级机构当属美国标准普尔公司和穆迪投资评级公司。这两家公司不仅对美国境内上万家公司和地方政府发行的各类债券、商业票据、银行汇票及优先股股票做出评级,还对美国境外资本市场发行的长期债券、外国债券、欧洲债券及各类短期融资券进行评级。这两家公司在国际评级机构中享有盛誉,其信用评价历来被认为是权威、公正、客观的。

债券一般分为长期和短期两种,一年以上为长期,一年以下为短期。对债券的等级评定有两种形式:一是公司直接告知评级机构想要得到的级别,由评级机构对债券的发行量、期限等提出建议和意见,告诉公司应采取哪些结构调整、成立子公司等,把优良资产和部门单列出来等措施,即进行资产重组、购并,不良资产剥离,以保证达到所需的等级。二是评级公司按照正常的程序,通过对发债公司的基本情况、产业结构、财务状况和偿债能力的分析,按调查结果告知公司能够达到的级别。债券信用级别是与发行价格直接相关的,级别越高,利率越低。注重投资安全的人一般不会投资报酬高、风险大的低级别的债券。如某债券中途遭降级,这不仅影响投资者的信心,发行人每年还将多支出一大笔利息。

信用评级过程包括:收集足够的信息对发行人和所申报的债券进行评估,在充分的数据和科学分析的基础上评定出适当的等级。然后,监督已定级的债券的信用质量,及时根据发行人的财务变化作出相应的信用级别调整,并将此信息告知发行人和投资者。

标准普尔公司把债券的评级定为四等十二级:AAA、AA、A、BBB、BB、B、CCC、CC、C、DDD、DD、D。为了能更精确地反映出每个级别内部的细微差别,在每个级别上还可视情况不同加上"+"或"-"符号,以示区别,进而形成几十个小的级别。

AAA 是信用的最高级别,表示无风险,信誉最高,偿债能力很强,不受经济形势下行的影响;AA 是表示高级,最少风险,有很强的偿债能力;A 是表示中上级,较少风险,支付能力较强,但在经济环境变动时,易受不利因素影响。BBB 表示中级,有风险,有足够的还本付息能力,但安全性容易受不确定因素影响。这是在正常情况下,投资者所能接受的最低信用等级。以上这四种级别都属可投资级别,其债券质量相对较高。后八种级别则属投机级别,其投机性依此递增,这类债券面临许多不确定因素。特别是 C 级,一般被认为处于困境之中,这是投机级中资信度最低的。D 等信用级别表示该类债券属违约性质,根本无还本付息希望。如被评为 D 级,则发行人离倒闭关门就不远了,所以是三个 D,还是两个 D 的意义已不大。

各国的等级标准及评判尺度略有不同,类别也小有差异,但按风险大小,以 A、B、C、D 形式排列的做法则是相通的,对股票的评级也大同小异。我国债券评级标准参照国际惯例和我国的实际情况,主要侧重于债券到期还本付息能力与投资者购买债券的投资风险程度,其设置没有 D 级,只有三等九级。

二、证券信用评级的功能

随着证券市场的发展,规避和防范风险的问题日趋重要,因为投资者非常可能遭受投资无法还本付息的损失,债券发行人也会失去资金来源,甚至资本市场直接融资规模也会萎缩。解决这个问题的关键在于投资人掌握发行人的真实情况,并进行正确分析,债务人则借助信用分析指标,向投资者提供自己的资信,以吸引更多的投资者。这就是证券信用评级在直接融资市场中的意义所在。

1. 信用评级降低投资风险

信用是市场经济发展的必然产物,也是我国经济体制改革中必不可少的环节。然而信用的出现必将伴随着风险,只要信用相关的任何一方违背责任和义务,信用关系就会瓦解,甚至会动摇市场经济的根基。因为一家公司无力支付货款,会使另一家公司陷入资金短缺、生产停顿境地,一家企业破产会造成一连串企业相继遭殃的情况屡见不鲜。因此,维持和发展良好的信用关系,是保护市场经济规范有序的重要前提。这就需要对证券发行人进行信用分析评价,信用评级机构按一定的程序方法,对借贷信用的可靠性、安全性程度作出分析判断,提供书面报告,并用专用符号作为借贷风险程度的信息,以保障借贷行为的可靠性及安全性。

对投资者而言,一般他们很难深入了解和正确判断企业还本付息,偿还债务的可靠性,所以需要专门机构做出的信用级别评价作为投资的依据。此外,银行也需要对企业的贷款偿还能力及信誉程度作出评价,了解其可能违约的概率。信用评级机构通过一系列科学测定,把债务人清偿力的可信赖程度,即违约概率,以快捷、准确和方便的形式公之于众,使投资者对某一固定收益的投资对象与其他已评级债券相比较,从而清楚地判断可能遭受违约损失的程度,排除对某个级别以下的债券投资的考虑,降低投资风险的不确定性,机构投资者也可将其作为投资债券的补充参考。

2. 信用评级降低筹资成本

信用评级也能为债务人提供筹资所需的信息,帮助其进行恰当的筹资决策。债务人在制订发债计划时,需要确定其筹资成本(我国发行股票的筹资成本约为筹资总额的3%—4%,而发债成本相对较大),而筹资成本与债务人的资信密切相关。一般来说,资信等级高,说明债券风险程度低,发行成本亦低;资信等级低,投资者冒的风险大,发行成本也相应较高。通过专业信用级别评定有助于消除投资者对其资信状况不确定性的顾虑,从而帮助债务人以尽可能方便的方式和尽可能低的成本完成债券发行。当然,信用级别评定也需要成本,但与其效益相比,债务人仍然乐于接受。在一个规范的证券市场,法律规定发债必须经过信用级别评定,这不但能提高发债效率,降低成本,也能拓宽筹资渠道,稳定融资来源,抑制过度投机,防范并化解投资风险。

3. 信用评级有利于规范交易与管理

信用评级制度的实施,提高了证券市场交易的透明度,给管理层提供审查核准发行人发债申请的参照标准,提高可操作性,加快审核进度。一个独立的逐步确立权威的评级制度对于发展中的证券市场尤为重要,它能起到一种把关、过滤、调节和标签的作用,可以澄清各种谣传和猜测,提高市场的自律与规范,增强公众的信心。为信用评级机构确定的信誉好、违约率低的企业迅速地募集到资金,相反的企业则即便以较高的成本,也难以筹集到所需的资金。当然,信用评级制度要真正能发挥这样的作用,需要有个漫长渐进的过程,特别是对一个不成熟的证券市场。国际最著名的两家信用评级机构都出自美国这样一个有着百年以上证券市场发展历程的国家,这表明一个高效独立和权威的信用评级机构的形成,需要所有市场参与者相当长时间的博弈与磨合,只有管理层和市场参与各方都充分认识到评级机构对证券市场稳定和规范的不可替代作用,它才能成为开展证券交易,提高市场参与者素质和总体水平的一个不可分割的组成部分。

三、信用评级的局限

信用评级的最大局限性是它的判断也会出错,所以投资者要正确看待信用评级,恰当运用,发挥它的辅助参考的作用。如果完全以信用评级所给定的标准,作为自己投资与否、投资规模和投资时间的唯一依据,则难免会遭受投资损失。

1. 信用评级资料的局限性

作为检验证券质量的技术手段,证券评级的科学性和预见性的不足还在于它所依据的主要是公司五年甚至十年以前的经济资料,包括公司财务报表、经营效益情况、每股净资产等,这些历年数据只能反映公司过去的经营业绩,尽管它有助于判断公司今后发展趋势,但是随着市场行业竞争的激烈,国家宏观政策调控力度加大,这种判断的准确性势必逐渐下降。如在我国几千家上市公司中,部分公司因严重亏损而被戴上"特别处理"帽子,更有连续三年严重亏损而被停牌的上市公司,这些经营业绩不佳的公司在被批准上市之前,大都是行业中的佼佼者。如果仅根据公司以往年份数据很难想象它们会落到现在这步田地,可见根据历史资料得出的信用评级并不能完全作为判断现在或未来市场表现的依据,所以信用级别高的企业仍可能在市场竞争中屡遭败绩,而信用级别较低,投机性较强的公司却可能从市场竞争中脱颖而出,尤其是高科技行业板块,风险投资企业等。这就是说,因为信用评级依据资料的静止性,而信用评级本身的动态性,决定了信用评级的滞后性,并且带有某种预测和试验的成分,投资者要在操作中随时补充新的情况,不断微调修正,才能得出较为客观的结论,实现防范并化解风险的目的。

2. 信用评级不代表投资者的偏好

信用评级机构对证券发行者进行产业分析、财务分析以及定性定量分析,通过横向(同行业)和纵向(发行人历年资料数据)比较,确定其信用级别,因为不是以市场行情、投资人气为评判依据,所以即便被评为AAA级的证券也不表示它在市场上最为投资者追捧。信用级别高的证券风险小,投资回报率也低,交易价格的波动相对比较平稳,它不为偏爱高回报高风险的投资者所追捧。反之,信用级别低的"垃圾债券""特别处理"股票价格也有可能为投资者青睐,因为投资者会为它价格的振荡起伏所吸引。显然,证券商品价格除受自身内在质量和市场利率影响外,更多的是受市场供求关系和其他诸多不确定因素影响,信用级别仅是其中影响价格变动因素之一。这进一步证明仅依据信用级别高低来决定是否投资,不仅不足取,甚至是危险的。

3. 信用评级对管理者的评价薄弱

一般来说,业绩优良,回报丰厚的公司往往是管理科学、运作高效的公司,但是这样的判断很难成为投资的可操作依据。尽管信用评级机构可以详细了解管理层的状况,包括领导层之间协调关系,他们的资历、兴趣爱好、工作特点,乃至董事长或总经理的权威等,但是这些都无法用公式定量分析,而偏偏这些蕴藏在管理层头脑和群体中的智慧,其所能创造的财富怎样评估也不算过分,但却很难作为投资决策评价的依据。

4. 信用评级的自身风险

我国的信用评级工作是随着证券市场发展而逐步开展起来的,由于时间较短,评级机构经验及权威性明显不足,这也可能给投资者造成一定的风险:

(1)评级机构缺乏独立性。信用评级机构大都出自金融机构,或由某金融机构转变而成,其人员、资金、管理等方面与原部门有着种种千丝万缕的联系,有些评级机构成员甚至本身仍担任这种金融机构的行政职务,他们的行政关系和情面观点难免会影响信用评级机构的独立性、公正性、科学性和权威性,从而造成证券评级的高估。而在股票发行额度由行政分配成为稀缺资源时,信用评级往往也就可能成为可有可无的点缀,甚至作为配合证券顺利发行的工具,这种评级机构不成熟的表现不能不增加投资者的风险。

(2)信用评级体系缺乏权威性。随着我国证券市场的逐步规范,我国越来越需要一个权威公正的信用评级机构,但是至今我国评级机构与行政部门之间还有着剪不断理还乱的联系,有关报告的论断也会受到干扰,这就势必增加我国投资者面对的风险。

(3)信用评级功能尚未充分发挥。一般来讲,债券发行的信用评级要和利率相联系,不同利率是债券风险和盈利的指标,而我国目前债券利率是整齐划一的,哪一档年限的债券,就对应哪一档利率,其信用级别的作用难以体现。债券信用级别对发行价格或发行成本不发生直接影响,优秀企业难以因其信用级别高而降低利率,信用级别较低的企业,只要获得发债批准,就可以稳稳当当地按市场利率募集资金,以致投资者较少关心债券级别。这种大锅饭式的发债模式模糊了人们的投资风险判断,增加了投资的风险。

关键词:

利率风险 系统性风险 非系统性风险 证券组合 预期收益率 信用级别 β值 证券市场线 资本市场线

思考题:

1. 证券投资风险主要来自哪些方面?

2. 如何理解投资预期收入与投资风险的辩证关系?
3. 为什么系统风险难以避免?
4. 在预计市场利率趋高时,人们应该持有短期债券还是长期债券?
5. 马科维茨的有效边界图表中,证券最佳投资组合为什么都存在 270 度至 360 度之间?
6. 证券市场线中的 β 值起什么作用?
7. 证券信用评级的基本内容是什么?
8. 为什么信用评级仅是起到质量标签的作用?
9. 如何理解证券信用评级的高低与投资者的购买力不成比例?
10. 你认为我国证券信用评级体系还有哪些方面应进一步完善?

第五章　证券投资的基本面分析

本章重点：
1. 影响证券价格的主要因素
2. 财政及货币政策对证券市场的影响
3. 利率及汇率变化对证券市场的影响
4. 通货膨胀及通货紧缩对证券市场的影响
5. 行业分析的基本内容
6. 行业投资的选择

证券投资市场走势反映市场交易的基本规律。证券交易指数是体现证券交易涨跌的主要指标，涨涨跌跌的交易指标演绎了证券交易的整个发展过程。证券价格的涨跌受各种因素的影响，其中最主要的影响有：(1) 市场外部的因素。宏观经济取向、财政政策、货币政策等。(2) 市场内部的因素。上市公司效益、交易双方的心态和市场管理行为等。因此，若要准确判断和掌握证券市场的走势和涨跌变化，必须做好证券投资分析。证券投资分析一般可以分成两大类：基本面分析和技术分析。基本面分析是对影响证券投资的经济因素、政治因素、上市公司的经营业绩、财务状况等要素进行分析，以判定证券（主要是股票）的内在投资价值，衡量其价格是否合理；技术分析则是利用统计学方法，分析证券价格的运动规律，根据过去证券价格的变动情况来推测证券价格的未来走势。这两种分析方法既相互联系，又相互独立，共同构成对证券的完整分析。本章主要介绍基本面分析的主要内容。

第一节 证券投资基本面分析概述

一、证券市场价格的主要影响因素

证券市场是国民经济的重要组成部分,国民经济的宏观走势对证券市场有着非常重要的影响。在进行证券投资分析时,首先要将其置于宏观经济运行的大背景之中,在确定基本面的影响之后,才能展开有关的技术分析。影响证券价格的因素有很多,主要包括以下几个方面:

(1)宏观因素。主要包括对证券市场价格影响的政治因素、经济因素、法律因素、军事因素、文化自然因素,等等。

(2)产业和区域因素。主要指产业发展前景和区域及经济发展状况对证券市场的影响。

(3)上市公司自身因素。上市公司是发行证券筹集资金的运用者,也是资金使用投资收益的实现者,因此其运营、财务状况的好坏对证券市场的价格有着极大的影响。

(4)市场因素。证券市场操作行为,如卖空和卖空、追涨与杀跌,以及违法违规操纵市场价格等行为都对证券市场产生极大的影响。

二、基本面分析的主要内容

基本面分析法的定义在第一章中已经给出,这里就不再重复。基本面分析主要包括下面三个方面内容:

(1)宏观经济分析。主要研究经济政策(财政政策、货币政策、税收政策、产业政策等等),经济指标(国内生产总值、通胀率、失业率、利率、汇率等等)对股票市场的影响。

(2) 行业分析。主要分析行业现状、未来前景、区域经济发展对上市公司的影响等。

(3) 上市公司情况分析。主要分析上市公司行业地位、市场前景、财务状况等。

基本面分析法通常是利用丰富的统计资料,运用多种多样的经济指标,采用比例、动态的分析方法从研究宏观的经济大环境开始,逐步开始中观的行业状况分析,进而根据微观的企业经营、盈利的现状和前景,对企业所发行的股票作出接近现实的客观的评价,并尽可能预测其未来的变化,作为投资者进行证券投资决策的依据。由于证券投资基本面分析方法具有比较系统的理论,历来受到学者们的追捧,成为证券投资分析的主流。

本章重点介绍宏观经济分析和行业分析,有关上市公司情况分析作为单独的一部分,在第六章中进行介绍。

第二节 宏观经济分析

一、政治因素对证券市场的影响分析

1. 国际政治形势

国际政治形势的变化对股市产生越来越大的影响,因为交通运输日益便利,通信手段、方法的日益完善,国与国之间、地区与地区之间的联系越来越密切,世界从独立单元转变成相互影响的整体,所以一个国家或地区的政治、经济、财政等结构将紧随着国际形势而调整变化,进而作用于股票市场。

2. 政权

政权的转移,领袖的更替,政府的作为以及社会的安定性等,均会对股价波动产生影响。

3. 法律制度

如果一个国家(金融方面的)法律制度健全,使投资行为得到管理与规范,并使投资者的正当权益得到保护,会提高投资者投资的信心从而促进股票市场的健康发展。如果法律法规不完善,投资者权益受法律保护的程度低,则不利于股票市场的健康发展与繁荣。

二、战争及自然灾害对证券市场的影响

1. 战争

战争对股票市场及股价的影响,有长期性的,亦有短期性的;有好的方面,亦有坏的方面;有广泛范围的,也有单一项目的,这要视战争性质而定。一般来说,战争会让人们恐慌,对证券市场也会带来负面的影响。但是,战争促使军需工业兴起,凡与军需工业相关的公司股票当然要上涨。战争中断了某一地区的海空或陆运,提高了原料或成品输送的运费,因而商品涨价,影响购买力,公司业绩萎缩,与此相关的公司股票必然会跌价。其他由于战争所引起的情况都足以扰动证券市场,因此投资人需要冷静的分析。

2. 自然灾害

自然灾害如同战争一样,都会造成巨大的经济损失,破坏正常的经济秩序,导致上市公司收益的大幅下滑。同时,为降低和弥补灾害的损失,国家和企业难免超预算支出。以至灾害一经发生,证券市场价格的下挫往往与灾害的严重程度和持续时间同步。不过,灾害引发的证券市场动荡一般只影响受灾国和地区的证券市

场,而不会波及全世界。有时因为受灾国和地区需求扩大的刺激,非受灾国和地区的生产经营规模也会扩大,收益相应增加,推动证券市场价格攀升。同时,受灾国和地区的上市公司也会因为进入灾后复兴阶段而收益增加,尤其是与生产生活恢复密切相关的建筑材料、药品行业等相关上市公司股票会率先受到投资者的追捧,其股价会有明显的上升。

三、宏观经济政策对证券市场的影响分析

财政及货币政策对证券市场的影响主要表现在以下方面。

(一) 财政政策对证券市场的影响分析

财政政策是政府根据经济规律制定的指导财政工作和处理财政收支关系的一系列方针、准则和措施。财政政策实施为当时的宏观经济目标和政策服务。一般来说,财政政策目标是通过预算收支平衡或财政赤字、财政补贴、国债政策和转移支付等工具,促进社会总需求总供给的平衡、经济增长,以及资源合理配置和收入分配公平。财政政策还可以通过税收政策,扶持基础短线产业,限制长线产业,调节供给规模和结构等,另外还可以运用税收和转移支付等手段调节各地区和各阶层的收入差距,促进社会经济稳定持续发展。财政政策工具可以单独使用,也可以配合协调使用。它们都会对社会经济运行和证券市场交易产生巨大的影响。

财政政策对证券市场的影响,主要通过以下四个途径实现。

1. 财政预算对证券市场的影响

财政预算作为政府的基本财政收支计划,是国家实施财政政策的主要手段,能全面反映国家财力规模和平衡状态,是各种财政政策手段运用的综合表现与结果,在宏观经济调控中发挥着重要

的作用。财政预算的收支规模和平衡状态可以影响社会总供求的平衡,采用财政盈余或者财政赤字政策,会产生缩小或扩张社会总需求的不同结果。财政预算的支出方向可以调节社会总供求的结构,影响和改变国民经济现在和未来的经济结构。财政扩大支出,或者搞财政赤字,就增加公共支出,扩大商品和劳务需求,刺激企业增加投入、提高产出,增加利润,降低经营风险,改善上市公司的业绩,促使股票和债券价格上升,居民在经济复苏中增加了收入,他们的投资信心更强,证券价格随之上扬。特别是与政府购买和支付相关行业与企业最先从财政政策中获益,其证券价格也将率先上涨。如果财政实行紧缩政策,减少公共支出,则以上变量和逻辑关系都反过来运行。

2. 税收政策的调整

税收是国家凭借政治权力参与社会产品分配的重要方式,它具有个体的强制性和整体的有偿性,以及固定性和比例性,所以是筹集财政收入的主要工具和调节宏观经济的重要手段。税收可以调节不同企业、不同个人的收入分配,"区别对待"和"公平税负"可以对不同的产业或行业有所鼓励,有所限制。税收可以根据消费需求和投资需求的不同对象设置税种或者设置差别税率,控制供求数量,调节供求结构。税收还可以促进国际收支的平衡,通过税率的调节鼓励或者控制进出口的数量与品种。此外,降低税率,扩大免税范围,可以增加经济主体的收入,刺激它们的投资需求,带动扩大其他企业的投资,从而扩大社会供给。税收政策对证券市场的影响表现为:减税增加投资者收入,刺激投资和消费。投资拉高证券市场价格,消费推高商品价格,增加企业收入,这也反过来刺激投资、扩大生产规模,增加企业利润。减税提高其经营业绩,促使公司股票价格上涨。减税还会进一步减轻企业还本付息的负担,刺激债券价格的上升。但是,政府减税政策的空间有限,它要受财政支出水平的制约,所以政府只能根据经济发展的阶段和结构性调整的要求,对税率及其结构作有限的调整。如果增税,上述所有经济变量将发生反向调整,股市也可能趋于低迷。

3. 国债的发行量及利率水平

国债是政府的债务性收入,其对股票市场的影响也不可忽视。因为国债与股票是相互竞争的金融资产,如果证券市场资金不变或增长有限,国债发行势必分流资金,制约股票的发行和交易量,甚至导致股价下跌。国债是国家按照有偿信用原则筹集财政资金的一种方式,也是政府宏观经济调控的重要工具。它可以调节国民收入初次分配,将企业和居民的部分收入以信用的形式集中在国家手中,扩大财政支出的规模,将原来的消费资金转化为投资基金,用于农业、能源、基础设施等国民经济的薄弱部门,调整固定资产投资结构,调节国民收入的支出结构和产业结构,促进经济结构的合理化。国家还可以通过发债数量的多少、利率高低等,调节国债交易的规模。一般来说,政府发债,会导致债券价格下跌,因为债券市场和股票市场之间的联动效应,股票价格也会随之下跌。同时,国债发行导致社会货币流通量减少,总需求和产出的减小也会造成证券行市下滑。此外,较高的国债回报率会吸收大量的社会游资,导致国债价格下跌和股价走低。反之,国债回报下降,国债价格上升,这又带动货币供给量的增加和证券行市的走高。

4. 综合财政政策对证券市场的影响

所谓综合的财政政策的影响实际上是指政府在不同的经济形势下,分别采取财政收大于支,收小于支,或者收支基本平衡的政策对证券市场的影响。

(1) 当社会总需求不足时,政府可以通过扩大支出、增加赤字、减免税收、增加财政补贴等松的财政政策,刺激微观经济主体的投资需求,促使证券价格上涨。

(2) 当社会总供给不足时,政府可以通过减少赤字、增加出售国债、减少财政补贴等紧的财政政策,压缩社会需求,从而使证券价格下跌。

(3) 当社会总供给大于社会总需求时,可以搭配采取"松""紧"搭配的政策,一方面增加赤字、扩大支出等政策刺激总需求增长,另一方面采取扩大税收、调高税率等措施抑制微观经济主体的供给,只要支出总量效应大于税收效应,就能推高证券市场的价格。

(4) 当社会总供给小于社会总需求时,也可以采取"松""紧"搭配的政策,一方面压缩支出、减少赤字等缩小社会总需求,另一方面扩大税收减免、减少税收等刺激微观经济主体供给,只要支出的压缩效应大于税收效应时,证券价格会下降。

(5) 按照国家产业政策和产业结构调整的要求,在预算支出中优先安排国家鼓励发展产业的投资,受鼓励发展的上市公司股价会相应上涨。

(6) 运用财政贴息、财政信用支出以及国家政策性金融机构提供投资或者担保,支持高新技术和农业的发展,从而使这些上市公司享受实惠,效益增加。

(7) 通过合理确定国债规模,吸纳部分社会资金,列入中央预算,转作政府集中性投资,用于能源、交通的重点建设。在中国目前以及未来的一段时间中,这一类股票将有较好的表现。

(二) 货币政策对证券市场的影响分析

货币政策的作用主要通过货币政策工具来体现和落实,关注货币政策的趋势,就要判断和了解货币政策工具的变动与动向,以及这种情况影响证券市场的机制,然后才有可能比较准确地判断证券市场的走势。

1. 货币政策的作用

所谓货币政策,是指政府为了实现一定的宏观经济目标,而制定的有关货币供应量和货币流通组织管理的基本方针和基本准则。货币政策是国家经济政策的一个重要构成部分,它为贯彻宏观经济政策服务。货币政策对经济的调控是全方位的,其主要作用表现为:

(1) 通过调控货币供应量,保持社会总供给与总需求的平衡。在现代社会中,社会总需求总是表现为货币的总需求,没有货币供应量的增加,社会总需求的增长不可能实现。货币政策可通过调控货币供应量实现社会总需求和社会总供给的平衡。当社会总需求不足时,可以通过增加货币供应量,提高社会需求、降低贷款利率,减少投资资本,刺激投资增长和扩大生产;当总需求膨胀导致供求失衡时,减少货币的供应量又可以抑制社会总需求。

(2) 通过调控利率和货币供应量,控制通货通胀,保持物价总水平的稳定。通胀的形成原因,从根本上讲,主要是流通中的货币量超过社会在不变价格下,所能提供的商品和劳务总量。提高利率可以使现有货币推迟购买,减少社会需求,同时也使银行贷款数量减少;降低利率的作用则相反。同时,央行还可以通过金融市场直接调节货币供应量。

(3) 调节国民收入中消费与储蓄的比重。货币政策通过对利率的调节可以影响人们的消费倾向和储蓄倾向,低利率鼓励消费,高利率则有利于储蓄。

(4) 引导消费向投资转移,实现资源合理配置。储蓄是投资的来源,但储蓄不能自动转化为投资,而要依赖于一定的市场条件。货币政策可以通过利率的变化影响投资成本和投资的边际效率,提高储蓄转化成投资的比重,并通过金融市场有效运作实现资源合理配置,开征银行储蓄利息税就是一个刺激消费,将闲置资金引入证券市场的有效措施。

2. 货币政策工具

中央银行为有效贯彻货币政策,达到调控宏观经济的目的,还必须选择相应的政策工具作为调控手段。

所谓货币政策工具是指,中央银行为瞄准中介指标而采取的政策手段,它可以分为一般性政策工具和选择性政策工具两种。一般性政策工具指的是法定存款准备金率、再贴现政策、公开市场业务三种工具。

(1) 法定存款准备金率。

当中央银行提高法定存款准备金率时,商业银行可以运用的资金减少,贷款能力下降,货币乘数缩小,市场货币量相应减少。所以在通货膨胀时,中央银行可以提高法定存款准备金率;反之,则降低准备金率。准备金率的作用十分明显,一方面它能扩大或缩小商业银行派生存款的能力,而且作为其他政策工具作用生效的基础,因为它可以释放或冻结一部分商银行的超额准备,并通过货币乘数,对货币供应量产生更大的影响。西方国家一般认为这项措施力度太大,所以采取谨慎使用的态度。

(2) 再贴现政策。

再贴现政策是中央银行对商业银行用持有未到期的票据向中央银行融资所作的政策规定。一般包括再贴现率和再贴现条件的确定。央行根据市场资金供求的短期状况,通过再贴现率的调整,影响商业银行借入资金的成本,进而影响社会信用量,调节货币供给量。中央银行对再贴现条件的规定是指哪些行业或企业能得到再贴现的优惠或限制,这就能抑制或刺激长期市场,从而改变资金的流向。

(3) 公开市场业务。

公开市场业务是指中央银行在金融市场上公开买卖有价证券,以此来调节市场货币供应量的政策。当中央银行认为应当增加货币供应量时,就在金融市场买进有价证券(主要是政府债券);反之,则售出所持有的有价证券。

中国人民银行从1984年开始执行中央银行职能以来,所使用的货币政策工具有信贷计划与存款准备金制度和利率等,这些工具都具有行政管理的特点。计划调控比较方便有效,但是缺少灵活性,不符合市场经济公平交易、你情我愿的原则。所以1998年1月1日,人民银行取消对国有商业银行的贷款规模限定,实行资产负债比例管理和风险管理。这就意味着我国的金融调控开始进入间接调控的新阶段,也就是放弃以行政命令直接对金融机构,尤其是商业银行的信用活动进行控制,而采取中央银行通过经济手段和完善的金融法规等办法,间接影响和调节商业银行等金融机构的运作。中国人民银行今后使用的货币政策工具将主要有:法定存款准备金率、中央银行贷款、再贴现率、公开市场操作、中央银行外汇操作、贷款限额、中央银行存贷款利率等。

3. 货币供应量对证券市场的影响

流通中的货币量必须与经济运行相适应,这是马克思货币流通规律的基本要求。如何确定一定时期的货币供应量是一国货币政策面临的重要问题。在我国的货币供应量与贷款规模有着密不可分的联系,贷款规模的大小,意味着流通中货币M2的多少,社会总需求也相应扩大或收缩,进而影响作为社会经济重要组成部分的证券市场的相应变化。以下具体分析货币供给增加对证券市场的影响。

(1) 货币供应量增加有利于上市公司业绩提高。

中央银行通过三大政策工具,调节商业银行的储备头寸,如果降低准备金率、再贴现率和公开市场买进,则能增加商业银行的储备头寸,企业就能比较顺利地从银行获得较多的贷款。因为我国上市公司的效益往往要比一般非上市公司好,所以上市公司要比一般非上市公司更容易更多地获得贷款,上市公司拥有资金补充的优势,这就能进一步提高上市公司业绩。上市公司业绩的提高会通过财务报告公布于世,这就推动上市公司的股票价格上扬,促使证券交易价格的普遍拉升。反过来,货币供给的减少,虽不致使上市公司的贷款条件率先恶化,但至少不能优先获得贷款,其效益难以有明显的提高。同时,社会总需求减少,最终不利于上市公司的业绩,这就会造成证券行情的走低。

(2) 货币供应量增加有利于社会游资的增加。

银根的放松和货币流通量的增加,可以缓解各个层面投资主体资金的紧张,这就势必增加进入证券市场的游资规模,证券市场资金量的迅速扩大和交易量上升,一定推动证券价格的上扬。即使我国有法规禁止国有企业资金和银行贷款资金入市炒作(这里暂不评价这些规定是否符合市场的发展需求),这些资金还是受盈利动机的驱使,以各种形式改头换面绕过管制,进入证券市场。这就是为什么在银行放贷高峰时,证券交易数量就会放大的重要原因。在银根抽紧之时,银行要求还贷,投资者的资金普遍紧张,证券市场交易量就急速下降,证券指数也随之起伏波动。

4. 利率变动对证券市场影响

世界各国的利率政策不尽相同,大多数国家的利率都随行就市,中央银行只能对其进行间接调控;我国中央银行对利率进行直接管控,尽管做了许多利率市场化的努力,但是直接调控的格局没有根本变化。但是,无论实行怎样的利率政策,利率对证券市场的影响都是相似的。以下主要讨论调整利率的影响。

(1) 利率调整造成证券投资价值的重估。

证券投资的收益率是吸引投资者进行证券投资的主要因素,正是因为证券投资的收益率高于银行存款利率,才会使得投资者愿冒证券投资的风险。所以,银行利率的调低必然提高证券的投资价值,吸引投资者会从银行里抽出资金投入股市,以获取银行利率和证券投资收益差额扩大的收益。并且对相关证券商品价值进行重新评价,从而导致证券行市的火爆。利率的调低,也相应降低上市公司的经营成本,扩大实际产出,提高证券的投资价值。反之,利率的提高则会缩小银行利率与证券收益率的差额,提高企业的经营成本,导致证券投资价值的下降。

(2)利率调整激活证券投资交易。

利率的调低也意味着放松银根,企业借款规模扩大、借款成本和财务费用下降,这就提高企业收益,特别是提高负债水平较高企业的收益。也就是说,利率下调首先对上市公司中的房地产板块和商业板块产生积极影响,因为它们的公司收益率先得到改观,然后传导至别的产业中去。利率的调低也从减少居民储蓄,从刺激消费的角度,提高上市公司效益。利率调低还能释放大量游资,使之进入证券市场,形成一轮新的上升行情。而利率调高,则会是前述变量反向调整,造成证券市场低迷。当然,在不同的国家和不同的经济形势下,降低利率的市场效果不尽相同。

5. 贷款倾斜政策对证券市场的影响

中央银行的货币政策通过贷款倾斜和实行总量控制,不仅控制经济总量,而且实现对结构的调整。如从紧的货币政策,压缩信贷规模,经济总体趋于下降,但如果在货币政策从紧的前提下,区别对待、紧中有松,国家重点支持的产业和支柱产业可以优先得到发展,这类上市公司的证券价格将逆势而行。反之,实行松中有紧的货币政策,则会遏制需要收缩的产业,使这类公司的证券价格向下调整。显然,通过贷款倾斜政策,可以改变证券的比价关系,促进产业结构的调整。

6. 综合货币政策对证券市场的影响

所谓综合的货币政策实际上是对各种货币政策工具的综合运用,这种总体评价可以根据其运作方向划分为紧缩的货币政策和宽松的货币政策。紧的货币政策是指中央银行减少货币供应量、提高利率、加强信贷控制,以控制总需求,使之与总供给相适应,避免需求过度和物价上涨。松的货币政策则是指中央银行增加货币供应量、降低利率、放松信贷控制,缓解资金短缺、商品销售不畅、经济运行困难、设备闲置等总需求小于总供给的状况。一般来说,经济衰退时,总需求不足,应采取宽松的货币政策;而在经济扩张时,总需求过大,则应采取紧缩的货币政策。在这个基础上,管理层还要根据实际情况,科学合理地把握松紧的度,并根据政策工具本身的长短利弊,以及实施条件和效果作出适当的选择。至于松的或紧的货币政策影响证券市场的机制和程度,前面已经有了具体的论述,这里不再重复了。

四、经济周期对证券市场的影响

宏观经济运行周期一般经历四个阶段:萧条、复苏、繁荣、衰退,这种周期性变化表现在许多宏观经济统计数据的波动上,如GDP、消费总量、投资总量、工业生产指数、失业率等。由于GDP是最常见、综合性最强的宏观经济的指标,所以宏观经济的周期性变化通常用GDP系列统计数据来表示,如图5-1所示。

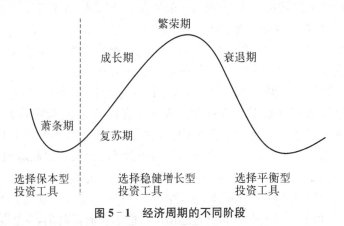

图5-1 经济周期的不同阶段

经济周期的不同阶段对证券市场的影响是不一致的。一般而言,存在以下基本运行规律:

(1) 萧条时期,股市低迷、百业不兴、离场观望者多,"熊市"出现;

(2) 复苏时期,公司业绩上升,投资者信心增加,部分投资者介入;

(3) 繁荣时期,业绩上升较快,股价上升,人气旺盛,投资踊跃,"牛市"到来;

(4) 衰退时期,很多投资者会因衰退的来临而抛出证券,这就造成整个证券市场的下行趋势。

美国股票市场价格变动有着明显的规律性,即平均每3—4年有一次股价下跌,它的变动周期只能由经济运行状态决定。决定经济运行的主要有两类因素:一类为实际经济活动因素;另一类为金融因素。股票价格变动时而主要受实际经济因素的影响,时而主要受金融因素的影响。表现为,当经济发展状况比较稳定时,股价主要受金融因素的影响;当经济比较不稳时(如滞胀、生产停滞、战争等时期),股票价格主要受实际经济活动因素的影响。由此可以得出进一步的结论,这种股票价格变动的周期,一方面与经济的周期波动相一致,表现为一般情况下,股票价格先行于经济波动,又比经济波动的幅度大;另一方面,它与实际经济变动相脱离,表现为股价变动与金融因素密切相关,金融因素变动导致股票价格变动,结果股票价格变动周期比经济周期更为频繁。

根据经济循环周期来进行股票投资的策略(见表5-1)是:衰退期以保本为主,投资者在此阶段宜持有较多现金(储蓄存款)和短期存款证券,以避免衰退期的投资损失,待经济复苏时再适时进入。而在繁荣期,大部分产业及公司经营状况改善和盈利增加,此时不懂股市分析,只会盲目跟进的散户,往往也能获得较大的收益。当然,也会有例外现象的发生,因为此时会有大量资金流入股市,但也不排除有些公司资金退出的可能。在萧条时期,资金从股市流走,但是,政府为了促进景气而扩大财政支出,公司则因销售不佳,而不进行新的投资,市场中将有大量的闲置货币,此时股市将与经济逆向走高(表5-1)。

表5-1 经济周期的不同阶段最佳的投资方向

阶　　段	最佳投资方向
衰退阶段	债　券
复苏阶段	股　票
繁荣阶段	商　品
萧条阶段	现　金

五、主要经济指标对证券市场的影响

(一)国内生产总值对证券市场的影响

国内生产总值变动是一个国家经济成就的主要表现,持续上升的国内生产总值表明国民经济运行良性,制约经济的各种矛盾趋于缓和,甚至得到了解决,人们有理由对未来经济感到乐观;如果国内生产总值处于不稳定的非均衡增长态势,暂时的高增长可能激发各种矛盾,造成下一轮经济深幅衰退。如前期过度投资的经济过热,造成后期供给过多的经济低迷,或者反过来,前期投资不足物价下跌,造成后期供给偏少的物价上涨。作为经济"晴雨表"的证券市场,在大多数时间,与国内生产总值的上升或下降同步,但也有走势相反的情况。股市是否与经济同步的关键在于投资者对国内生产总值变动的理解与判断。

1. 持续、稳定、高速的经济增长

在国内生产总值持续、稳定、高速增长时,总需求与总供给协调增长,经济结构趋向合理平衡,经济增长为需求拉动,促使现有资源得到充分的运用,表明经济发展势头良好,证券市场将随以下原因而上升:

(1) 伴随经济成长,上市公司利润上升,股息与红利也增加,企业经营环境改善,产销两旺,投资风险下降,公司股票与债券全面升值,价格相应上扬。

(2) 市场形成对经济形势的良好预期,投资者积极性提高,对证券的需求增加,证券价格相应上升。

(3) 国内生产总值的增长带动国民收入和个人收入的增加,这又刺激对证券投资的需求,推动证券价格上涨。

2. 失衡的经济增长

所谓失衡的经济增长是指为了片面追求高增长,而采取了一系列过度的刺激,重扩大产出,而轻质量效益。严重失衡的高速增长,总需求往往超过总供给,表现为较高的通货膨胀,这是经济恶化的征兆,如不采取有效的调控措施,经济很可能陷入"滞胀"之中,经济的内在矛盾也一定会充分地表现出来。企业经营困境,居民实际收入下降,失衡的经济增长必将导致证券市场下跌。

3. 宏观调控下的经济减速增长

当经济表现为失衡性高速增长时,政府为维持经济稳定增长,势必进行宏观调控,这就一定降低经济增长速度。如果能顺利实现调控目标,经济仍能保持适当的速度,而未出现负增长或低增长,这说明宏观调控非常有效,经济矛盾正在逐步改善,已经形成了进一步稳定增长的有利条件,证券市场也将反映这种态势而表现出平稳的上升。

4. 转折性的经济增长

如果国内生产总值经过一段时间的负增长,速度开始减缓,并出现向正增长转变的迹象,这表明经济环境正在好转,证券市场也将由下跌转为上升。当经济由低增长转向高增长时,表明经济结构得以调整,经济"瓶颈"得到疏通,新一轮高速增长已经来临,证券市场亦将快速上涨。

(二) 通货膨胀与通货紧缩对证券市场的影响

一般来说,通货膨胀(简称通胀)与通货紧缩(简称通缩)都将不利于经济的长期发展。尽管通货膨胀在短期中也有利于经济繁荣,就业增加和证券市场的交投两旺,但是,在长期中,过高的价格一定会跌下来,就业还会回到自然失业率的水平上,证券市场仍会低迷。反之,通货紧缩在短期中有利于人们生活的改善,但是因为生产受到了挫伤,失业增加,长期中的物价还要走高,所有的有利影响都将走向反面。所以,分析通货膨胀和通货紧缩对证券市场的影响一定要具体情况具体分析,比较该时期通胀和通缩的原因、程度、经济背景及政府可能采取的干预措施等,综合评价各种效应后作出判断。

1. 不同阶段的通胀的影响

通胀的发展有早期、中期、晚期之分。早期的通胀发生在经济较为繁荣时期,物价虽有上涨,但仍处于市场可以接受的范围,这种涨幅还不影响市场的各种交易。此时企业订单不断,购销两旺,就业比较充分,收入呈上涨趋势,带动证券市场交投两旺,证券价格处于"头部状态",投资者期望市场还能给予丰厚的回报,但这种回报的增幅已有递减。随着需求逐渐小于供给,商品价格趋于下降,企业库存明显增加,利润相应缩减,企业开始减员和减薪,处于头部的证券价格开始下跌,有些证券甚至下跌破位,投资者信心受挫,资金相应撤离。证券市场经过急剧下挫后,交易清淡,价格也一蹶不振,此时通胀已经处于晚期,经济恢复仍需一个较长时期,投资者对经济前景不乐观,证券价格将持续低迷。

2. 不同程度通胀的影响

温和、稳定的通胀可以推动证券价格上升。这种通胀通常被看作是扩张性经济政策的结果，因为受到政策支持的行业、产业和上市公司，其商品价格上升带动销售收入增加，其业绩也与证券价格一起上涨。未能得到政策支持的上市公司，其业绩则有向下调整的压力，带动其证券价格较大幅的下降。所以，以温和、稳定的通胀来刺激经济，其初始阶段将会造成证券品种之间的结构性调整。如果通胀幅度有限，经济又处于比较景气的阶段，证券价格也能稳步攀升。严重的通胀则非常危险，因为此时价格被严重扭曲，货币大幅度贬值，人们为资金保值而囤积商品，购买房产，资金相应流出资本市场，证券价格随之大跌。同时，扭曲的经济失去效率，企业不仅筹集不到必需的生产资金，而且原材料、劳动力价格飞涨，企业经营严重受挫，盈利减少，甚至濒临破产倒闭。政府不能容忍长期通胀，则必然会运用宏观经济政策进行打压，结果置企业于紧缩的宏观形势中，企业利润下降，资金进一步离开资本市场，证券价格又会形成新一轮下跌。

讨论通胀对证券市场的影响有时会得出互为矛盾的结论，这就需要分析通胀发生的不同阶段。因为通胀造成的不是所有商品价格与工资同步变动，而是相对价格的变化，从而改变社会财富和收入的再分配，致使一部分公司获利，而另一些公司受损，产出和就业也相应扭曲，证券价格也会随之变动。通胀增强商品价格的不确定性，加剧企业经营的风险性，给投资者的心理和预期造成阴影，增加投资风险，证券价格可能暴涨或暴跌。通胀对上市公司的短期影响可以从"税收效应""负债效应""存货效应""波纹效应"等效应作具体分析，而长期的通胀必然恶化经济环境、社会环境，致使证券价格下跌，抵消通胀短期对证券市场的积极效应。例如，石油危机导致世界性的通货膨胀，工业原料、产品的价格普遍提高，最初储备这些物资的厂商可以享有低价进、高价出的额外利润，公司短期业绩上涨带动公司股价上扬,但是,通胀的长期存在则会耗尽公司的有限库存,公司业绩下降,致使股价不仅回到起点,甚至进一步滑坡。

显然,在适度通胀的刺激下,人们为了避免损失,将资金投入证券市场;通胀初期物价上涨,也刺激了企业利润增加,证券价格相应看涨。但是通胀的持续,则提高企业成本,遏制商品需求,企业收支状况恶化,证券价格下跌。若政府再采用严厉的紧缩政策,这必然使企业雪上加霜,证券价格难免在恐慌中狂跌。

3. 不同程度通货紧缩的影响

通货紧缩主要指物价水平普遍持续下降的现象。尽管,物价水平下跌可以提高货币购买力,增强公众的消费能力,但是,物价下跌使商品销售和企业收入的下降,企业只能缩小生产规模,就业相应减少。所以在通紧初期,公众的消费和投资增加,带动证券市场兴旺。但是,随着就业机会的减少,公众对未来的收入预期趋于悲观,他们将减少支出,企业商品积压增加,就业形势相应恶化。房地产和商业的经营状况率先不佳,累及这些行业股票价格下跌,这个领域的投资者遭受损失。随着通紧的加剧,需求不足可能遍及所有的产业,企业经营状况的恶化,致使证券市场进入长期低迷,大部分投资者都可能损失惨重。造成通紧的原因很多,可能是国外金融危机导致对出口商品需求的减少,也可能是国内居民消费和投资的不振,更可能是两者的共同作用。通紧的直接原因是货币供给增长速度的下降,因为总需求不足造成商业银行"惜贷",中央银行宽松的货币政策就难以充分发挥作用。

(三)国际收支状况对证券市场的影响

国际收支状况会对宏观经济产生综合的影响,最后通过对企业经营活动,作用证券市场。

1. 贸易顺差的影响

当一国出口增加时,提供出口产品的行业和产业相应比较景气,与其配套企业的产出和效益也相应改善。如果一国在某一时期能保持贸易顺差水平,则该国的国民生产总值往往能有明显的增长,公众的收入相应也有较大的提高,证券市场的价格也能稳步上扬。如东南亚经济危机时,有关国家出口产品严重受阻,欧美国家产品获得抢滩国际市场的机会,它们的经济收益较大,它们的证券市场相应大幅上升,美国的道琼斯指数就是在这样的背景下一举越过万点大关。出口状况的改善,大大提高了生产这些产品的上市公司业绩,其证券也会得到投资者的追捧,上升的证券价格又反过来推动这类公司业绩的进一步提升。

2. 贸易逆差的影响

当一国商品出口受阻,出现国际收支逆差时,出口企业效益下挫,其经营活动相应低迷,作为上市公司处于这种境地,其证券在市场势必遭遇投资者的冷遇,与这些企业有关的上市公司也难以有好的表现。如果一个国家长时期贸易赤字,外汇储备必然相应减少,用外汇购买进口原料、设备和技术的能力也逐渐低落,经济增长速度下降。整个国民经济状况都会受贸易逆差的影响而不景气,证券市场的表现也相应令人失望。

3. 国际收支顺差的影响

一般来说,国际收支顺差比逆差好,但长期大规模的顺差也不是好事。如果长期而且大幅度的顺差,就会造成外汇储备过多,如果政府为收购这些外汇而抛出本币,则会使国内通胀压力增加。同时,长期顺差还会使本国经济受到国际投机资本的攻击,因为大规模的顺差难免会有投机资本混杂其中,一旦发生逆向流动,这难免会使经济形势变得混乱复杂。所以,一国应根据本国的外汇储备和企业产出情况及时调整国际收支状况,而不该片面强调国际收支顺差。而国际收支平衡则能在货币数量和企业收益稳定的基础上实现证券市场运行的稳定。

(四)汇率变动对证券市场的影响

汇率变动对证券市场的影响是多方面的,一般来讲,一个国家经济越开放、证券市场的国际化程度越高,证券市场受汇率的影响越大,反之则小。其主要表现为:外汇汇率上升、本币贬值,本国的产品竞争力强,出口企业将受益,该类企业的股票和债券价格将上升;相反,依赖于进口的企业成本将增加,利润下降,证券价格也下跌。外汇汇率上升、本币贬值,资本外流,对本国证券的需求减少,证券价格下降。汇率上升,本币表示的进口商品价格提高,带动国内物价水平上涨,引起通胀,而通胀对证券市场的影响需要随当时经济形势和具体企业而变化(前面已作讨论)。汇率上升,为维持汇率稳定,政府可能动用外汇储备,抛售外汇,减少本币供给,证券市场价格下跌,直到汇率恢复稳定;反之,汇率下降,政府买进外汇,增加货币供给,又推高证券价格。汇率上升,政府也可能利用债市与汇市的联动操作,既抛售外汇,同时回购国债,在降低汇率的同时,促使国债市场价格上扬。

第三节 行 业 分 析

行业由一群企业组成,这些企业的产品或劳务有着高度的可相互替代性,因而紧密联合在一起,并且由于产品替代性而与其他企业群体有明显的差别。一般而言,一个企业的增长与其行业的增长一致。所以,在进行了宏观分析之后,证券投资者需要进一步作不同行业的分析,才把握各个行业的现状及发展前景,并以此为基础,选择具体公司的股票。

行业分析指依据经济学原理综合运用计量经济学、统计学、概率论等分析工具,对行业的现状、行业竞争力、产品的生产与销售、市场竞争格局、行业政策等要素进行深入分析,找出行业运行的内在经济规律,从而进一步预测行业未来的发展趋势。

一、我国证券市场的行业划分

按不同标准,行业划分的方法有很多种:按发展前景可分为朝阳产业(IT业、生命科学产业)、夕阳产业(如煤炭行业);按行业发展与经济周期关系可分为成长型(通信行业)、周期型(高档消费品)、防御型(消费类行业)、成长周期型(房地产业);按技术的先进程度可分为分为新兴产业和传统产业;按集约化程度可分为资本密集型、技术密集型、劳动密集型、知识密集型和资源密集型。

1. 上证指数分类法

上海证券市场为编制新的沪市成分指数,根据实际情况将全部上市公司分为五类,即工业、商业、地产业、公用事业和综合类,并分别计算和公布各分类股价指数。

2. 深证指数分类法

深圳证券市场将在深交所上市的全部公司分成六类,即工业、商业、金融业、地产业、公用事业和综合类,同时计算和公布各分类股价指数。

二、行业分析的基本内容

行业分析主要包括以下几个方面的内容:

(一)行业的生命周期分析

通常每个行业都有其生命周期,都要经历一个由初创、成长到衰退的发展阶段。在不同的生命周期阶段,行业内各公司的股价表现不同。行业的生命周期分析关键是看有关行业中各个公司处于行业成长周期中的哪一个阶段(见表5-2)。

表5-2 行业的生命周期

	初创期	成长期	成熟期	衰退期
厂商数量	很少	增多	减少	很少
利　润	亏损	增加	较高	减少以至亏损
风　险	较高	较高	减少	较低
例　外	投资较小、产品符合市场需求,则可能在初创期不亏损	政府采购和国外市场的开辟可能使销售额持续上升	国际竞争加剧,国外投资的增加,可能打破平衡	进入衰退期的产品可能枯木逢春

1. 初创阶段

初创阶段又称开创期。此时行业内的企业市场规模小,销售收入增长缓慢,产品的市场认同度低,成本较高,产品价格的上扬空间有限,企业收益少甚至亏损。这一时期的特点是企业风险大,收益小,其主要风险为技术风险和市场风险。初创阶段后期,随着行业生产技术的提高、生产成本的降低和市场需求的扩大,新行业便逐步由高风险低收益的初创期转向高风险高收益的成长期。

2. 成长阶段

成长阶段又称扩张期。这一时期的风险主要是管理风险和市场风险。这一阶段是行业发展的黄金时期,行业中的公司经过初创阶段的资本累积和技术的提高,取得了较好的经济效益,拥有了较雄厚的财力,产品市场认同度也较高。技术成熟化、产品多元化和标准化降低了企业成本,增加销售收入,提升企业业绩。这时期上市公司的股价基本上是表现出稳定上升的态势。投资者在扩张期的适当价位入市,则其收益会随着公司效益的增长而增加。

3. 成熟阶段

成熟阶段行业的成熟期相对较长,与宏观经济增长速度不同,企业年增长率一般在 5%—10% 之间。这一时期,在竞争中脱颖而出的少数大厂商垄断了市场,产品价格、业绩稳定,行业利润也因垄断而达到了较高的水平,此时市场风险较小,分红派息较多,投资收益较高。在是蓝筹股的集中地,股价一般不会大幅度升降,但会稳步攀升。

4. 衰退阶段

在衰退阶段(衰退期),市场需求趋向饱和,行业生产规模开始受阻,甚至出现收缩和衰退,市场逐渐萎缩,产品销量减少,新产品开始取而代之,利润增长停滞或开始下降,股价也呈下跌趋势,这一阶段的风险主要是生存风险。但如果有重组题材或借壳上市等,股价仍会大幅上扬,ST、PT 股票的价格超过蓝筹股,出现"乌鸦变凤凰"的现象。

(二) 行业的经济周期影响度分析

这项分析主要观察经济运行的周期波动对不同行业的影响程度,看其是周期型行业,还是稳定型行业或是增长型行业。各行业变动时,往往呈现出明显的、可测的增长或衰退。这些变动与国民经济变动有关,但相关程度又不一样。据此可将行业分为三类:

1. 增长型行业

增长型行业的增长与经济的周期无关,它们主要依靠技术进步、新产品研发及更优质服务的提供。所以,这些行业收入增长与经济周期性波动并不同步。

2. 周期型行业

周期型行业的波动与经济周期直接相关。在经济的繁荣期,这些行业与之一起扩张;在经济衰退时,这些行业也相应萧条。周期性行业可具体分为消费类周期性行业和工业类周期性行业。银行、房地产、证券、保险、汽车、航空等是典型的消费类周期性行业。钢铁、化工、有色金属、水泥、石化、工程机械、电力、煤炭、航运、装备制造等是典型的工业类周期性行业。

3. 防御型行业

这类行业的产品需求相对稳定,基本不受经济周期波动的影响。在经济衰退时,防御性产业仍会有所增加。食品业和公用事业就属于防御型行业,因为其产品的需求收入弹性较小,在经济繁荣时,这类行业收入增长缓慢,而衰退时,却能增长明显。

(三)行业的市场类型与竞争程度分析

根据竞争与垄断程度的不同,各种行业基本上可分为以下四种市场类型,如表5-3所示。

表5-3 行业的市场结构(类型)比较

市场结构	概　念	厂商数量	产品差异	厂商对价格控制力
完全竞争	许多生产者生产同质产品	许多	同质	没有控制能力(如传统农业)

续表

市场结构	概念	厂商数量	产品差异	厂商对价格控制力
垄断竞争	许多生产者生产同种但不同质的产品	许多	产品有较大的差异	有一定控制能力
寡头	少数生产者占据很大市场份额	少量	同质或略有差异	有相当控制能力(如电信、汽车)
完全垄断	一家企业生产全部产品	一家	单一产品	有很大的控制能力(如公用事业、水电煤)

1. 完全竞争的市场

完全竞争市场具有如下几个特征：（1）市场上有许多生产者和消费者；（2）市场上的商品是同质的,不存在产品差别；（3）资源可以自由流动；（4）市场的信息是畅通的。农产品市场是完全竞争的典型代表。

2. 垄断竞争市场

垄断竞争（不完全竞争）市场是一种既垄断又竞争,既不完全垄断,又不完全竞争的市场。垄断竞争市场同类产品之间有差别,生产者可以凭产品的差别,树立企业信誉,从而在一定程度上控制其他产品的价格。

3. 寡头垄断市场

寡头垄断市场是指少数几家企业控制整个市场的供给。其特点表现为：（1）大规模生产,其他厂商难以进入；（2）几家寡头之间的相互依存性。一般而言,资本密集、技术密集型产品,如汽车、钢铁,以及储量集中的矿产品和石油等多属此类市场。

4. 完全垄断市场

完全垄断市场是指一家厂商完全控制市场的全部商品供给,

如公用事业等。这种市场分为政府垄断和私人垄断两种。因为产品没有合适的替代品,垄断者可以制定期望的价格和产量,以获取最大利润,但垄断者也受到反垄断法和政府管制的约束,还有潜在竞争者进入的挑战。

三、行业投资的选择

选择行业最重要的是正确预测所观察行业的未来业绩。这需要投资者了解两个问题:一是该行业的增长历史;二是其未来增长的趋势。当然,投资者更关心该行业在过去的销售状况和收入增长,其业绩与经济增长(或其他有关综合统计数据,如国民收入等)的关系。与国民经济同步增长,或者增长更快的行业是投资者的最佳选择。

在经济周期的不同阶段,不同行业的收益表现差异较大,因此了解当下经济周期的阶段,并且选择表现好的行业及产品进行投资尤为重要。

周期性行业的表现与宏观经济周期高度相关,其业绩及股价随经济周期的波动而起伏,如果能在经济周期触底反转前介入,可以获得较为丰厚的投资回报,相反则可能损失惨重。

防御型行业受到经济景气和宏观调控政策的影响有限,当市场需求疲软导致周期性行业利润下滑时,防御型行业的利润还能保持不变,甚至有所增长,所以防御型行业是经济萧条时投资者的避风港,也可以帮助投资者在熊市中将损失降到最低。

增长型行业企业高风险高回报,所以投资增长型股票需要承担较大的风险。增长型股票多出现在高科技领域,但不能保障它们未来一定会大获成功。但如果在熊市中也能创造良好业绩和上涨股价,当股市好转时,该企业股票的表现会更加突出。

周期性行业股票是顺势而为的投资品种,但不适合长期持有。

防御型行业是经济状况不佳时的最好选择,与周期性行业股票形成互补。增长型股票可能给投资者带来较高回报,但要承担的风险也很大,风险承受能力较强和有专业背景的投资者可以深度介入。

判断行业性质一般有以下方法。

(1) 判断某行业是否属于周期型行业,需要观察该行业销售额在同一时期与国内生产总值是否同方向变化,如果在繁荣时,该行业的销售额也逐年增长;在经济衰退时,销售额也同步下降,说明该行业很可能是周期型行业。

(2) 判断某行业是否是增长型行业,需要观察该行业的年增长率与国内生产总值的年增长率的关系。如果在大多数年份中,该行业的年增长率都高于国民经济综合指标的年增长率,说明该行业很可能是增长型行业。

(3) 判断某行业是否是防御型行业,需要观察在经济周期中,其销售额与国民生产总值关系,如果在繁荣期,该行业增长相对较慢,而萧条期,则表现比较平稳,这就属于防御性行业。

例 5-1 某行业销售额情况与国民生产总值情况如下表5-4所示。

表 5-4 2012—2014 年甲行业销售额与国民生产总值变化

年 份	甲行业		国民生产总值		甲行业销售额占国民生产总值比(%)
	销售额(10亿元)	年增长率(%)	国民生产总值(10亿元)	年增长率(%)	
2012	6.12		95		6.44
2013	6.78	10.78	102	7.36	6.64
2014	7.64	12.68	110	7.84	6.94

通过分析表 5-4 中的数据发现,2012—2014 这三年中,国民

生产总值逐年增长,且速度较快,说明国民经济处于繁荣阶段。而该行业销售额逐年增加,与国民生产总值同步,所以该行业是周期性行业。同时,该行业销售额增长率高于国民生产总值增长率,行业销售额占国民生产总值比重逐年上升,所以甲行业是增长型行业,处于行业周期的成长期。

关键词:
财政政策　货币政策　货币政策工具　经济周期　经济失衡　国际收支顺差,国际收支逆差　通货膨胀　通货紧缩　周期性行业

思考题:
1. 国民生产总值增长率的变化对证券市场有哪些影响?
2. 通货膨胀对证券市场有哪些危害?
3. 我国市场利率的调整对上市公司有何影响?
4. 国家如何协调财政政策和货币政策以影响证券市场?
5. 投资者如何通过基本面分析来判断证券市场的走势?
6. 财政政策如何对证券市场发挥作用?
7. 货币政策对证券市场有什么影响?
8. 财政政策与货币政策对证券市场的影响是否会相互抵消?
9. 我国自1999年恢复开征利息税以来,对证券市场产生怎样的影响? 与商业银行降息有何区别?
10. 判断行业类型的主要方法是什么?

第六章 公司上市条件和上市公司情况分析

本章重点：
1. 公司上市的条件
2. 公司基本素质分析包含的内容
3. 公司财务分析五项内容包含的具体指标及运用
4. 市盈率、市净率指标的含义及运用
5. 每股净资产、每股收益指标的含义
6. 上市公司财务分析的局限性

第一节 公司上市概述

世界各国的股票上市都要符合一定的条件，遵循一定的上市程序，尽管这会提高企业的经营成本，但是比较公司上市的收益，这种成本毕竟是比较有限的，而且企业上市能够实现企业发展的重大转折，所以大多数公司都以上市为它们的经营目标。

就我国目前的企业状况而言，上市公司与非上市公司的性质、经营环境和经营机制有很大的不同。上市对公司的发展有很大的帮助，而非上市公司就享受不到这样的优惠，所以许多企业都在积极争取上市。

一、股票上市的概念

股票上市是指已经发行的股票经证券交易所批准后,在交易所公开挂牌交易的法律行为,它是连接股票发行和股票交易的桥梁。股票作为一种资本证券,其本质在于它的流转性。按照许多国家的证券法律制度,证券交易既可以是在证券交易所交易,也可以仅在对特定投资人开放的市场中交易(如美国的NASTAQ系统和英国的SEAQ系统),还可以在柜台交易,这些行为都可以称为股票的上市(交易)。在我国,人们提到的股票交易通常是指股票发行后在交易所上市后的交易。另外,在我国股票公开发行后一般都会获得上市资格,所以许多人就将股票的公开发行统称为股票上市。实际上,尽管这两者联系密切,并且发行人在发行准备和审批过程中应当同时考虑股票上市的条件,但两者还是有区别的。股票公开发行是上市交易的前提条件,只有股票上市交易才具有真正的股票发行含义。

二、上市公司的概念

按公司法规定,在中国境内设立的公司主要是指具有企业法人资格的有限责任公司和股份有限公司。上市公司则是指依法公开发行股票,并在获得证券交易所审查批准后,其股票在证券交易所上市交易的股份有限公司。上市公司的本质是股份有限责任公司,具有股份有限公司的一般特点,如股东承担有限责任、所有权与经营权分离、股东通过选举董事会和投票参与公司决策等。但上市公司区别于一般公司的最大的特点在于通过证券市场进行筹资,广泛吸收社会闲散资金,从而迅速扩大企业的规模,增强产品的竞争力和市场占有率,因此,上市公司的股本扩张能力和市场竞争能力要比一般公司强。许多股份有限公司发展到一定规模后,往往将公司股票在交易所公开上市作为企业发展的重要步骤。从国际经验看,世界知名的大企业几乎全是上市公司,例如,美国排名500家最大的公司,95%是上市公司,其销售额占美国销售总额的68%,对美国经济有着举足轻重的影响。至于国际上的一些最具影响的名牌公司,也都不乏上市公司。

三、公司上市的意义

公司所以要上市,就是因为上市之后,该公司可以获得以下好处:

(1) 形成良好的独立经营机制。相对非上市公司来说,上市公司具有较为独立的自主经营权。按公司法规定,上市公司的经营方针由董事会决定,提交股东大会通过,即可执行,并且股东大会通常给予董事会的重大事件安排和临时决议一定的放权,授权董事会在一定范围内自主决策而免开股东大会。这种做法也成为一种惯例。

(2) 形成良好的股本扩充机制。相对非上市公司来说,上市公司按规定,在条件具备的情况下,每年可获得送股或配股的机会。一般来说,送、配股方案在市场上都会受到投资者的欢迎。通过多次的送、配股,上市公司的股本规模逐渐扩大,如果经营得当,时机掌握得好,上市公司更可以获得一笔可观的利润。这种机会并未为大多数企业拥有,上市公司却具备这种得天独厚的机会,可以使公司能够以较低的成本筹集大量资本,进入资本快速、连续扩张的通道,不断扩大增加经营规模,进一步培育和发展公司的竞争实力、竞争优势,增强公司的发展潜力和发展后劲。

(3) 形成良好的市场评价机制。相对非上市公司来说,上市公司的名称、股价和重大信息几乎经常出现在相关的市场媒体中。对一个业绩优良,成长性好的上市公司,如若其股价经常保持在较高的水平上,通常被认为是市场和投资者对企业经营状况的认同。加上公司证券的交易通过中介、报纸、电视等各种媒体不断向社会公布,这就扩大了公司的知名度,提高了公司的市场地位和影响力,树立公司产品品牌形象,扩大市场销售量,提升公司的业务扩张能力。这种机会也是绝大多数企业非常期望的。

(4) 形成良好的公众监督机制。相对非上市公司来说,上市公司会受到市场和公众更多的追踪和关照,尤其是该公司的持股者,更会特别关注该企业的经营状况。此外,上市公司必须每年两次公开财务报告,披露企业的重大信息,所以该公司的一举一动均处在众目睽睽之下。若有违规之举,有害之行必将受到公众和媒体的抨击,这种广泛性和经常性的监督使得上市公司比非上市公司能更规范、更理性、更谨慎地去经营管理,否则它们将承受沉重的舆论压力和经营损失。

第二节 公司上市的条件

股票上市后,公司的经营业绩、财务状况、未来发展与广大投资者的利益都密切相关,因此,世界各国证券交易所都对股份公司上市条件作出了严格的规定,如必须有符合要求的业绩记录、最低的股本数额、最低的净资产、最低的公众持股数和比例等。在严格的规定下,能够在证券交易所上市的股份公司事实上只占一小部分。以下根据我国颁布的有关法规规定介绍 A、B 股上市的主要条件。

一、何谓主板、中小板和创业板

"主板"是相对于创业板而言的,一般指上市标准最高、信息披露最好、透明度最强、监管体制最完善的全国性证券交易大市场,主要适用于规模较大、基础较好、已进入成熟期和扩张期阶段,且占有一定市场份额的收益高、风险低的蓝筹公司。国际知名的主板市场如美国纽约证券交易所,国内主板市场有上海证券交易所和深圳证券交易所。

"中小板"是相对于主板市场而言的,它是流通盘大约一亿股以下的中小企业板块。因为有些企业的条件达不到主板上市的要求,所以只能在中小板市场上市。中小板市场是创业板的一种过渡。在中国,中小板的市场代码是002开头的。2004年5月,经国务院批准,中国证监会批复同意深圳证券交易所在主板市场内设立中小企业板块。

"创业板"是地位仅次于主板市场的二板证券市场,以美国NASDNQ市场为代表,在中国特指深圳创业板。"创业板"的上市门槛、监管制度、信息披露、交易者条件、风险投资等方面和主板市场有较大区别。建立"创业板"的目的主要是扶持中小企业,尤其是高成长性企业,为风险投资和创投企业建立正常的退出机制,为自主创新国家战略提供融资平台,为多层次的资本市场体系建设添砖加瓦。2009年10月23日,经国务院批准,中国证监会批复同意深圳证券交易所设立创业板。

二、股份有限公司公开发行股票需要具备的条件

根据我国《证券法》第十三条的规定,公司公开发行新股,应当

符合下列条件：

(1) 具备健全且运行良好的组织机构；

(2) 具有持续盈利能力，财务状况良好；

(3) 最近三年财务会计文件无虚假记载，无其他重大违法事项；

(4) 经国务院批准的国务院证券监督管理机构规定的其他条件。

企业公开发行股票除了满足上述条件外，还需满足中国证监会规定的其他条件。公开发行股票并在主板(含中小企业板)上市企业须满足中国证监会2006年5月17日发布的《首次公开发行股票并上市管理办法》的相关规定；公开发行股票并在创业板上市企业须满足中国证监会2009年3月31日发布的《首次公开发行股票并在创业板上市管理暂行办法》的相关规定。

三、股票上市需要具备的条件

根据我国《证券法》第五十条的规定，股份有限公司申请股票上市，应当符合下列条件：

(1) 股票经国务院证券监督管理机构核准已公开发行；

(2) 公司股本总额不少于人民币三千万元；

(3) 公开发行的股份达到公司股份总数的百分之二十五以上；公司股本总额超过人民币四亿元的，公开发行股份的比例为百分之十以上；

(4) 公司最近三年无重大违法行为，财务会计报告无虚假记载。

证券交易所可以规定高于前款规定的上市条件，并报国务院证券监督管理机构批准。根据上海和深圳证券交易所主办《股票上市规则(2008年修订)》规定，发行人首次公开发行股票后申请其股票在主板(含中小企业板)上市，公司股本总额不少于人民币五千万元，提升了对总股本的要求。根据深圳证券交易所《创业板股票上市规则》规定,发行人首次公开发行股票后申请其股票在创业板上市,公司股本总额不少于人民币三千万元,且公司股东人数不少于 200 人。

四、主板(含中小企业板) IPO 上市的具体要求

根据《首次公开发行股票并上市管理办法》规定,首次公开发行股票并在主板(含中小企业板)上市需要满足以下具体要求:

(1) 最近三年连续盈利且最近三年累计净利润不低于人民币三千万元,净利润以扣除非经常性损益前后较低者为计算依据;

(2) 最近三年经营活动产生的现金流量净额累计超过人民币五千万元,或者最近三个会计年度的营业收入累计超过人民币三亿元;

(3) 发行前股本总额不少于人民币三千万元;

(4) 最近一期末无形资产(扣除土地使用权、水面养殖权和采矿权等后)占净资产的比例不高于 20%;

(5) 最近一期末不存在未弥补亏损;

(6) 对税收优惠不存在严重依赖;

(7) 没有重大偿债风险;

(8) 没有重大或有事项风险;

(9) 持续盈利能力的要求。即不得存在下列可能对持续盈利能力产生重大不利影响的情形:

① 发行人的经营模式、产品或服务的品种结构已经或者将发生重大变化,并对发行人的持续盈利能力构成重大不利影响;

② 发行人的行业地位或发行人所处行业的经营环境已经或者将发生重大变化,并对发行人的持续盈利能力构成重大不利

影响;

③ 发行人最近1个会计年度的营业收入或净利润对关联方或者存在重大不确定性的客户存在重大依赖;

④ 发行人最近1个会计年度的净利润主要来自合并财务报表范围以外的投资收益;

⑤ 发行人在用的商标、专利、专有技术以及特许经营权等重要资产或技术的取得或者使用存在重大不利变化的风险;

⑥ 其他可能对发行人的持续盈利能力构成重大不利影响的情形。

五、创业板 IPO 上市的具体要求

根据《首次公开发行股票并在创业板上市管理暂行办法》规定,首次公开发行股票并在创业板上市需要满足以下具体要求:

(1) 最近两年连续盈利,最近两年净利润累计不少于人民币一千万元,且持续增长;或者最近一年盈利,且净利润不少于人民币五百万元,最近一年营业收入不少于人民币五千万元,最近两年营业收入增长率均不低于百分之三十。净利润以扣除非经常性损益前后孰低者为计算依据。

(2) 最近一期末净资产不少于人民币两千万元,且不存在未弥补亏损。

(3) 发行后股本总额不少于人民币三千万元。

(4) 发行人应当具有持续盈利能力,不存在对发行人持续盈利能力构成重大不利影响的情形。

(5) 对税收优惠不存在严重依赖。

(6) 没有重大偿债风险。

(7) 没有重大或有事项风险。

表6-1列出了主板、中小板与创业板上市条件的主要区别。

表6-1 主板、中小板与创业板上市条件主要区别一览

市场	创业板	主板、中小板
经营时间	持续经营3年以上	持续经营3年以上
财务要求	最近两年连续盈利,最近两年净利润累计超过1 000万元,且持续增长	最近3个会计年度净利润均为正数且累计超过3 000万元
	或者最近一年盈利,且净利润不少于500万元,最近一年营业收入不少于5 000万元,最近两年营业收入增长率均不低于30%	最近3个会计年度经营活动产生的现金流量净额累计超过5 000万元,或者最近3个会计年度营业收入累计超过3亿元
	最近一期末不存在未弥补亏损	最近一期末不存在未弥补亏损
	最近一期末净资产不少于2 000万元	最近一期末无形资产占净资产的比例不高于20%
股本要求	发行后的股本总额不少于3 000万元	发行前股本总额不少于3 000万元,发行后的股本总额不少于5 000万元
业务经营	应当主要经营一种业务	完整的业务体系,直接面向市场独立经营的能力
公司管理	最近两年主营业务、董事和高级管理人员没有重大变动,实际控制人没有变更	最近3年主营业务、董事和高级管理人员无重大变动,实际控制人没有变更
	具有完善的公司治理结构,依法建立健全股东大会、董事会、监事会以及独立董事、董事会秘书、审计委员会制度,相关机构和人员能够依法履行职责	董事会下设战略、审计、薪酬委员会,各委员会至少指定一名独立董事会成员担任委员
		至少三分之一的董事会成员为独立董事

六、B股上市条件

1. 以募集方式设立公司时,发行境内上市外资股(B股)的条件

(1) 所筹资金用途符合国家产业政策,符合国家有关固定资产投资立项的规定。

(2) 符合国家有关利用外资的规定。

(3) 发起人认购的股本总额不少于公司拟发行股本总额的35%。

(4) 发起人出资总额不少于1.5亿元人民币。

(5) 拟向社会发行的股份达公司股份总数的25%以上;拟发行的股本总额超过4亿元人民币的,其拟向社会发行股份的比例达15%以上。

(6) 改组设立公司的原有企业或者作为公司主要发起人的国有企业,在最近3年内没有重大违法行为。

(7) 改组设立公司的原有企业或者作为公司主要发起人的国有企业,最近3年连续盈利。

2. 已设立的股份有限公司增加资本,申请发行B股时,应具备的条件

(1) 所筹资金用途符合国家产业政策,符合国家有关固定资产投资立项的规定。

(2) 符合国家有关利用外资的规定。

(3) 公司前一次发行的股份已经募足,所得资金的用途与募股时确定的用途相符,并且资金使用效益良好。

(4) 公司净资产总值不低于1.5亿元人民币。

(5) 公司从前一次发行股票到本次申请期间没有重大违法

行为。

（6）公司最近3年连续盈利,原有企业改组或者国有企业作为主要发起人设立的公司,可以连续计算。

3. 境内上市外资股公司增资发行B股,应当符合的条件

（1）具有完善的法人治理结构,与对其具有实际控制权的法人或其他组织及其他关联企业在人员、资产、财务上分开,保证上市公司的人员、财务独立以及资产完整。

（2）公司章程符合《公司法》和《上市公司章程指引》的规定。

（3）股东大会的通知、召开方式、表决方式和决议内容符合《公司法》及有关规定。

（4）本次新股发行募集资金用途符合国家产业政策的规定。

（5）本次新股发行募集资金数额原则上不超过公司股东大会批准的拟投资项目的资金需要数额。

（6）不存在资金、资产被具有实际控制权的个人、法人或其他组织及其关联人占用的情形或其他损害公司利益的重大关联交易。

（7）公司有重大购买或出售资产行为的,应当符合中国证监会的有关规定。

（8）中国证监会规定的其他要求。

七、暂停上市与终止上市

证券市场的交易规则在于"优胜劣汰",投资者选择股票最终的依据是公司的盈利水平和财务状况,只有业绩优良、前景看好的公司才能够在市场中受到投资者的青睐,而那些经营不善、业绩较差的公司不仅不能充分利用资本市场的筹资机会,而且会造成众多市场的风险以及危机。为此,各国法律法规中都规定了上市公司股票暂停上市、终止上市的条件。"暂停上市和停止上市"措施,是国家为了保证上市公司的质量、切实维护广大投资者利益的重要规定。

根据我国《证券法》第五十五条规定,上市公司有下列情形之一的,由证券交易所决定暂停其股票上市交易:

(1) 公司股本总额、股权分布等发生变化不再具备上市条件;

(2) 公司不按照规定公开其财务状况,或者对财务会计报告作虚假记载,可能误导投资者;

(3) 公司有重大违法行为;

(4) 公司最近三年连续亏损;

(5) 证券交易所上市规则规定的其他情形。

根据我国《证券法》第五十六条的规定上市公司有下列情形之一的,由证券交易所决定终止其股票上市交易:

(1) 公司股本总额、股权分布等发生变化不再具备上市条件,在证券交易所规定的期限内仍不能达到上市条件;

(2) 公司不按照规定公开其财务状况,或者对财务会计报告作虚假记载,且拒绝纠正;

(3) 公司最近三年连续亏损,在其后一个年度内未能恢复盈利;

(4) 公司解散或者被宣告破产;

(5) 证券交易所上市规则规定的其他情形。

八、公司申请上市的程序

世界各国都对公司上市的程序有详尽的规定,而且多少都带有本国实际情况的特色。这里主要介绍我国股份有限公司上市的一般程序。

1. 股份有限公司申请上市需提交的文件

根据我国《证券法》第第五十二条的规定申请股票上市交易,

应当向证券交易所报送下列文件：
(1) 上市报告书；
(2) 申请股票上市的股东大会决议；
(3) 公司章程；
(4) 公司营业执照；
(5) 依法经会计师事务所审计的公司最近三年的财务会计报告；
(6) 法律意见书和上市保荐书；
(7) 最近一次的招股说明书；
(8) 证券交易所上市规则规定的其他文件。

2. A、B 股的上市程序

根据我国《证券法》《公司法》以及《股票发行与交易管理暂行条例》等规定，我国股票上市的一般程序如图 6-1 所示。

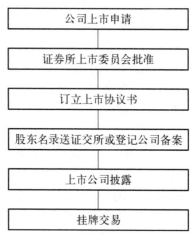

图 6-1　A、B 股上市程序图示

股份有限公司申请股票上市交易，必须报经国务院证券监督管理机构核准，后者也可以授权证券交易所依照法定条件和法定程序核准股票上市申请。目前,我国的证券交易所对于A股和B股的上市申请程序大体上相同,仅对申请文件的要求有所区别。概括地说,我国股票上市的申请程序主要包括以下几个阶段。

(1) 上市申请。

根据我国《公司法》《证券法》的规定,发行人在股票发行完毕、召开股东大会并完成公司登记程序后(此过程最长可达90天),可以向证券交易所上市委员会提出上市申请。

A股上市申请的申报文件包括:上市申请书;股东大会同意股票上市的决议;会计师事务所出具的股本金到位的验资报告;公司注册登记文件;会计师事务所审计的公司近3年和截至上市前1个月的财务报告和审计报告;证券交易所会员的推荐书;最近一次的招股说明书及有关文件;上市公告书;股东名册;证券交易所要求的其他文件。

发行B股并申请上市的公司,申请文件除了A股上述内容外还包括:主管部门批准设立外资股份有限公司的文件;所筹资金运用的可行性报告;外汇收入来源的年度计划;主管部门要求提供的其他文件等。

(2) 审查批准。

证券交易所上市委员会在收到上市申请文件后,应当对申请报告进行审查。由于绝大多数股票发行人在发行准备阶段已经基本取得了证券交易所的承诺,故此部分的审查主要为形式审查和部分实质性审查。根据《股票发行和交易管理暂行条例》的规定,证券交易所上市委员会应当自收到申请之日起20个工作日内作出审批决定;凡批准发行人上市申请的,应当发出上市通知书,确定具体的上市时间;批准文件应报送中国证监会备案,并抄报国务院有关部门。

(3) 上市协议书。

申请人在收到上市通知书后,应当与证券交易所签订上市协议书,以明确相互间的权利义务。其主要内容包括:公司应定期呈送,经有证券从业资格的会计师事务所审计的财务报告;应及时将所发生的人事、财务、经营、股权处理等重大变化通知证券交易所;应定期向公众充分披露应予以披露的资料和信息;上市公司不得拒绝证券交易所令其提供资料的合理要求;应明确记录公司股票上市的时间、种类、面值、数量和上市价格;交易所应当维护上市公司的股票上市权利、不得歧视;另外还应明确有关上市费用等内容。

(4)股东名录备查。

申请人自上市申请阶段始,即应当根据证券交易所提出的格式和程序,修改制作或者补充制作股东名录;并最迟应于上市日的1周前,将其送至证券交易所或证券登记中心备案。

(5)上市公告书披露。

上市申请人在收到上市通知书后,应在其股票上市前3个工作日内,安排将已经定稿的上市公告书(简要形式或者不超过1万字的摘要),刊登在至少一种中国证监会指定的全国性报刊上,同时将其备份置于公司所在地、拟挂牌交易的证券交易所、有关证券经营机构及其网点,供公众查阅,同时报送证监会一式10份,以便监督。在上市公告书披露后,申请上市的股票将根据证券交易所安排和上市公告书披露的上市日期、挂牌交易。

第三节 上市公司情况分析

在进行了宏观经济分析、行业分析之后,投资者还需要对所选定行业中的各公司情况进行分析,以便选出最合适投资的企业,获得最佳投资收益。所谓公司分析,主要是指利用企业的历史资料对它的竞争实力、经营管理水平、资本结构、财务状况、盈利能力等进行具体分析,同时将该该公司的情况与其他同类型的公司进行对比,从而得出是否值得投资的结论。

一、公司基本素质分析

1. 企业的管理水平

(1) 企业管理经营效益分析。经营管理系统是指企业经营管理的各方面和整个过程,即把人员、设备、资金、材料、信息、时间等有限资源,合理地组织起来,最大限度地发挥它们的作用,以求达到某些经营性目标的企业系统。它既包括企业内部的管理效率,也包括企业对外部环境的反应能力。

(2) 各层次管理人员的素质和能力分析。一个企业的兴衰、成败与企业管理层的素质、能力和开拓进取精神密切相关,最高管理层的素质等因素决定了企业的未来。

(3) 企业人事管理效率和企业文化分析。当今社会,一个企业的人事管理效率对企业的发展起着越来越重要的作用,人事管理效率决定企业的生产效率和员工能力能否充分发挥。企业文化在现代企业中的作用越来越大,很多时候,并购企业能否最终走向成功,往往取决于两个企业的文化是否能够融合。保洁公司的董事长就宣称,即使宝洁公司在全球的厂房全部毁于一旦,只要公司的员工还在,只要企业文化还在,公司在短时间内就能重新崛起。

2. 市场开拓能力和市场占有率

市场开拓能力强的公司,其产品市场占有率一定较高,而较高的市场占有率则是企业利润来源的保障。效益长期较好的公司,其市场占有率必定呈长期稳定增长的趋势。如可口可乐公司的产品遍及世界各国,在每个销售区其市场占有率均是当地饮料的三强之一,如此巨大而稳定的市场份额是公司的利润之源,也是公司的立身之本。

3. 企业的技术水平

企业的技术水平是决定企业竞争能力的首要因素。对公司技术水平高低的评价可以分为硬件和软件两部分。前者注重公司的机器设备或成套设备等情况；后者注重工业产权、生产工艺技术、专利设备制造技术和扩大再生产的能力等。另外，企业如果拥有较多地掌握技术的专业技术人员，那么企业自然能生产较多、较好的适应市场需求的产品，企业就会有很强的竞争力。

4. 资本与规模收益

由资本的密集程度而确定的规模效应是确保企业获取收益基本因素。投资者准备进行长期投资时，不应考虑那些无法形成规模效益的企业。

5. 项目储备和新品开发

在科学日新月异的今天，企业只有不断进行产品开发才能立于不败之地。一个企业在新品开发上的静止，相对于其他企业就是落后。一个企业在项目投资规划上应该是一些项目已投产并产生效益，一些项目正在建设，一些项目正在规划，这种项目梯次的布局才能保证企业获利能力的连续性。同样，企业产品的开发也应具有可持续的开发战略。

二、上市公司的财务分析

（一）上市公司财务状况信息的内容及其来源

上市公司财务信息披露内容很多很广，几乎包括了所要呈报的各个方面,而且还要求披露其他相关信息。财务会计数据和其他经济信息披露的途径,主要是呈报的资产负债表、收益表、现金流量表与标明作为财务会计报表一部分的附注、其他报表和说明材料。对其呈报的报表,应由具备证券从业资格的注册会计师及其事务所出具报告,并签署相应的意见。一般情况下,上市公司的会计信息披露包括如下一些内容:

(1) 数量性信息。上市公司一般按照国家颁布的《股份制企业会计制度》等文件要求,结合本公司的实际以及行业会计规定,以货币形式反映公司所涉及的各种经济活动的历史信息。

(2) 非数量性信息。这主要包括上市公司会计信息的重要变化说明、会计政策的使用说明、会计政策变更的原因及其影响等等,表明公司在编制报表时所使用的原则、基础、惯例、规则和程序,以及会计政策变更给会计数据变化带来的影响。

(3) 期后事项信息。主要包括:直接影响以后时期财务报表金额的事项、严重改变资产负债表计价,连续性严重影响资产权益关系或严重影响以前年度所呈报的有关本期预测活动的事项,以及对未来收益和计价的影响不明了或不确定的事项等。这些事项的变化由于发生时间较晚、会计人员已不可能对报表作出全面更正,虽然并不直接影响以前年度的财务资料,但会导致公司发生非正常的损益或影响以后年度的经营,因此,特为这类信息提供必要的说明。

(4) 公司分部业务的信息。它们是随着公司多元化经营、跨地区经营的业务发展,而导致的一种信息聚合。如果仅仅在财务报表中揭示这些数量性的数据,很难准确揭示公司这部分业务的经营以及未来的发展情况。因此,上市公司必须在对外报表中公布这部分数据,以及数据的口径、揭示的原则、管理的要求等众多重要信息。

(5) 其他有关信息。上市公司在发行、上市、交易过程中,除了公布上述占主要地位的财务、会计信息之外,还应披露相关的:公司概况、组织状况说明、股东持股情况、经营情况的回顾与展望、公司内部审计制度、重要事项揭示、公司发展规划以及资金投向、股权结构及其变动、注册会计师的审计报告和意见等信息。

(二)上市公司财务状况分析的方法

所谓财务状况分析,就是对上市公司的各种财务报表,以某种分析方法,对其账面数字的变化和变动趋势,及其相互之间的勾稽关系进行分析和比较,以便了解一个企业的财务状况及其经营成果。财务分析的主要方法有差额分析法、比率分析法和比较分析法。

(1)差额分析法:也称绝对分析法,就是以数字之间的差额进行分析,它通过分析财务报表中有关科目的绝对值大小差额,来研判上市公司的财务状况和经营成果。其主要的分析差额有:营运资金、速动资产、销售毛利、销售利润、税后净利、账面净值等。差额分析法仅仅是财务分析的第一步,它取得的数据是一种绝对值,无法解释这些数值是偏大还是偏小,也不能说明该数值应当多少为宜,因为许多数值并非越大或者越小越好,所以单纯采用差额分析法,不能完全达到财务分析的目的,只能将这些数值进行相关比较,才能得出正确的结论。

(2)比率分析法:就是以同一期财务报表上若干重要会计科目之间的相关数据,用比率来反映它们之间的关系,并评价公司的经营活动,以及公司目前和历史状况的一种方法。比率分析法是财务分析最重要的工具。

(3)比较分析法:也称趋势分析法,它是通过对财务报表中各类相关数字进行比较,尤其是将一个时期的财务报表与另一个或者另几个时期的财务报表相比较,以判断一个公司的财务状况和经营业绩的演变趋势,及其在同行业中地位的变化情况,主要包括纵向比较、横向比较以及标准比较等方法。比较分析主要为以下一些目的：确定引起公司财务状况和经营成果变动原因；确定公司的发展确实对投资者有利；确定公司未来的发展趋势。

上市公司的经营活动错综复杂，指标涉及面很广，不同的分析者，如投资者、债权人、公司管理者、政府管理部门等，进行财务分析的目的不尽相同，着眼点也有差别，结论也可能大相径庭。这里仅从证券投资者的角度，介绍几个较为常用的分析方法。投资者对上市公司财务状况进行分析，可以根据资料，从五个方面入手，即对上市公司的资本结构、偿债能力、经营能力、获利能力和现金流量进行综合性的指标分析。

1. 资本结构分析

反映上市公司资本结构的指标，主要有资产负债率、资本化比率、固定资产净值率、资本固定化比率等。

(1) 资产负债率。该指标又称负债比率，它说明在借款人（即公司）的总资产中，债权人提供资金所占的比重，以及借款人资产对债权人权益的保障程度，反映公司负债经营程度，计算公式为：

$$资产负债率 = 负债合计 \div 资产总计$$

该指标值越低，表明公司负债经营程度低，偿债压力小，利用财务杠杆进行融资的空间就越大，公司总体抗风险能力愈强；反之，则表明公司负债经营程度高，偿债压力大，公司总体抗风险能力就弱。一般来说，负债经营规模应控制在合理水平内，该指标以50%左右为宜。适当的举债对股东有利，但规模不宜过大，当资产负债率>100%时，说明公司资不抵债，风险较大。

(2) 资本化比率。该指标反映公司负债的资本化（或长期化）程度。计算公式为：

$$资本化比率 = 长期负债合计 \div (长期负债合计 + 所有者权益合计)$$

该指标值越小,表明公司负债的资本化程度越低,长期偿债压力越小;反之,则表明公司负债的资本化程度高,长期偿债压力大。公司负债经营中,应充分利用债务期限长短不同,来合理使用资金,因而,对该指标一般无明确的参照值,应因公司而异。

(3)固定资产净值率。该指标反映固定资产的新旧程度,计算公式为:

$$固定资产净值率 = 固定资产净值 \div 固定资产原值$$

该指标越大,表明公司的经营条件越好,反之,则表明公司固定资产较旧,需投资进行维护或更新,经营条件相对较差。分析该指标时,需考虑固定资产规模的大小及其利用程度。如某公司固定资产净值率高,且规模大,同时多为经营性固定资产,那么,公司固定资产的综合利用效率就较高。

(4)资本固定化比率。该指标反映公司自有资本的固定化程度。计算公式:

$$资本固定化比率 = (资产总计 - 流动资产合计) \div 所有者权益合计$$

该指标值越低,表明公司自有资本用于长期资产的数额越少;反之,则表明公司自有资本用于长期资产的数额相对较多,公司日常经营所需资金靠借款筹集。

一般情况下,该指标越小越好,但在分析时,应根据公司的性质而定。如果该指标值大于100%,那公司就会出现经营资金短缺的现象,公司最好通过长期负债来弥补资本金的不足。在分析该指标时,还需分析公司长期资产的合理性,如长期投资的回报、长期资产的质量情况、固定资产的利用率等。

2. 偿债能力分析

公司债务有短期与长期之分,按现行财务制度和银行规定,一年以内,包括一年的债务为短期债务,一年以上的债务为长期债务。因此,偿债能力分析包括短期偿债能力和长期偿债能力两个内容的分析。

(1)短期偿债能力分析。

短期偿债能力是指公司用流动资产支付流动负债的能力,有时也称为"支付能力"。短期偿债能力的强弱直接影响两个方面,其一是与短期负债相关的支付问题,因为公司一旦无力支付,就有可能被迫出售长期投资或者固定资产,甚至有可能导致公司破产;其二,短期偿债能力强弱还与公司能否抓住各种市场机会有关,因为良性运行的企业往往商业信用较好,欠债时间越短,偿还越快就会有较好的采购与进货机会,就能把握住稍纵即逝的商机。短期偿债能力的主要决定因素在于公司营运资金的多少和资产变现速度的快慢:营运资金实际是流动资产超过流动负债的部分,因此其数量丰裕,短期偿债能力自然强大;资产的变现速度实际是由公司流动资产的质量与性质决定的,资产变现速度越快,短期偿债能力也就越快。一般情况下,衡量上市公司短期偿债能力的主要指标是:流动比率、速动比率、现金比率、现金对流动负债比率、应收账款周转率、存货周转率等。

① 流动比率。该指标反映流动资产与流动负债的比率关系,其计算公式为:

$$流动比率 = 流动资产 \div 流动负债$$

它说明了每元流动负债究竟有几元流动资产来抵偿,因此有时也称为"营运资金比率"。一般情况下,这项指标较高为好,但不能太高,否则无从体现公司的经营效益。根据国际经验,一般这项指标在 2.0 左右为宜,这 2 的概念是假设流动资产中至少有 50% 的部分可以等于流动负债。但考虑流动资产中包含的项目较多、受各项目影响较大,因此就很难有准确的标准。另外,投资者应当在分析中注意国家所处的经济发展阶段造成的差异,以及各产业情况的不同影响：例如,电力、旅游、娱乐、餐饮等行业存货较少、营业周期也较短,因此都有比较低的流动比率,反之,其他产业并非如此。所以,这个指标只有与同行和本企业历史水平比较才能显示优劣。

② 速动比率。该指标是判定企业短期偿债能力高低的重要工具,而且适用于评价流动资产总体的变现能力,它的计算公式是：

速动比率＝(现金＋短期有价证券＋应收账款净额)÷流动负债
＝(流动资产－存货－待摊费用－预付贷款)
÷流动负债

因为速动比率中的速动资产主要是由现金、短期有价证券、应收账款等项目组成,而不包括存货在内。一般认为这项比率为1.0比较合适,它表示企业有能力在较短的时间内支付全部流动债务。但是,由于地区差异以及行业差异,也允许低于1的速动比率。另外,在使用时还要考虑应收账款的变现质量,为保险起见,最好以应收账款的净额作为计算的依据。

③ 现金比率。该指标反映各类现金资产对流动资产的比率,其计算公式为：

现金比率＝现金及其等价物÷流动资产

其中现金资产,即现金及其等价物,一般认为现金比率越高越好,表示了现金类资产在流动资产中所占的比重也就越大,变现损失的风险也就越小,并且不必等待太长的时间。根据经验,这项比率为0.1左右较为合适,但主要应和同行业的平均水平相比较,因为比例高虽然有较强的偿债能力,但也说明企业资金运用上的低效率。

④ 现金对流动负债的比率。该指标反映现金类资产对流动负债的比值,是分析企业短期偿债能力最为严格的指标,表示了每

一元流动负债中有多少现金类资产可直接、即时抵付,其计算公式为:

现金负债比率＝现金及其等价物÷流动负债

就使用货币偿还流动负债的观点而言,现金对流动负债比率具有补充现金比率的功能,但也因为过于严格而较少使用,在实践操作中很难确定一个准确的数值。

⑤ 应收账款周转率。该指标反映赊销净额与应收账款全年平均余额的比率,它显示了一个会计周期内赊销账款的回收能力。其计算公式为:

应收账款周转率＝赊销净额÷应收账款平均余额

在计算这个比率时应当注意:公式的分子是赊销净额,但一般较难在公司财务报表中找到,所以要用主营业务收入来代替,比率的分母可用应收账款的平均余额表示,但应扣除备抵坏账,说明企业可能因难以收回而造成的损失。应收账款周转率指标说明了在会计年度内应收账款转化为现金的平均次数,比率越高,表明企业收款速度越快、坏账损失越少、偿债能力越强,同时也弥补了流动比率和速动比率的不足,体现了应收有效性(应收项目转化为现金时是否发生坏账损失)。

⑥ 存货周转率。该指标反映特定会计时期内营业成本对同期存货平均余额的比率关系,用以衡量企业存货周转的速度,以及检验企业的商品销售能力与经营业绩。其计算公式为:

存货周转率＝营业成本÷存货平均余额

这个指标同应收账款周转率比较类似,反映存货资产的有效性和周转速度,可以弥补流动比率和速动比率的不足。一般情况下,存货周转率越高越好,因为这样说明企业平均存货量就降低了,存货资产变现的风险也就小了,资本利用的效率就提高了。但是,这也因行业而有所差异,如建筑业存货周转率较低,而商品零售企业的比率就较高。

(2) 长期偿债能力。

长期偿债能力反映的是企业运用长期债务形成的结果,并在一定程度上影响股东的权益和企业的财务结构。只要能满足投资收益高于债务成本,公司就可能发挥长期借款的财务杠杆作用,还可以利用利息支出的抵税作用,提高股东的税后盈余。虽然,长期举债有利于企业和股东,但长期债务到期必须偿还,其数额越大企业到期偿还本金以及定期支付利息的负担也越重,财务风险也相应上升,所以企业要确定所有者权益与负债之间比率关系。在分析长期偿债能力时,除用以下指标外,还要结合资本结构指标。

① 股东权益比率。该指标反映股东权益与资产总额的比率。其计算公式为:

$$股东权益比率 = 股东权益总额 \div 资产总额$$

这里的股东权益总额即资产负债表中的所有者权益总额。该项指标反映所有者提供的资本在总资产中的比重,反映企业基本财务结构是否稳定。一般来说,股东权益比率大比较好,因为所有者出资不存在像负债一样到期还本的压力,不至于陷入债务危机,但也不能一概而论。从股东来看,在通货膨胀加剧时,企业多借债可以把损失和风险转嫁给债权人;在经济繁荣时,多借债可以获得额外的利润;在经济萎缩时期,较高的股东权益比率可以减少利息负担和财务风险。股东权益比率高,一般认为是低风险、低报酬的财务结构;股东权益比率低,是高风险、高报酬的财务结构。

② 长期负债比率。该指标是从总体上判断企业债务状况的一个指标,它是长期负债与资产总额的比率,用公式表示为:

$$长期负债比率 = 长期负债 \div 资产总额$$

一般来看,对长期负债比率的分析要把握以下两点:首先,与流动负债相比,长期负债比较稳定,要在将来若干会计年度后才偿还,所以公司不会面临过大的流动性不足的风险,短期内偿债压力不大。公司可以以长期负债筹得的资金用于增加固定资产,扩大经营规模。其次,与所有者权益相比,长期负债是有固定偿还期、固定利息支出的资金来源,其稳定性不如所有者权益,如果长期负债比率过高,必然意味着股东权益比率较低,公司的资本结构风险较大,稳定性较差,在经济衰退时期会给公司带来额外的风险。

③ 股东权益与固定资产比率。该指标是衡量公司财务结构稳定性的一个指标。它是股东权益除以固定资产总额的比率,用公式表示为:

股东权益与固定资产比率 = 股东权益总额 ÷ 固定资产总额

股东权益与固定资产比率反映购买固定资产所需要的资金有多大比例来自所有者资本。由于所有者权益没有偿还期限,它最适宜为公司提供长期资金来源,满足长期资金需求。该比例越大,说明资本结构越稳定,即使长期负债到期也不必变卖固定资产等来偿还,这是持续稳定经营的必要条件。当然长期负债也可以作为购置固定资产的资金来源,所以并不要求该比率一定大于1。但如果该比率过低,则说明公司资本结构不尽合理,财务风险较大。

④ 利息支付倍数。该指标反映的是一个企业每期获得利润总额与所支付的固定利息费用的倍数关系,它被用来测量企业获取利润来承担支付利息的能力。其计算公式为:

利息支付倍数 = 税息前利润 ÷ 利息费用

一般情况下,这个倍数越大,越表明企业就有充足的偿付利息能力。这项比例计算涉及两个因素,即税息前利润总额与利息费用,它们都不能直接从报表中获得,而要进行有关调整:公式中"税息前利润"是指损益表中未扣除利息费用和所得税之前的利润,可以用"利润总额加利息费用"来预测。由于我国现行损益表中"利息费用"没有单列,而是混在"财务费用"之中,外部报表使用人只好用"利润总额加财务费用"来估计。公式中的分母"利息费用"是指本期发生的全部应付利息,不仅包括财务费用中的利息费用,还应包括计入固定资产成本的资本化利息。资本化利息虽然不在损益表中扣除,但仍是要偿还的。利息支付倍数的重点是衡量企业支付利息的能力,没有足够大的税息前利润,资本化利息的支付就会发生困难。

3. 经营能力分析

经营能力是用来衡量公司在资产上运作和管理效率的一种财务指标,即公司的经营业务收入(净值)对各项营运资产的比例关系,所以有时也称为"资产周转率"。正常情况下,企业的营业活动有这样的规律,即通过销售获得的各项收益越大,所需投入的资产相应就越多,但其质量如何则需考察企业的各项资产是否与经营收入保持合理的比例,各项资产对收入的贡献大小如何,资产贡献大小的原因如何等等。这些问题就需要通过资产运用效率来分析和判断。这些指标主要有:

(1) 现金周转率。

该指标反映企业本期经营收入与现金及其等价物的比值,其计算公式为:

$$现金周转率 = 经营收入 \div 现金及其等价物$$

这里的"经营收入"可以用现行报表中"主营业务收入"来表示。这个比值显示企业运用现金效率的高低,从另一个角度显示企业是否保持足够的现金,以应付经营的需要。由于企业拥有一定的现金及其等价物的主要目的是应付日常交易的需要,但过多现金却不能给企业带来收益,因此这是一个两难的问题。一般来说,这个比率高,显示现金可以更有效地使用,但也意味着现金调度将比较困难;这个比例低说明企业现金没有充分利用,但充裕的现金却可以应付可能的各种风险,因此很难为企业制定一个所谓最佳现金保存量的比率[①],企业在经营的实践中逐步体会到两者之间的矛盾,并寻求适当的比例。

(2) 应收账款周转天数或应收账款周转率。

应收账款周转率已经在前面介绍过,该指标反映的是应收账款在年度内转为现金的平均次数;应收账款周转天数是用时间表示的应收账款的平均回收期,其计算公式是:

$$应收账款周转天数 = 360 \div 应收账款周转率$$

企业应收账款的周转率越高,平均收账期越短,说明应收账款的回收管理效率越高,否则企业的营运资金会过多地呆滞在应收账款上,影响资金的正常运转。一般而言,影响这两个指标的主要因素包括:季节性经营、大量使用分期付款方式、大量使用现金结算销售、年末大量销售或者年末销售大幅下降等,该指标并不能完全反映实际情况的,所以应以行业、产业特点区别对待。

(3) 存货周转天数或存货周转率。

该指标反映在流动资产中,存货所占的比重。如果较大,特别是存货的流动性,则将直接影响企业的流动比例。而存货资产的管理效率一般采用周转率或周转天数两项指标来衡量。存货周转率是衡量和评价企业购入存货、投入生产、销售收回等各环节管理状况的综合性指标,它是销售成本被平均存货所除而得到的比率,或叫存货的周转次数,而用时间表示(360÷存货周转率)就是存货周转天数。一般讲,存货周转速度越快,存货的占用水平越低,流动性越强,存货转为现金或应收账款的速度就越快。这两项指标

---

① 现金保存量问题是财务决策的重要问题之一,已研制了众多数学模型,但这些已超出了本章的范围,故不再叙述。

的好坏反映存货管理水平的高低,它不仅影响企业的短期偿债能力,也反映企业管理的方方面面。因此,分析这两项指标可以从不同角度和环节找出存货管理中的问题,也就是通过存货管理,在保证生产经营连续的同时,尽可能少占用经营资金,提高资金的管理效率,增强企业的管理水平。

(4)营业周期。

营业周期指的是企业从存货开始到销售并收回现金为止的这段时间,计算公式为:

$$营业周期 = 存货周转天数 + 应收账款周转天数$$

这项指标反映的是将期末存货全部变为现金所需的时间。一般来说,营业周期越短,说明企业资金周转速度越快,企业的各方面管理效率都比较高。

(5)总资产周转率。

该指标反映的是企业当期经营收入对总资产的比值,它用来测定总资产对收入所作的贡献,判断企业资产运用效率等等。其计算公式为:

$$总资产周转率 = 销售收入 \div 资产总额$$

总资产的周转速度越快,反映企业经营能力越强。企业可以通过薄利多销的办法,加速资产的周转,促使利润增加。

总之,企业各项资产的周转指标用于衡量企业运用资产赚取收入的能力,经常和反映盈利能力的指标结合在一起,全面评价企业的盈利能力。

4. 获利能力分析

获利能力指的是企业赚取利润的能力,通常是股东最为关心的指标之一,因为他们的股利大都是从公司的盈利中取得的,加之企业盈利的增加经常是股价上涨的直接原因,股价的上涨还可以使股东获得股票价差的资本收益。一般来说,绝大多数财务指标都在某种程度上反映企业的盈利能力,如前面提及的短期、长期偿债能力和资产管理效率等,所以全面分析企业的盈利能力,不仅要使用获利能力的几项指标,还要结合前述的,以及其他的指标进行综合考察、分析。

获利能力的考察主要是利用损益表的数据来判断,表中的数据表达了各项业务收入以及各种费用、成本的开销。从效益的角度讲,当然是各项收入越多越好,而各项费用支出越少越好。因此,收入与费用是决定获利能力大小的最基本的因素。这里讨论获利能力的主要指标包括:主营业务利润率、销售净利率、资产收益率和市盈率等。

(1) 主营业务利润率。

该指标反映的是主营业务利润与主营业务成本的比率,其公式为:

$$主营业务利润率 = 主营业务利润 \div 主营业务成本$$

主营业务利润是主营业务收入与主营业务成本之间的差额,通常投资者希望主营业务利润越大越好。一般情况下,这项比率反映的是企业产品的利润幅度大小,企业产品技术含量越高、业务垄断性越强,主营业务利润率就会越高,企业的经营业绩也会越好。这项指标主要受到产品的销售价格、销售数量、销售成本的影响。由于各行业的业务不尽相同,行业利润率水平也不会相同,因此这项指标主要应与行业指标进行对比,高于行业同水平的企业运行较好。

(2) 销售净利率。

该指标反映的是净利额与销售收入额的百分比,其计算公式为:

$$销售净利率 = 净利额 \div 销售收入额$$

在我国的会计制度中,"净利"是指税后利润。该指标反映每一元销售收入带来的净利润,反映销售收入的收益水平。净利额与销售净利率成正比,而销售收入额与销售净利率成反比。企业在增加销售收入的同时,必须相应获得更多的净利润,才能使销售净利润保持不变或有所提高。通过分析销售净利率的升降变动,可以促使企业在扩大销售的同时,注意改进经营管理,提高盈利水平。

（3）资产收益率。

该指标反映的是企业净利润与平均资产总额的百分比。资产收益率计算公式为:

$$资产收益率＝净利润／平均资产总额$$

把企业一定期间的净利润与企业的资产相比较,表明企业资产利用的综合效果。指标越高,表明资产的利用效率越高,也说明企业在增加收入和节约资金使用等方面取得的效果越好；否则则相反。企业的资产由投资人投入或举债形成。收益的多少与企业资产的多少、资产的结构、经营管理水平有着密切的关系。

由于主营业务利润、利润总额、税后利润都是损益表上分段计算的结果,所以它们之间还存在一定的关联性。但是,分析这些指标仍然存在一定的不同:主营业务利润由企业以产品、服务形式获得收入所形成,因而最直接反映企业生产、管理、经营、技术等的水平和能力；这项指标也能直接反映企业经营能力的指标；利润总额是由营业利润和营业外收支,以及投资收益所组成,而后两项严格地讲,并非企业经营所得,所以这是广义上的企业经营业绩；税后利润反映的是在扣除所得税等因素后的结果。这是企业与政府的分配关系,所以真正由企业所能分配的是税后利润,通过分析这项比率的升降,可以促使企业在扩大销售的同时,注意改进经营管理,提高盈利水平；所以说这几个比率之间存在一定的连续性,尽管这些比率越高越好,但一般还需要与行业指标的平均值进行比较,高的属于较优秀的。

（4）市盈率。

它被经常用来衡量企业的盈利能力,以及反映投资者对风险的估计,即投资者愿意支付多少价格换取公司每1元的收益,其计算公式为:

$$市盈率＝每股市价÷每股收益$$

它是市场对公司共同期望的指标,市盈率越高,表明市场对公司的未来越是看好,所以,发展前景较好的企业,市盈率也就越高,反之则反是。仅从市盈率高低的横向比较来看,高市盈率说明公司能够获得社会信任,具有良好的发展未来。在使用这项指标时应当注意:它不能用于不同行业公司的比较,充满扩展机会的新兴行业市盈率普遍较高,而成熟工业企业的市盈率普遍较低,这并不说明后者的股票没有投资价值;每股收益很小或者亏损时,市价不会降至0,很高的市盈率往往不能说明任何问题;市盈率的高低还受到市价影响,包括投机炒作等,因此观察这项指标的长期趋势很重要。在上市公司购并中,企业往往在市盈率较低时,以收购股票的方式实现与其他企业的购并,然后进行改造,待到市盈率较高时,再以出售股票的方式出售其股权,从中获利。

5. 现金流量分析

现金流量分析主要根据现金流量表提供的有关数据来进行。现金流量表是反映现金的流出和流入,汇总说明公司报告期内经营活动、投资活动、筹资活动的会计报表。这里所指的现金是指库存现金、银行存款、现金等价物和其他一些变现速度较快的有价证券。所谓现金流量则是指某一时期内公司现金流出和现金流入的数量及其净差。公司的现金流量主要发生在经营活动领域、投资活动领域和筹资活动领域,这三大领域的现金流量的净差反映该公司的现金状况,它是分析公司经营状况是否良好,债务偿还能力是否充沛的一个重要指标。

(1) 经营性现金流量状况分析。

经营性活动是企业工作的核心内容,因此,经营性现金流动情况反映企业日常的现金流转,同时,这部分的现金流入也是企业除了筹资活动之外(发行新股、增资配股以及发行企业债券、银行信贷等)最主要的现金来源。所以,企业只有努力保持经营性活动产生较大的现金净流入,才有可能从整体上保证企业现金的良性循环,进而保障其他各方面活动的现金要求。由于这部分活动涉及企业的整体经营情况,因此投资者可以运用下列几个指标,并结合企业的损益表、资产负债表进行比例分析。

① 主营收入含金量指标。该指标反映了企业当期的主营业务收入资金的回笼情况,比率越高越好。其计算公式为:

主营收入含金量=销售商品或者提供劳务的现金收入
÷主营业务收入

如果这个指标大于或者等于1,说明企业的产品适销对路、市场需求旺盛,当期的业务收入基本能够做到"满回笼"甚至"超回笼",反之,则说明企业有相当一部分资金不能及时到账。当然,投资者也不能简单地以1为标准,而要根据企业的资产负债情况、所属的行业情况,具体分析这部分现金收入。一方面,由于采用"收付实现制",除本期发生的经营性活动外,前期活动也会对企业本期的现金流量产生一定影响,其中"流入"可能是本期完成销售或者提供劳务实际收到的现金,也有可能是前期业务活动在本期的现金实现;另一方面,企业所属的行业对这项指标的计算也有较大影响:如属于商业、旅游业、食品加工业的企业,以现金结算为主,经营性活动的现金流转较大,而医药保健品生产企业,一般实行"款到发货"制,所以这类企业的指标要好于其他行业的企业(钢铁、化工、机械制造等),因此,区别对待不同行业的企业是十分必要的。

② 收益指数指标。该指标反映企业实现净利润的现金保障程度,一般该指标越大越好,说明企业生产经营产生的现金流量远大于本期的净利润,因此净利润有充分现金流入保证。其计算公式为:

收益指数＝经营活动产生的现金流量÷净利润

这个指标若与企业的"每股收益"结合使用,效果更好,因其能够反映企业利润的真实来源,从而杜绝企业通过增加非正常的账面收益、应收收益,调节利润的情况。

③ 现金对债务的保障程度指标。它主要是偿债保障比率,其计算公式为:

偿债保障比率＝经营活动产生的现金流量÷负债总额

该指标反映了企业使用每年经营性活动现金流入偿还所有债务的能力,该比例越高,企业承担债务的能力也越强、对债务偿还的保障程度也越高。这项指标在计算过程中,可以选择较为谨慎的分母(全部负债甚至包括一些或所有项目),也可以选择较为宽松的分母(仅包括短期债务和诸如"应付债券"等的长期项目)。一般而言,这两项指标越高,说明企业的现金偿付能力越强,反之越弱。有关现金对债务的保障程度还可以其他指标来分析,如前所列的现金对流动负债比率等。

④ 每股现金流量指标。该指标反映了企业每股现金流量的大小,揭示对每股收益的保障程度,该指标越高,说明企业的资本支出能力、现金股利的支付能力就越强。其计算公式为:

每股现金流量＝经营活动产生的现金流量÷加权股本总额

一般情况,这项指标应当大于每股收益(现金收益中不包括折旧等调节因素），这样企业报告期内产生的现金流量才足以支付当期的现金股利，并可进行适当的资本运作。相反，如每股现金流量低于每股收益，哪怕收益增长再快，企业进行高速股本扩张时，就会由于缺乏相匹配的现金流量支持，而面临相当大的发展风险。"加权股本总额"概念，就能较为公允地反映企业股本发生"稀释"时的实际情况，如果企业的股本结构较为复杂、变动较为频繁，则可以使用"期末股本总额"，以求得近似的结果。

（2）投资活动的现金流量状况分析。

此分析需要注意下面四个方面：

第一，处于不同行业和不同发展阶段的企业，投资活动产生现金流动呈现不同的特点：当企业处于初创期或者成长期，固定资产购置等活动需要大量资金投入，所以这使得投资活动的现金流量一般呈净流出态势；当企业处于高速发展的扩张时期，投资活动有增无减，但这时已经有相当部分的前期投资开始产生回报，所以企业再投资活动方面可基本做到"收支相抵"；当企业处于成熟期或者衰退期，各项经营活动相当平稳，投资扩张有所减少（甚至停止），这部分现金流量形成大量的净流入。鉴于这些不同，投资者在分析时应当考察企业所处的生命周期，以便得出客观的结论。

第二，一般情况下，投资活动产生的现金流入量都较小，较大的流入仅限于收回大的投资或者处置部分固定资产，而这样的现金流入又往往具有偶发性、不可重复性，说得严重些无异于"杀鸡取卵"，这些问题都值得报表使用者注意。目前中国正处于产业结构调整的关键时期，不少上市公司也忙于进行主业变换，大规模资产置换现象时有发生，这些活动为企业带来了可观的经济效益，同时蕴含着较高的风险，但仍值得广大投资者关注，因为企业的"可持续"发展，将面临极大挑战。

第三，一些企业在经营业绩不甚理想时，为减少亏损或者勉强使净资产收益率达到配股资格线，常常通过增加巨额投资收益来调节利润,从而使得这部分的现金流量极不正常,现在看来,使用现金流量表之后,这些操作方法可以轻而易举地被识破。

第四,报告使用者还可以通过对投资部分现金流出的种类进行分析,了解企业的投资的内容——以直接投资为主(购建固定资产、无形资产),或者以间接投资为主(债权投资或股权投资),从而判断企业今后的发展方向。

(3) 筹资活动的现金流量状况分析。

与投资活动相似,企业筹资活动的现金流转也因企业的不同而不尽一致:处于初创期、高速发展期的企业,需要大量的资金发展壮大,筹资活动十分频繁,而且有大量的现金流入;处于成熟期,甚至衰退期的企业,各项业务都较为稳定,一般不进行大规模的筹资活动,而开始偿还贷款以及发放各种现金股息,这时的现金流转以流出为主。另外,实际工作中有两种现象值得关注:其一,某些企业筹资活动发生大规模的现金流入和流出,而结果却是均衡的(余额较小),这说明企业有可能是"借新债还旧债",这都需要报表使用者结合财务报告的其他信息(如重要事项说明)进行判断;其二,如果企业的整体现金流量情况不佳,而筹资活动反映企业面临高额利息费用支出,说明企业的经营不善、信用情况下降。

通过分析现金流量表的变化,公司可采取有效的措施改变本公司现金流动的数额与时间,以适应意外的需要,诸如改善经营,增加经营活动的现金净流入,发行债务性证券或权益性证券来筹集现金的能力,或者通过出售某些固定资产来获得现金的能力。财务报表的使用者可以把现金流量表各部分的数字与其他公司进行比较,了解本公司现金的主要来源是经营活动还是筹资活动,如果是经营活动提供的现金是主要来源,这表明该公司经营状况较好,风险也较小;如果来自筹资活动则表明该公司有较大的风险,公司应该及时调整经营。通过观察流量表还可以评价为扩大经营活动追加筹集现金的需要性和发放现金股利的可能性,以及偿还流动负债、支付定期利息和在接近到期日时偿还长期负债的能力。

6. 其他重要指标分析

这里介绍的一些指标与股东直接有关,因为它主要反映股东的权益。这些指标对股东衡量其购买的股票的内在投资价值具有很重要的指导意义,同时也是评价上市公司质量好坏的一些重要的参考指标。

(1) 每股净资产。

每股净资产是企业期末净资产(即股东权益)与年末普通股数额的比值,也称为"每股账面价值"或者"每股权益",该指标反映发行在外的每股普通股所代表的净资产,即账面权益。其计算公式为:

$$每股净资产 = 净资产 \div 普通股股数$$

在投资分析时,只能有限地使用这个指标,因为它所使用的是企业的历史成本,既不反映净资产的变现能力,也不反映净资产的产出能力,因此具有相当的局限性。但是,这项指标在理论上反映了股票的最低投资价值,如果公司的股票价格低于每股净资产,说明公司已经没有了存在的价值,清算是股东最好的选择。因此,国家规定在新股发行时,不允许股票折价发行。

(2) 净资产收益率。

该指标是净利润与平均净资产的百分比,也叫净值报酬或者权益报酬率。其计算公式为:

$$净资产收益率 = 净利润 / 平均净资产$$

其中,平均净资产指的是企业年初净资产与年末净资产的平均值,或者可以直接使用年末净资产的数额(中国证监会《发行股票公司信息披露的内容与格式标准的二号:年度报告的内容与格式》规定),因为对于上市公司而言,在增加股份时新股东要超面值缴入资本,并获得同股同权的地位,期末的股东对本年的利润拥有同等的权利。这项指标反映公司所有者权益的投资报酬率,具有很强的综合性,具体可以参见下面综合分析内容。

(3)市净率。

该指标是将每股净资产与股票市价联系起来分析的指标,即:每股市价÷每股净资产,可以说明市场对公司资产质量的评价。市净率可以用于投资分析,因为每股净资产是股票的账面价值,用历史成本计算,每股市价是这些资产的现在价值,它是证券市场交易的结果。一般情况下,市价高于账面价值时企业资产的质量较好,有较大的发展潜力,反之亦然;优质股票的市价往往高出每股净资产许多,一般达到3以上可以树立上市公司良好的市场形象。市价低于每股净资产的股票,就像低于成本出售的"处理品",当然,"处理品"也不是没有价值,它的价值在于该公司今后是否有经营转机,或者在经过购并后提高活力的能力。

(4)每股收益。

该指标反映在一个会计年度内平均每股普通股票所得的盈利,它的计算公式为:

每股收益=(净利润－优先股股利)
　　　　÷(发行在外的普通股的平均股票数)

由于优先股的股利是有规定的,而且股利率也是固定的,在这个意义上它更像债券,因此需要首先在分子中扣除优先股股利,而在分母中也不包括优先股的数额;另一个需要注意的是"发行在外普通股的平均数额",可以采用年末公司普通股的股票数,也可以采用年初与年末的算术平均数,或者是根据一定时间与股份数额变动进行加权平均。这项指标不仅表示了股东收益的程度、公司股利支付的能力,同时也表示了企业获利能力的大小与投资风险的高低。而且它还与股票的价格、股利发放率都有密切关系,所以最受投资者关心。需要注意的是,上市公司股份变动的主要原因包括:新认购发行、配股发行、股票分割、公积金转增、企业合并发行、企业回购注销、可转换债券发行等。由于我国的证券市场还处于发展初期,公司证券种类的复杂性还较小,目前影响股份变动的因素还较少,因此这项计算比较简单,而随着股份制的完善,公司证券的种类将不断增加,所以投资者应注意公司每股收益在这方面的稀释作用。

三、上市公司财务状况分析的缺陷

财务报告要能够完整、准确地表达一个时期内的企业经营情况与财务状况,必须经过中立的、有权威性的审计机构公正、客观的审核。但实际上,这也不能完全掩饰公司财务报告仍有一些本质的缺陷,致使企业的财务信息总有某些不够完整和不够正确的地方。因此说,财务状况分析也具有一定的缺陷。

1. 财务报告的信息不完备性

财务报告,特别是几个主要的报表所提供的数字信息都是经过简化和综合的。虽然在实际会计处理过程中,为了使大量和复杂的经济业务能产生出有意义的管理信息,有必要通过合理的简化与综合程序,使它集中地反映出来。这种简化与综合总要失去一部分信息,综合的程度越高,丢失的信息也就越多:报表是由总分类账生成的,而总分类账则由现金收支等账户组成,最终的信息源则由最原始的基本财务数据(与公司生产、销售、采购、人工等关联)所组成,因此由信息源所发生的财务信息具有最大的信息量,而以后每经过一次归纳综合都要损失一部分信息,所以,以会计报表的信息对整个企业的经营业务的反映而言,是非常不完备的。

2. 财务报表中非货币信息的缺陷

由于财务报表中的一些数据是以货币表达的财务信息,因此报表中对有些项目很难处理,如企业的商誉、资信等级等,它们能使企业在经营中获得种种优势,却又无法用货币进行准确衡量。另外,企业中还有许多项目实际对企业的经营与财务有巨大影响,仅因为无法用货币衡量而被排除在财务报表之外,如企业的管理资本、人力资源优势、设备的先进性、研究与发展能力、企业形象等,上述因素虽然可以在企业的报表附注、经营业绩总结中得到点滴反映,但仍然为众多投资者所忽略,使得非货币衡量的信息的重要意义失去效用。

3. 财务报告分期性的缺陷

任何企业的财务报表记录都采用"持续经营的假设",但财务信息的报告却又使用"会计分期的假设",以满足不同的信息使用者的信息需求:税务部门、贷款银行、证券监管部门、工商部门都有不同的送递报告的时间要求,因此,在此基础上产生的报表往往并非企业经营的"最终结果",虽然它提供的信息也是连贯的、衔接的,但却具有某种不确定性,并经常采用估计与判断的方法进行成本分摊,导致财务报表所提供的许多数据信息只是代表了一种相对的近似值,并非是绝对真实的数据。

4. 历史成本数据的局限性

财务报表所提供的信息,一般是以实际发生的成本为基础,反映经营过程中的历史性信息。尤其对于资产负债表而言,它的数据是历史积累的数据。在正常情况下,历史数据显示了企业的发展过程,而且在会计处理上具有众多的方便性。但是,在物价变动的情况下,历史信息无法反映各项资产真实的市场价值,所以客观上存在某种背离,这种背离可以在企业终结时的资产评估中得到修正,但却无法反映在企业正常经营时期的会计操作过程中。因此,物价变动越大、经营历史越长时,财务报表所列示的各项资产的成本价值与真实市价差异也就越大。

5. 会计方法的局限性

会计准则虽然对会计处理有明确的规定,但它也具有一定的灵活性,它允许企业在一定范围内选择适合于企业产业特点的以及企业会计管理的处理方法。正因为这些方法的不同,它也对企业财务报告产生多种多样的影响。如企业在固定资产折旧的方法选择上,可以采用直线法、产量法、加速折旧法等多种方法;在存货计价的方式上,它可以选择先进先出法、后进先出法、移动平均法等多种方式;在处理企业对外投资的方法中,可以选择成本法、权益法,甚至必要时还要进行报表合并……这些方法选择的多样性造成企业会计报表的可比性差异,虽然在财务报表说明性文字中对企业的主要会计政策有一定的表述,但投资者不一定能完成建立可比性的调整工作,使得财务报表分析具有了相应的局限性。

正是上述多方面的原因,造成财务分析的结论不一定能反映企业财务状况的全貌及其真正状况,所以投资者只能在限定的意义内使用财务报表分析,决不能将其模式化、绝对化。

专栏一

上市公司研究报告——日发精机(002520)

来源:海通证券研究所

一、公司背景

浙江日发精密机械股份有限公司是一家从事精密机械研发、生产和销售的公司,主要产品为各类数控机床。公司产品线长,是国内为数不多的能够同时生产数控车床、数控磨床、立式加工中心、卧式加工中心、龙门加工中心、数控落地铣镗加工中心的企业，建立有省级高新技术研究开发中心，具有较高的系统集成能力。公司产品数控化率100%，排名行业前茅，产品市场定位为中高端普及型数控机床及加工中心。公司在数控轮毂车床、轴承专用磨床自动生产线的国内市场占有率均位居第一。公司近年来开始涉足航空制造领域，从金属材料加工设备到复材加工设备，从零件加工到飞机的数字化整体装配，已经成为世界上航空航天领域产品线最长的企业之一。

日发精机一体化产业链布局基本成型。经过多年的努力，日发精机现在已经形成了从航空专业机床到航空零部件加工，再到整装、部装装配线的全产业布局，各个部分已先后开始贡献利润，一体化的布局模式将为以后公司深入参与全球航空制造业产业链打下坚实基础。机床方面拥有在技术上全球领先的高温合金、钛合金、及蜂窝材料零部件制造机床；凭借在机床方面的实力，公司进一步加工航空零部件，并已进入中航复材的供应商体系，其蜂窝材料零部件已开始销售；公司的柔性化整/部装装配线拥有核心专利，将受益于国内飞机制造从传统装配线到数字化柔性装配线的变革。

公司传统业务稳定发展，航空板块大概率爆发，外延可期。公司在传统业务数控机床领域竞争优势明显，未来随着中国政府加大基础设施投资以托底"L"型经济，传统业务稳定发展可期。航空制造板块，在经过前几年的业务开拓期后，多个子业务已经开始贡献业绩。今年是"十三五"的开局之年，随着政策的不断落地，以及政府针对大飞机、军机等资金落实到位，公司未来在此领域有可能高速增长。站在管理层一体化战略布局的角度思考，未来公司将通过外延的方式补强产业链上各个子业务，与现有业务协同，成为拥有长产业链的航空制造类公司。

公司现有股本5.54亿股,其中流通股本为4.69亿股,控股股东日发控股集团持有44.78%的股份,实际控制人为吴捷。

二、行业背景

我国航空制造业发展相对落后,而新一代军机和民航需求旺盛。因此,继我国高铁产业十年高速发展之后,我国航空制造业全产业链迎来高速发展的黄金十年。

我国飞机分为军用和民用两类,尽管近年国防投入增加,但仍与发达国家存在不小的差距,军机在量与质上存在双提升需求。未来军备投入有望增加,这将有利于航空装备制造业。伴随着国民收入水平提高,提高民航持续发展的要求,未来商业航空需求不断增长,通航潜力将会进一步释放,加之"一带一路"和政府投资的催化,波音、空客逐渐将更多业务转移到中国,航空装备制造业受益明显,民航将会有很大的发展。

我国民航市场现状与十年前高铁情况高度相似。第一,需求旺盛,两个市场都有广阔空间,背靠世界最大消费市场。第二,供给垄断,我国现在民航和十年前高铁市场一样都被国外巨头垄断。第三,两者都有一定的技术积累。高铁在"和谐号"腾飞前已经有"中华之星"的技术积累;现在的民航市场,支线客机ARJ21已经成功交付,干线国产大型客机C919已于2017年5月5日14:00—15:19首飞成功,表明我国在飞机制造的技术上已经达到一定的高度。第四,技术引进在前,民航和高铁都进行先进技术引起。波音和空客分别在中国设立了工厂和交付中心,高铁当时引入日本川崎重工。高铁过去十年发展迅速,高铁模式若复制成功,民航市场将是未来下一块"大蛋糕"。

三、财务状况分析

(1) 公司盈利能力的行业领先。公司的毛利率一直高达30%以上,处于行业领先水平。这有几方面的原因。一是产品定位于中高端数控机床,加上公司较好的综合服务水平、1 000小时的平均无故障时间、100%的产品数控化率,决定其盈利能力相对较强。二是成本低,如轻资产运营,使得折旧大幅高于行业水平;此外,公司的人员工资及福利压力小于国有企业,在并入 MCM 后,公司的国外销售能力不断加强,国外销售收入占比接近 50%。国外销售的毛利率高达 50%,公司的盈利能力未来会进一步加强。

(2) 公司的偿债能力位于行业中游。近几年考虑到收购等原因,公司的资产负债率逐年提高,2016 年在完成非公开增发后,资产负债率下降到 27% 的低位。公司的偿债能力很健康,这为公司未来的外延式发展提供了资本基础。

(3) 公司的运营能力居行业中游。2015 年公司的应收账款周转率、总资产周转率、存货周转率,应付周转率都居可比公司第三位。

四、盈利与估值

盈利假设:

(1) 假设未来几年传统机床业绩保持稳定增长,2016 年销售 4 亿,2017 年 5 亿,2018 年 6 亿。

(2) 控股子公司 MCM 加大了对中国市场销售,特别是超硬合金加工和工业软件部分在国内航空领域应用增长,业绩有望突破。另一方面,国外航空制造业景气度高,MCM 的订单充足。且收购高嘉后,高嘉的产能可补充 MCM 的产能限制。假设 MCM 公司 2016 年、2017 年、2018 年销售收入增长均为 25%。

(3) 中航工业加大对航空数字化生产线的投入和建设,战机生产线相关设备诉求强烈,公司控股子公司日发航空受益明显,经过前几年的业绩开拓期,未来业绩高速增长。假设 2016 年 2 亿元的销售,2017 年、2018 年约有 100% 增长。

(4) 航空零部件是公司现有募投项目,有望于 2016 年年底投产,未来可成为公司重要的业绩贡献点。假设 2016 年贡献收入 2 000 万元,2017 年、2018 年分别为 1.5 亿元、2.5 亿元。

公司在传统机床业绩稳定增长情况下,业务重心逐渐向航空领域转移,未来航空领域将成为收入贡献主要力量,航空领域可比公司选择航天科技、中航飞机、中航机电和中直股份。

预计2016年、2017年、2018年利润分别为1.23亿元、2.04亿元、2.26亿元;对应EPS分别为0.22元、0.37元、0.59元。公司是高端数控机床龙头企业,同时深化布局挺进航空设备制造业。获得蜂窝材料独家使用授权;设立子公司日发航空发展飞机数字化工装;收购MCM,优势互补完善航空装备产业链;实现JFMX软件在国内首次使用,奠定未来产量基础。行业内上市公司2017年平均PE为50倍。结合公司成长性和风险,给予公司2017年60倍估值,目标价格22元。

五、主要不确定因素

(1)人才流失风险。航空制造业具有高技术壁垒,技术是核心竞争力,若技术人才流失,将会对公司的持续经营不利。

(2)传统机床行业业绩下滑风险。若中国经济超预期下滑,将给公司的传统机床业务带来压力,导致收入下滑,甚至亏损。

(3)航空装备推广进展缓慢风险。航空装备业与客户建立信任关系是一个长期过程。另外由于客户多是国企,受制于体制限制,有可能造成业务推广缓慢。

六、投资建议

结合公司自身情况及行业背景分析,给予买入评级。

关键词:

股票发行　股票上市　资产负债表　收益表　现金流量表　资产结构分析　偿债能力分析　经营能力分析　获利能力分析　每股收益　市盈率　市净率

思考题：

1. 股份公司获准上市的优势是什么？
2. 上市公司会计信息披露包括哪些内容？
3. 为什么说公司财务状况分析也有一定的局限性？
4. 公司财务状况分析一般有哪几种主要方法？
5. 在偿债能力分析中，为何有了流动比例指标，还要分析速动比例指标？
6. 如何分析公司财务报表中显示公司盈利，而现金流量表中却出现净流出？
7. 什么是杜邦财务分析体系？
8. 股东权益比例是否越高越好？为什么？
9. 在上市公司三张主要财务报表中，如果缺少公司的现金流量表，对掌握公司情况会有什么影响？
10. 上市公司财务状况分析的主要缺陷是什么？

第七章 证券投资的技术指标应用

本章重点：
1. K 线理论及其应用
2. 移动平均线理论及应用
3. 各种趋势线的含义及应用
4. 形态理论及应用
5. 常用技术指标的含义及应用

证券投资的技术分析是证券投资分析的重要方面，而证券投资的技术分析的基础则是正确地解读有关的技术指标，尽管技术分析在证券市场基本面发生突变时，往往失灵；机构大户也会在关键时刻利用资金实力"绘制"期望的股价技术走势图，以误导其他投资者作出对自己有利的决策，但是，随着我国证券市场的发育成熟和证券监管的完善，技术分析的准确性日趋提高，证券解读技术指标的重要性也就日益突出。

第一节 证券投资技术分析与基本面分析的关系

规避风险，确保收益是每个投资者所必须关注的基本问题，这不仅要进行宏观分析，更要从微观入手，分析股票价格与成交量的时间分布与变动趋势,只有充分兼顾两者,才能对市场走势作出比较准确的判断。

一、证券投资技术分析基本概念

证券投资技术分析绘制各类图表,并进行数量分析,从而得出某种结论,以揭示证券大盘走势或某个股的演变轨迹,提示人们采取相应措施;或者从图表中看出机构大户、庄家主力的操作意图,做到知己知彼,运筹于数据图表之中,决胜在不见硝烟的证券市场上。

证券投资技术分析是一种分析工具,也是一种技巧,它需要设立一系列假定前提,否则所有分析结论都会失去意义。这些前提在第一章中已经做过分析,这里就不再重复。

证券技术分析的特点是从市场规律出发,预测证券价格的变动趋势,以及证券交易数量的增减。股票的量价关系在一定时间内是有规律可循的,它们在图表上大致呈现为某种定势。人们对此认识判断演变到一定的程度,就可产生出新的衍生指标,并为某种特定目的的分析服务。技术分析是独立完成的,它既不考虑公司财务状况,也不受宏观经济政策左右。证券市场中的各种力量、因素和风险最终凝聚和作用于证券价格的变动之中,其在技术图表上的相应的显示,是技术分析的基础和依据。

二、技术分析的基本要素

一般来说,证券投资的基本面分析主要包括影响证券市场的宏观因素和微观的公司运行状况,如本书第四章和第五章阐述的,而技术分析则主要侧重股票的量价变动关系。基本面分析和技术分析各有长短,两者的结合才能对市场走势作出准确的判断。

1. 技术分析的三大要素

技术分析是人们操作的直接依据,因为市场供求关系的变化表现为统计规律的重复出现。证券价格运动的强势表现与涨跌变化总呈现交替循环的特征,这给技术分析提供用武之地。人们以股价变动的持续时间跨度和变动的幅度来追溯其供求关系变化的力度大小。技术分析的基本因素是市场行为中的价格、成交量、时间和空间。

价格是技术分析的基本要素,也是技术分析的起点与终点。人们或许可以不必关心市场中有哪些主力坐庄,他们手中有哪些筹码,打算何时买卖,但却不能忽略价格行情,因为这一进一出的价差就是赢或亏的根本,这是最现实也是最明白的事实。技术分析就是要将市场行情轨迹如实记录在案,据此推测分析未来价格走势。

交易量、市场价格是证券成交的依据和标准,没有交易就不会有价格,此两者密不可分。如果将市场交易总量视为市场供求均衡的总量,那么从供求决定价格的原理出发,价格就是交易量的函数。在对证券价格走势进行分析时,必须密切关注交易量的变化,许多技术分析方法都以交易量作为判断价格趋势的必要条件。

时间与市场交易密切相关,它们以一定的时间为单位,如年、月、周、日、时和分的走势分析,人们力求寻找买卖的最佳时机,以便在峰顶抛出和谷底买入,一些技术分析法以分析市场趋势发生变化的时机而为人们所熟知。

空间与市场价格振幅是技术分析的空间要素,投资者渴望能预测价格涨跌的深度即空间,而这恰恰是人们在技术分析中苦苦追求却又难以如愿的目标,是技术分析家最不愿做的吃力不讨好的事情。

股价变动是各种因素的综合表现,就时间上讲,基本面变化在前,而技术面分析在后。如对基本面了解甚少,则难免在技术面分析中"知其然,不知其所以然"。基本面分析的是市场运行之外,但又决定或牵制市场运行的诸多因素,所涉及范围远远超过技术分析。股价变动可以远离基本面的影响,但绝不会脱钩,就像商品价格围绕其价值波动一样。所以,基本分析和技术分析两者都要重视,不可有所偏废。

2. 成交量对股价走势的影响

俗语说:量为价先,也就是成交量一般先于股价变化。没有成交量的配合,股价上涨难以持续。成交量的变化可分为三种情况:平量、放量、缩量。而股价走势也可以分为三种情形:横盘、上涨、下跌。所谓量价关系就是量的三种情况和价的三种情况的排列组合,即平量横盘、放量横盘、缩量横盘、平量上涨、放量上涨,等等。量的变化还可以更细致地划分,如按量的变化程度划分,有温和放量和剧烈放量等;从连续变化上看,有脉冲放量和持续放量等。这里介绍几种主要的价格与成交量的关系。

(1) 成交量作为价格形态的确认。如果没有成交量的确认,价格形态将是虚的,其可靠性也就差一些。成交量是股价的先行指标。量价的变动关系,一般说来,量是价的先行者。当量增时,价迟早会跟上来;当价升而量不增时,价迟早会掉下来。

(2) 股价随着成交量的递增而上涨。作为市场行情的正常特性,量增价涨表明股价还将继续上升。量减价涨则是股价潜在反转的信号,因为成交量是股价上涨的原动力,原动力不足表明股价上升不可持续。

(3) 持续上涨后的放量滞涨。所谓的滞涨,就是股价没有明显的上涨,或在某个价格区间震荡。成交量放大说明股票持有者卖出增加,成交量放得越大,说明卖出越坚决。反映更多的股票持有者对后续股价涨势的不认同。这种不认同一旦影响到买方,其后股价势必趋于下降。

(4)持续下跌后的放量不跌。尽管放量不跌之后大涨的例子不少,但与放量滞涨的情况不同,其后大跌的情况也不少。所以,不能简单地在放量不跌的情况下介入一只股票,而一定要观察股票的后续走势。

(5)放量突破。所谓的突破,不外乎是向上冲过前期成交密集区、箱体震荡的上沿、下跌趋势压力线等关键价位。无论哪种情况,过分放量突破,都是多方不可承受的。股价价位相对越高,越要防止假突破,即多头陷阱。

(6)谷底回升。经过长期下跌后,形成谷底股价回升,但成交量并未随股价上涨而增加,股价上涨乏力,然后再度跌落至先前谷底附近,或高于谷底。当第二谷底的成交量低于第一谷底时,则是股价上涨的信号。

(7)恐慌性卖出。股价跌了相当长一段时间后,出现恐慌性卖出,此时成交量扩大,股价却大幅度下跌。恐慌性卖出之后,市场预期股价可能上涨,恐慌性卖出的低价,不太会在短期内被跌破。恐慌性大量卖出后,往往是空头的结束。

(8)高位震荡下行。市场行情持续上涨很久后出现急剧增加的成交量,但股价却上涨乏力,此时股价在高位盘桓震荡,卖压沉重,而无法再向上大幅上涨,进而股价下跌。连续下跌之后,在低位上成交量放大,股价却止跌企稳,这是进货的信号。

还有两点必须注意:顶部(不是顶点)一定伴随放量,缩量不会构成顶部,哪怕其后有波回跌。但相当多的底部则为缩量形成的。

平量或缩量横盘往往是股价走势的一种暂时平衡状态,它是股价激烈变化的前奏。

3. 技术分析与基本面分析的优点与局限

(1)技术分析的优点。

技术分析的使用工具随手可见,它简单实用又易于普及推广,在电脑软件不断开发升级的今天,人们甚至可以完全不懂计算机原理而熟练操作运用自如,运用所需资料数据作出投资决策。

技术分析采用图表公式,它们是历史的继承,经长期实践修正,具有相当的稳定性和明显的规律性,不会因使用者不同而变化,其结论是具体、客观的图形、指标。技术分析的止损方式还可将投资的损失限制在一定的范围内,取得保赢限亏的效果。

(2) 技术分析的局限性。

技术分析所用信息都是已经发生的,它相对滞后于行情的发展,对现实走势存在一定的时间差距,由此得出的买卖信号存在超前或滞后的可能,无法有效指导长期投资。

技术分析有可能出现"骗钱"现象,即数据图表得出的结论与实际不符,投资者如照此操作,有可能掉入走势陷阱,这种"骗钱"的产生,既可是机构大户有意作为,利用人们对技术分析结论的偏信,联手炮制出某种明显买入或卖出走势的结论,以达到骗人上当,为自己抬轿、轻松获利的目的,也可是市场各因素的相互作用而出现的海市蜃楼,如机械地套用公式则会得出错误结论,结果难免亏损惨重。

技术分析不是百宝全书。它无法指出每次行情波动的上下限,给人们在峰顶抛出谷底购入的机会;也无法揭示每次行情的确切时间,让人们早作准备。技术分析虽然能判断出未来走势处于上升还是下降通道,但无法得出在什么时间以什么价格买入或卖出,初学者常常会在行情最高点买入和在行情低迷时抛出。

(3) 基本面分析的优点。

信息数据的易得与可靠。因为基本面分析几乎涉及涵盖国民经济的宏观与微观,搜集如此浩瀚复杂的数据信息的难度相对较高。只要杜绝小道消息和传言,搜集从正规渠道发布的信息就有利于资料的长期保存和去粗取精的加工整理,从而清晰地找到规律性的东西,相关结论更具有科学性和说服力。

资料分析的综合性。指不偏离某一领域的数据,不放过其他看似平淡,但对市场产生长久温和影响的因素,分析这些变量的相互作用和抵消的结果,从而从相对的稳定和较明确的倾向中,得出价格回归价值的趋势。这是信息综合处理与基本面分析特有的效应。只要严格按要求搜集信息,认真分析,就能获得相对全面有效的结论,并用以指导投资实践。

(4) 基本面分析的局限性。

① 信息成本相对较高。信息搜集难度不高,但是其获取、整理、归类和分析的成本不低。投资者为获得第一手资料而耗时费力,要剔除大量无用、虚假甚至有害的信息,还有边际效应递减的信息使用等都会提高信息的成本。

② 信息的时滞效应。信息的汇集、筛选、整理和加工都需要时间,这就是机构的内部时滞效应,其长短由分析人员的数量、素质和分析方法而变化。内部时滞越短越好,因为所得结论与市场的契合程度越高,越能提高市场判断的效果。采用分析结果到投资获利,被称外部时滞效应,其长短受众多不确定因素的制约,而不为投资者所决定。信息时滞会影响投资者入市的时间和投资的效果。

③ 要求较高的投资者素质。基本分析要求分析人员具有较高的文化素养和对政治经济的全面了解和关心,并掌握相当的基础理论知识和社会经验。这就使得相当部分投资者无法对所有公开信息进行有效的分析,他们要么完全听从他人的投资建议,人云亦云,要么干脆凭感觉行事,投资随意性较大,投资质量不高,风险性较大。特别对于我国这种整体素质不高的投资者来说,基本分析的这个局限尤为明显。

第二节 K线理论

K线指标分析是证券投资技术分析最基本的方法,是其他技术分析的起点和基础。进行证券投资的技术分析就要从K线指标分析开始,投资者无论花费多少精力学习和掌握这种方法都是值得的。

一、K线指标的绘制

K线指标又称K线图。相传它是起源于日本米市商人详细记录米市行情的一种简单有效的方法。因绘制方法简单易懂,实用有效,逐渐为世界各国证券市场引进和借鉴。经过百余年的实践,用K线图来完整记录证券行情,已成为投资者进行日常技术分析必不可少的重要工具。

把每个交易日某个证券的开盘价、收盘价、最高价、最低价的所有变动情况全部记录下来,然后,按一定的要求绘成图表。因绘制的图形像常见的蜡烛,所以K线图也称蜡烛图形。K线图中既有时间,也有方向,它必须在平面坐标上显示其真实含义。坐标纵轴表示某个股的股价,或者是股价指数点位、成交量及其他指标值。横轴表示时间,一般以一个交易日为一基本单位,当然也可以周、月、季、年为基本单位。K线图由一个长方形和上下两条影线所组成。竖立的长方形表示交易的实体部分,其上下两端分别表示开盘价以及收盘价。如交易低开高走,收盘价高于开盘价,此长方形用红色表示,也称阳线实体。如交易高开低走,收盘价低于开盘价,则用黑色表示,或者采用阴影线表示,也称阴线实体。收盘价等于开盘价,但又不和最高价或最低价相同,称为十字星线。收盘价与开盘价、最高价相一致,称为T字线。收盘价与开盘价、最低价相符,称为倒T字线。四价一致就是一字线。上影线顶端表示在整个交易日中曾经到达过的最高价,反之,下影线顶端表示在交易日中曾经到达过的最低价,影线的颜色一般与实体部分相同。K线图实体部分的宽度一般没有特别规定,只要不画成正方形即可。由于市场情况千变万化,反映在股价上也就长短不一,由此演绎出一幅幅多彩多姿,形态万千的 K 线图表,但万变不离其宗,所有图形都在上述标准的 K 线图形基础上加以变化的。见图 7-1。

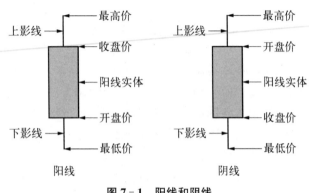

图 7-1　阳线和阴线

二、K 线的主要形状

(1) 光头光脚的阳线。所谓光头光脚是表示 K 线图没有上下影线,即该证券当日交易的开盘是最低价,而收盘在最高价。该图形最受买方青睐,它说明整个交易日买盘强劲,在开盘后股价就被节节推高,做空力量毫无还手之力。阳线实体部分越长,越说明多方势力的不可阻挡。如果阳线实体部分较短,则为小阳线。一般表示尽管多方仍然控制局面,但与空方力量对比,优势在缩小,如果该小阳线是位于高价位,则应引起买方警惕,防止出现空方的伺机反扑。稳妥的策略是适量减磅。见图 7-2。

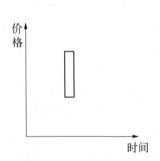

图 7-2　光头光脚的阳线

(2) 光头光脚的阴线。光头光脚的阴线表示一日交易中,开盘价就是当日最高价,收盘价即是当日最低价。空方一路打压,所向披靡。多方节节败退,一败涂地,这是做空的投资者最愿看到的图形。做多者纷纷倒戈,由多翻空,顺势抛售,甚至"割肉断臂",这种做法符合顺势而为的道理。多方步步后撤,下一台阶去寻找新的低价位支撑。如果位于相对较低的价位,高台跳水式的狂泻猛跌,意味着空方力量将宣泄耗尽,此乃强弩之末。投资者应保持镇静,持股观察,等待星星之火再度燎原,而不可轻易退却,以免损失惨重,伤了元气。见图 7-3。

(3) 仅有上影线的开盘光头阳线。表明在多方牢牢控制局势的前提下,出现一些波折,多方遭到空方顽强抵抗,上升势头明显受阻,多方难以长驱直入。上影线的长度说明空方阻击的力度,长度越长,即空方力量越强,多方阵地多被蚕食沦陷,也说明空方虽败犹荣,不可小觑。投资者应谨慎从事,万万不可盲目乐观。再结合阳线的实体部分,可综合分析双方的力量对比。如上影线长于实体部分,表明空方力量的进一步加强,多方力量所剩无几。如上影线长度小于实体,表明空方力量还未能动摇多方根基,大势仍掌握在多方手中。见图 7-4。

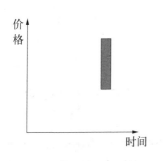

图 7-3 光头光脚的阴线

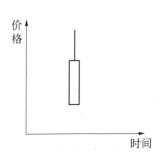

图 7-4 仅有上影线的光脚阳线

(4)带有下影线的收盘光头阳线。表明股票属于先抑后扬型,在开盘后,股价一度下滑,但不久即被买盘奋力拉起,股价调头向上,并获得大量买盘支持,最终竟一路上攻,收盘于全天最高价位。说明买卖双方力量的转换,最终以多方大获全胜而告终。下影线的长度表明空方曾经打压的力度,再结合阳线实体部分分析,可大致判断买方力量是明显强于卖方,还是稍强于卖方,再根据价位所处区域,得出下一交易日走势的大致估计。见图 7-5。

(5)带上影线的光脚阴线。表明股价先扬后抑,即开盘后,股价承接昨日势头,继续攀升,但很快乏力疲软,后劲明显不足,投资者无意追高,反而纷纷获利回吐,这就如釜底抽薪。股价只能掉头向下,回落到开盘价处,仍未阻止跌势。空方趁热打铁,竟然将股价一路打压至全天最低位收盘,说明空方完全占据了阵地。根据上影线的长度大致可推算出空方力量的大小和多方组织反击的能量与效果。见图 7-6。

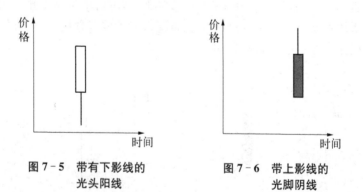

图 7-5 带有下影线的光头阳线　　图 7-6 带上影线的光脚阴线

(6)带下影线的光头阴线。表明股价是较为典型的下跌抵抗型。股价开盘价即为全天的最高价,空方完全占据主动。股价不断下跌,但仍有多方在顽强抵抗,并在低价位建仓补仓,成功地把全天的收盘钉在高处。留下一条下影线表现多方的反击过程,虽然未能挽回败局,但至少表明形势也并非一塌糊涂。如果下影线长度超过阴线实体,更是说明多方抵抗卓有成效,目前股价的低位只是"黎明前的黑暗"。见图7-7。

(7) 各带上下影线的阳线或阴线。这是K线图中最普遍也最常见的图形。这种图形表明交易日中多空双方搏击互有胜负,形成犬牙交错之势,故而留下长短不一的上下影线,这是战斗激烈的痕迹。无论是先抑后扬,还是先扬后抑,双方互有攻守,最终结果多方胜出,就形成各带上下影线的阳线。反之,最终空方占优,就形成各带上下影线的阴线。对此分析,主要看上下影线与实体部分的长度及两者的比例,反映它们之间的力量对比。一般规律是,上影线越长,或下影线越短;阳线实体部分越短,或阴线实体部分越长,就越有利于空方。反之,上影线越短,下影线越长,阳线实体部分越长,阴线实体部分越短,就越有利于多方。再结合K线所处价位可进一步分析趋势。见图7-8。

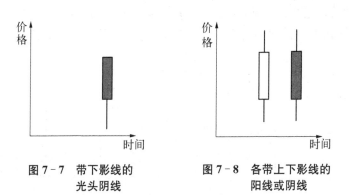

图7-7 带下影线的光头阴线　　图7-8 各带上下影线的阳线或阴线

(8) 十字星K线图。所谓十字星K线图是带有上下影线,开盘价等于收盘价的图形。这表明多空双方在整个交易日中搏杀激烈,但最终势均力敌握手言和,双双回到原先的出发点。十字星K线图往往暗示着行情即将出现反转,因为它是多空双方力量均衡的象征。上下影线长度比较,基本上可分出多空力量的优势在哪一方,上影线长于下影线,说明空方力量稍强;反之,则说明多方力量强些。十字星的收盘价如比上一交易日的收盘价高,人们称之为红十字星,反之,则为黑十字星。如十字星的收盘价格与上一交易日收盘价相一致,则再前推一交易日相比,以分出黑红。见图7-9。

(9) T型或倒T型K线图。开盘价、收盘价和最低价三价合一,在K线图上表示为只有上影线,如同英文字母T的大写符号倒立,它表明一天交易清淡,多空双方无心恋战。空方稍一抛售,股价即刻缩回,留下一条上影线,空方略占优势。而开盘价、收盘价和最高价三价为一,在K线图上就形成了只有下影线,如同大写英文字母T,这同样表示成交量萎缩,双方旗鼓相当,相持不下。下影线表示多方略占优势,将股价拉回收盘价原地。T型或倒T型的颜色同样应参照上一交易日的收盘价而定。三价合一的情况虽然有,但并不常见,往往是在交易量骤减,人心涣散,门可罗雀,市场处于一种观望等待中。投资者应注意观测耐心等待。见图7-10。

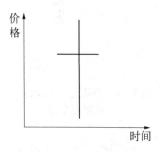

图7-9 十字星K线图

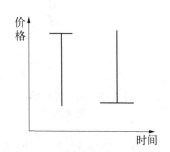

图7-10 T型或倒T型K线图

(10) 一字型 K 线图。这是 K 线图的特例,K 线图就呈罕见的水平线。它的含义极为丰富,表明开盘价、收盘价、最高价和最低价四价合一,说明行情极度萎缩,一潭死水,几乎没有成交量,投资者对该股票不感兴趣。见图 7-11。

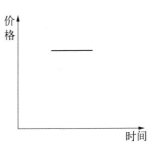

图 7-11　一字型 K 线图

三、K 线图的组合应用与分析

以上基本介绍分析单根 K 线的应用,下面主要介绍两根或三根 K 线的组合应用。

根据以上分析可以知道,任何证券的交易中都会形成一个完整的 K 线图,该图可以作为投资者的重要的决策参考。实际情况往往更为复杂,仅仅根据某日 K 线图无法正确地做出判断,因为多空双方很可能处于搏杀的相持阶段,也就是所谓牛皮盘整时期。这时就需要将连续若干天的 K 线图联系结合起来分析,从中作出某种判断。这种 K 线图的组合分析相当有效和科学,它可以使人们更加全面和正确地看到证券交易的发展趋势。以下就介绍几种主要的 K 线图组合。

(1) 两天 K 线,一阳一阴。第一天低开高走,第二天光头光脚大阴线切入第一天的三分之二处,称之为切入线,它表示第二天的开盘价没能开在第一天的收盘价上,说明前一日多方已筋疲力尽,尽管收盘收在最高点,但缺乏成交量的配合,第二天股价即刻掉头下行,预示着近日价格可能趋软。见图 7-12。

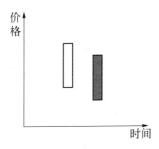

图 7-12　一阳一阴 K 线组合(1)

(2) 图 7-13 这两根 K 线,也是一阳一阴。今日的大阴完全吞掉了前一交易日的阳线,这给投资者一个强烈的信号,表示反转行情即将出现,这种图形被称为包入线,反之,今天的 K 线阳线完全吞掉前一日的阴线,也是同样的反转信号。

(3) 图 7-14 这两根 K 线一阳一阴,大阳之后出现大阴,次日开盘价尽管高于昨日收盘价,但开盘后即掉头下行,收盘价低于昨日,表示涨势受阻。大阳的实地被空方攻占了一部分,明显有回档下跌的进一步趋势,该线被称为迫入线。

图 7-13　一阳一阴 K 线组合(2)　　图 7-14　一阳一阴 K 线组合(3)

(4) 图 7-15 表示前一交易日的大阴遇到了支撑,第二天开盘虽然低于前一交易日的收盘价,但明显表示出反转的信号,有反弹的要求,这也是迫入线的一种。

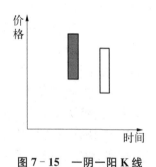

图 7-15　一阴一阳 K 线组合(1)

(5) 图 7-16A 表示阳线后的出货,空方获利解套,打压行情,价位开盘后冲高即刻回落,直至收盘。如果第三日不再向上冲,则极有可能形成大回挡。反之,如图 7-16B,在前一交易日走阴的基础上,第二天继续低开,并一度下探全日最低点后,遇买盘支撑,拉出一条下影线,属下跌抵抗型。反映出市场还是有信心,后市可看好。

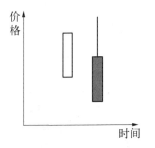
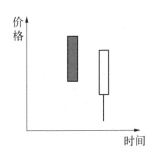

图7-16A 一阳一阴K线组合(4)　　图7-16B 一阴一阳K线组合(2)

(6)图7-17属于较典型的步步高图形,三天走势是一浪高过一浪,多方呈绝对优势,一般可放心入市,但这也并非无风险。应该观其所处区域,如果是处于高价位区域,要警惕获利回吐盘的压出;反之,处于低迷的低价位区域,则可大胆购入做多。如果这两天的K线都各自带有长短不一的上下影线,则表示价位在低处有人接盘,而在高处又有人抛压。如果这种图形在行情涨升已久后出现,应视为出货信号,反之,若在久跌之后出现,可视为买进信号,可大胆建仓进货。

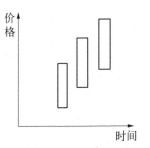

图7-17 三连阴K线组合

(7)图7-18表示在第一天上涨的基础上,第二天股价有所回落,但开盘价并不比第一天低,或只是在稍低的价位上停留。而第三天的阳线强劲挺拔,明显有主力介入,第二天的阴线则表示获利回吐后,又有大量新买家拥入,股价还有进一步看高的理由。两阳夹一阴,多方气势十足。

(8)图7-19表明连续几天的上涨势头突然受到抑制,把前几天的涨幅一笔勾销。或者出现连续两次的阴线,把数日来的胜利果实完全吞没,可大致判断该股行情已是峰回路转,由阳转阴,后市可能会持续一段时间的下降。

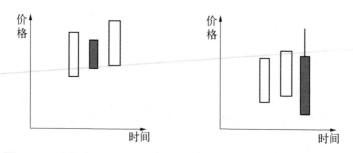

图7-18 两阳夹一阴K线组合　　图7-19 两阳一阴K线组合

K线图两日、三日的组合已经变幻无常,更不用说四日、五日的K线图的组合变化了,人们的分析角度不同,会得出完全相反的结论。这并不奇怪,市场分析家的歪打正着,也是常有的事。所谓看好后市,仅仅一种预测估计,估计者未必就有很的大把握,只是说明后市上升概率大于下降概率,反之,估计下跌,也只能是一种判断,并非一定下跌。一般来说,结合数根K线综合分析的准确性要比仅凭一、二根K线来得大。但是必须指出,人们谈论行情的涨跌与K线图的阳线、阴线并非完全一致。如说某个股涨或跌,是将现在的行情与该股前一交易日的收盘价相比得出的结论,而K线图中的阳线仅仅表示当日交易收盘价高于开盘价而已,这是当日自身行情的比较,而不是与前一交易日相比;阴线也同样如此表示,当日收盘价低于开盘价,与前一交易日没有关系。当日K线是大阳线,而与前一交易日相比,却是下跌的图形含义。反之,当日K线是大阴线,与前一交易日相比,却可能是上涨的图形,因为两个交易日之间可能会有跳空缺口出现。K线图的直观和形象表现,让投资者一目了然买卖双方力量对比,并据以判断市场趋势,采取相应的对策。从较长的一段时期,如半年或一年看,人们可发现K线图蕴涵着某种规律性的趋势。找出这种规律,可以对证券市场走势作出正确的判断。这正是K线图越来越受到广大投资者欢迎的重要原因,如能结合基本面分析,其效果将会更好。

四、K线组合应用应注意的问题

无论是单根K线,还是两根、三根K线乃至多根K线,都是对多空双方争斗的一个具体表现,各种组合得到的结论都是相对的。对投资者而言,结论只是一种建议。有时应用一种组合得到明天会下跌的结论,但是次日股价不仅没有下跌,相反却上涨了。这时一个重要原则是尽量使用根数多的K线组合的结论,将新的K线加进来重新进行分析判断。一般说来,多根K线组合得到的结果不大容易与事实相反。

第三节 均线分析

一、移动平均线的绘制与分析

移动平均线又称移动均线或均线,这是除K线图指标以外的一个非常重要的概念。移动平均线由美国投资专家葛兰维尔发明,他利用数理统计方法处理每一交易日的收盘价,将一定时间内的股票收盘价加以算术平均,并滚动计算,然后将所有数据一一列出,连接成一条起伏不定的趋势线,用以观察分析股价走势。这种方法可剔除交易中出现的偶然性因素,使连线尽可能地钝化圆滑,帮助分析人员对股价中长期预测作出正确的判断。它是K线图的进一步拓展和深化,通过它既可密切关注整个股价动态过程,又可显示出买卖的关键拐点,对于降低投资风险颇有益处。

移动平均线的计算非常简单,先设定一定数量的交易日(n 天),将各个收盘价依次相加,采用算术平均数得出 n 天的平均股价,第 $n+1$ 天的平均值是在原有 n 天收盘价之和上,加上第 $n+1$ 天的收盘价,并减去最前一天的收盘价,然后再除以 n 得出。如此循环,每天不断增加新的资料数据,剔除旧的资料数据,滚动前进,始终保持 n 个交易日的稳定数据资料,得出每日以 n 为基期的均值。

移动均线具有惯性特点。均线是数据进行加权平均的结果,它表现出为平稳缓慢的移动,计算期间越短,就越显波动,或者说稳定性越差;反之,均线就圆滑平稳,稳定性强。当然,过于平稳又会因为反应不灵、信息迟钝而失去参考价值。均线是过去数据的归纳提炼,其滞后性是显而易见的。股价涨势明显,均线才逐渐昂头向上延伸。在股价下挫初期,均线却仍然保持向上势头,直至股价落势延续一段时间才会低头下滑,这是均线的一大惯性特点。

移动均线有助涨的特点。当股价向均线下方向突破,均线则向股价上方移动,这种股价与均线齐头并进的现象被称为多头支撑。如股价回落到均线附近,均线就会对股价产生支撑力量,因为投资者认为均线不易被打破,他们就会买进,从而导致股价上升,这就是移动均线的助涨功能。均线同样有助跌倾向,如股价从均线上方回落,均线自己也呈下移状态,则出现空头阻力,在均线向下滑动,而股价回升到均线附近时,会引发人们的抛售愿望。经验表明,一般股价很难突破压顶的均线,均线此时有助跌作用。直至股价均线都趋缓,均线才会失去助跌功效。

移动平均线的局限性在于:它会频繁发出买卖信号,使投资者无所适从。在行情处于牛皮盘整阶段,均线与股价犬牙交错,呈不规则状,或者短期回档、反抽,即若中长期移动平均线向上趋势,而股价和短期移动平均线反向下移,就表现出回档行情;若中长期移动平均线向下趋势,而股价和短期移动平均线反而往上,就表现出的反抽或反弹行情。移动平均线容易出现平均股价与实际股价时间上的不一致。在此期间,信号过于集中,致使人们难以把握最佳的买卖点。但无论如何,移动平均线的重要意义不容低估。

移动平均线的变化是判断市场走势的重要指标,诚如"春江水暖鸭先知"。如移动平均线逐渐上升,表示收盘价底部逐渐抬高,股价、短期移动均值、中期移动均值、长期移动均值依此呈由上往下的排列,即多头排列。该排列的持续表明投资成本逐渐增加,获利空间在趋于缩小,继续拉升的动力将难以持续,风险也在不断加大。而当多头市场出现逆转时,短期移动平均线首先向下翻空,如果多方力量不足,中长期移动平均线将不会翻转。反之,则说明行情看跌,收盘价逐波下探,人们将抛股离场。这个过程同时也是风险的释放过程,行情就会有反弹要求。如股价、短期移动均线、中期移动均线、长期移动均线都由下而上依此排列,就是空头排列。而当空头市场出现逆转,短期移动均线也首先向上翻转,同样,多头力量不足,中长期移动均线也难以翻转。

二、移动平均线的基本分析与葛兰维尔八大法则

绘制移动均线图,从新旧交易日的收盘价上寻找差异,通过图形反映出不同的曲线。投资者从其波动的幅度及方向了解股价走势,作出进一步的分析判断。

美国投资专家葛兰维尔对股价与均线之间的关系有细致独到的分析,它归纳出八大法则:

(1) 均线从下降轨迹变为平坦转而呈上升趋势,而股价此时从均线下方突破并交叉向上,见图7-20。此信号即是买入信号,其前提是此时均线一定要抬头向上。图中实线为均线,虚线为股价线,下同。

(2) 均线稳步上升,股价跌至均线下方,但又即刻回升到均线上方,也是买入信号。这说明市场仍处于涨势之中,见图7-21。

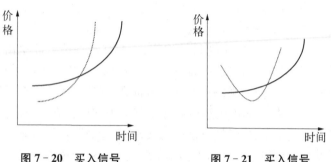

图 7-20 买入信号　　　　图 7-21 买入信号

(3) 股价曲线在均线之上,股价下跌,但在均线附近上方遇到支撑而掉头,未跌破均线而反转上升,那么,可大胆买入。见图7-22。

(4) 均线下降股价暴跌,并穿破均线,差距拉大远离均线,则有反弹上升,回复到均线附近的趋势,可谓分久必合,人们可大胆买入。见图7-23。

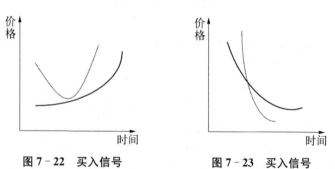

图 7-22 买入信号　　　　图 7-23 买入信号

(5) 均线由上升渐渐转平稳,并继续呈低头下滑迹象,而股价从均线上方跌破均线向下,表明卖压渐重,这是应该卖出的信号,其前提是均线定要出现低头现象。见图 7-24。

(6) 均线下行,股价在均线之下而突然上涨,窜到均线上方,又很快回落到均线之下,这时投资者应坚决卖出。见图 7-25。

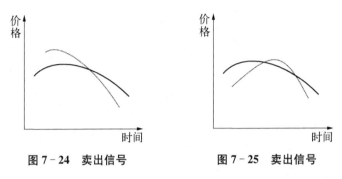

图 7-24　卖出信号　　　　图 7-25　卖出信号

(7) 均线下行,股价在均线下方,回升到均线附近,但受阻力线影响未能突破而掉头向下,这明显也是一个卖出信号。见图 7-26。

(8) 均线上升或平行,股价出现快速向上局面,远离均线,很有可能回落,因为获利盘回吐,风险较大,可谓高处不胜寒,卖出是明智的。见图 7-27。

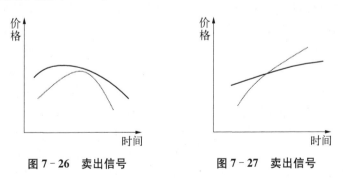

图 7-26　卖出信号　　　　图 7-27　卖出信号

把这八个图形连接起来,就是葛兰维尔法则。根据不同时间长度的均线之间的关系,可以从两方面进行分析:一是注意各种移动均线的方向性,二是注意各种移动均线的交叉性。图7-28中:A是股价线,B是短期均线,C是中期均线,D是长期均线,1—8是上述八个独立图形的连接,E是死亡交叉,F是黄金交叉。

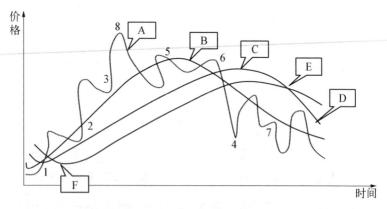

图7-28 葛兰维尔法则图解

如各种移动均线方向一致,股价变动将按以下顺序引起各均线变动,短期均线对股价变动最敏感,中期均线次之,长期均线最后,但后者一旦变动,整个局势的改变就成定局。因此,股价长期下跌或长期上涨以及盘整之时,都须密切关注短、中期移动均线的暗示信号。如各种移动均线方向不一致,则局面处于交错盘整,股价与短期均线相继跌至中长期均线之下,且后者正下移,则行情确定低迷无疑。反之,如前两者已向上移动,而后者仍在下移,则可判为反弹行情。各种移动均线的不一致,随着股市行情的变动,将会产生移动均线的相互交叉,其交叉的点,分为黄金交叉点和死亡交叉点。中期移动均线由下而上穿过长期均线的点,称为黄金交叉点。短、中、长均线由上至下依次排列,并都呈上升趋势,也称为顺向图形。中期移动均线由上而下穿过长期均线的点,称为死亡交叉点。短、中、长均线自下而上依次排列,并都呈下降状,也称为逆向图形。黄金交叉点之前,股价由峰顶转为下跌,短期均线随之跌至中期均线之下,接着中期均线掉头向下穿越长期均线,形成死亡交叉,由此可确定市场的低迷状态。

上述股价曲线与移动均线交叉方法是典型的运用移动均线判断证券市场价格走势的方法,除此之外,投资者还可以利用多重移动均线来判断证券市场价格走势。一般说来,若使用两种以上移动均线交叉法来研判大盘走势,通常是其中较短期均线由下而上穿越另一条较长期均线时,短期趋势更强些,即短期均线是主导趋势,向人们发出买入信号。反之,当其短期均线由上向下穿越另一长期均线时,长期均线即为强势而形成主导趋势,向人们发出卖出信号。

以上八大法则只是一种分析的方法,不能亦步亦趋,不盲目迷信,而要根据实际情况进行相应的调整。股市是活的,任何预测都有一定的局限性,这是学习八大法则所必须强调的态度。

第四节 切线理论

一、趋势分析

股价每天涨涨跌跌,短期中的盘整或调整,好像不可捉摸,但从长期看,股价变动还是有一定的规律可循。投资者若能把握住长期趋势,则收益就能相当可观。切线理论就是帮助投资者识别大势变动方向的较为实用的方法。

(一) 趋势的定义

简单地说,趋势就是股票价格市场运动的方向。股价走势趋势一旦形成,则会朝着这个方向运动一段时间。在上升趋势中,虽然有时也有下跌,但上升的大方向不会轻易改变。在下降行情中,情况则相反,虽然也会偶有反弹,但股价还是会不断创出新低。

趋势分析在技术分析中占有很重要的地位，这是投资者应该注意的核心问题。因为价格变化的趋势一经形成，没有特别的原因，将沿着已经形成的趋势继续运动。

一般说来，在上升和下降的趋势中，肯定会有曲折，表现为曲折蜿蜒线的拐点，此处有一个峰或谷。根据这些峰和谷的相对高度，投资者可以看出趋势的方向。

（二）趋势的方向

趋势的方向有三个：上升、下降、水平，水平也就是无趋势，如图7-29所示。

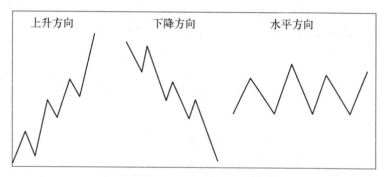

图7-29 趋势的三个方向

如果图形中每个后面的峰和谷都高于前面的峰和谷，则趋势是上升方向。如果图形中每个后面的峰和谷都低于前面的峰和谷，则趋势是下降方向。如果图形中后面的峰和谷与前面的峰和谷相比，没有明显的高低之分，几乎呈水平延伸，这时的趋势就是水平方向。水平方向趋势虽然经常不被重视，但是这种情况在市场中还是比较多见的。大多数的技术分析方法用于水平趋势分析时作用不大，因为这时市场多空双方力量较均衡，股价下一步朝哪个方向走没有规律可循，进行预测分析往往容易出现差错。

(三)趋势的类型

按道氏理论的分类,趋势分为三种类型。

1. 主要趋势

主要趋势是股价波动的大方向,一般持续的时间较长。股票投资者尽力搞清主要趋势,才能做到顺势而为。

2. 次要趋势

趋势不会直来直去,总有局部的调整和回撤,次要趋势就是在主要趋势过程中进行的调整。

3. 短暂趋势

短暂趋势是在次要趋势中进行的调整。短暂趋势与次要趋势的关系就如同次要趋势与主要趋势的关系一样。这三种趋势类型最大的区别是时间的长短和波动幅度的大小。有时为了进一步分析,三种类型的趋势可能还不够,需要更细地划分。不过这不影响大局,只不过是对短暂趋势再进行细分罢了。图7-30是三种趋

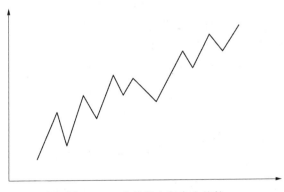

图7-30 大趋势中包含小趋势

势类型的图形说明。

二、支撑线、压力线

(一) 支撑线和压力线的含义

将两个或两个以上的相对低点连成一条直线,即得到支撑线;将两个或两个以上的相对高点连成一条直线,即得到压力线。支撑线阻止股价继续下跌。压力线则阻止股价继续上升。

(二) 支撑线和压力线的作用

并不是只有在下跌行情中才有支撑线,在上升行情中才有压力线。事实上,在下跌行情中也有压力线,在上升行情中也有支撑线。但是在下跌行情中,投资者更关注股价跌到什么位置,这时关心支撑线就多一些;在上升行情中,投资者更注重股价涨到什么位置,所以关心压力线多一些。

支撑线和压力线的作用是阻止,或暂时阻止股价的趋势性运动。因为股价变动是有趋势的,要维持这种趋势,保持原来的变动方向,就必须冲破阻止其继续向前的障碍。比如说,在下跌行情中,只有不断突破支撑线的阻力和干扰,才能创造出新的低点;在上升行情中,要不断创新高,就必须突破上升中压力线的阻力和干扰。支撑线和压力线只能使股价暂时停顿,被突破是迟早的事情,它们不足以长久地阻止股价保持原来的变动方向。

如图 7-31 所示,当一个趋势终结了,股价不再创出新低和新高,此时支撑线和压力线就显得异常重要,因为它们彻底阻止了股价的趋势性变动。

在上升趋势中,如果股价短暂下跌,重拾升势后未创新高,即

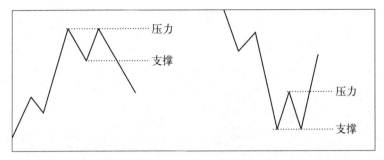

图 7-31 支撑线和压力线

未突破压力线,这个上升趋势就处在很关键的位置了,如果以后的行情股价又向下突破了这个上升趋势的支撑线,这就产生了一个趋势又变得很强烈的警告信号。通常这意味着,这一轮上升趋势已经结束,下一步的走向是继续下跌。

同样,在下降趋势中,如果下一次未创新低,即未突破支撑线,这个下降趋势就已经处于很关键的位置。如果下一步股价向上突破了这次下降趋势的压力线,这就发出了这个下降趋势将要结束的强烈信号,股价的下一步将是上升的趋势,如图 7-24 所示。

(三)支撑线和压力线的相互转化

支撑线和压力线是可以相互转化的。一条支撑线如果被跌破,那么这一支撑线将转变为压力线;同理,一条压力线如果被突破,这条压力线将转变为支撑线。支撑线和压力线的地位不是一成不变的,而是可以改变的,条件是它被有效的足够强大的股价变动突破,如图 7-32 所示。

假如股价在一个支撑位置获得支撑后,停留了一段时间后,并没有上涨,而是开始下跌。对于上升行情,由于每次回落都有更多的买入,因而产生新的支撑;而对于下降行情,跌破了该支撑区域,

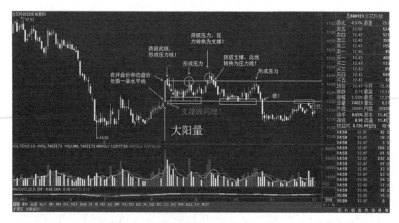

图 7-32 支撑线和压力线的相互转化

情况就截然相反。在该支撑区买入的多头意识到自己错了,而没有买入的或卖出的空头意识到自己对了。此时,多头有抛出股票,逃离目前市场的想法,而卖空的空头则想进一步抛空,待股价下跌伺机补回。一旦股价有些回升,尚未到达原来的支撑位,就会有一批股票抛压出来,再次将股价压低。这样,原来的支撑线就转化为压力线。

以上的分析对于压力线也同样适用,只不过结论正好相反。

三、趋势线和轨道线

(一) 趋势线

在上升行情中,将两个低点连成一条直线,就得到上升趋势线。在下降行情中,将两个高点连成一条直线,就得到下降趋势线。通过趋势线的方向可以明确地判断出股价的走势。上升趋势线是支撑线的一种,下降趋势线是压力线的一种。如图 7-33 所示。

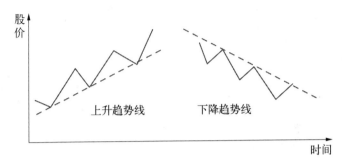

图 7-33 上升趋势线和下降趋势线

趋势线比较容易画出来,但是,要得到一条真正起作用的趋势线,还要经过多方面验证。首先,必须要确定有趋势的存在。也就是说,在上升行情中,必须确认出两个依次上升的低点;在下降行情中,必须确认两个依次下降的高点,才能确认趋势的存在,连接两个点的直线才有可能成为趋势线。其次,画出直线后,还应得到第三个点的验证,才能确认这条趋势线的有效性。一般说来,所画出的直线被触及的次数越多,其作为趋势线的有效性越被得到确认,用它进行预测越准确有效。此外,这条直线延续的时间越长,就越具有有效性。

一般来说,趋势线的作用如下:

(1) 趋势线会起到支撑和压力的作用。趋势线形成后,对股价以后的走势起约束作用,使股价沿着这条趋势线的上方(上升趋势线)或下方(下降趋势线)运行。

(2) 趋势线被突破后,就说明股价下一步的走势将要反转。越重要、越有效的趋势线被突破,其股价反转的信号就越强烈。被突破的趋势线原来所起的支撑和压力作用,现在会翻转过来,如图 7-34 所示。

图 7-34 趋势线被突破后的反向作用

(二) 轨道线

轨道线又称通道线或管道线,是基于趋势线的一种方法。在画出趋势线后,通过第一个峰或谷作出与这条趋势线平行的直线,这条平行线就是轨道线。如图 7-35 中的虚线。

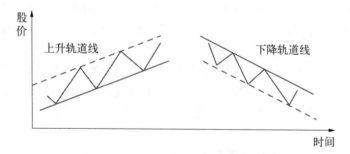

图 7-35 上升轨道线和下降轨道线

两条平行线组成一个轨道,这就是常说的上升或下降轨道。一个轨道一经形成,将限制股价的运行范围,股价将在这个通道里波动,限制股价在通道内运行是轨道线的作用之一。股价突破轨道线的上轨或下轨,意味着行情走势有一个大的变化。与突破趋势线不同,突破轨道线不是趋势的反转,而是趋势加速的开始,即原来的趋势线变得更加陡峭。

轨道线的另一个作用是预警趋势转向。如果在一次波动中未触及轨道线,离得很远就开始掉头,这往往是趋势将要转变的信号。这说明市场已经没有力量继续维持原有的上升或下降趋势了。

轨道线和趋势线是相互合作的一对。很显然,先有趋势线,后有轨道线,趋势线比轨道线重要得多。趋势线可以独立存在,而轨道线则不能。

四、黄金分割线

黄金分割线是利用黄金分割比率进行的切线画法。在行情发生转势后,无论是止跌转升或止升转跌,以近期走势中重要的高点和低点之间的涨跌额作为计量的基数,将原涨跌幅按 0.191、0.382、0.5、0.618、0.809 分割为 5 个黄金点。股价在反转后的走势将可能在这些黄金分割点上遇到暂时的阻力或支撑。其中,黄金分割线中运用最经典的数字为 0.382、0.618,极易产生压力与支撑。

当股价上涨,脱离低档,其上升的速度与持久性依照黄金分割律,将会在上涨幅度接近或达到 0.382 与 0.618 时发生变化。也就是说,当上升接近或超越 38.2% 或 61.8% 时,就会出现反压,有反转下跌而结束一段上升行情的可能。

黄金分割律除了固定的 0.382 与 0.618 是上涨幅度的反压点外,其间也有一半的反压点,即 0.382 的一半 0.191 也是重要的依据。因此,当上行行情展开时,要预测股价上升的能力与可能反转的价位时,可将前股价行情下跌的最低点乘以 0.191、0.382、0.618、0.809 与 1,作为可能上升的幅度的预测。当股价上涨幅度越过 1 倍时,其反压点则以 1.191、1.382、1.681、1.809 和 2 倍进行计算得出。依此类推。

例如,当下跌行情结束前,某股的最低价为 6 元,那么,股价反转上升时,投资人可以预先计算出各种不同情况下的反压价位,也就是:$6×(1+0.191)=7.1464$ 元;$6×(1+0.382)=8.292$ 元;$6×(1+0.618)=9.708$ 元;$6×(1+0.809)=10.854$ 元;$6×(1+1.0)=12$ 元;$6×(1+1.191)=13.146$ 元。然后,再依照实际股价变动情形斟酌。

当股价下跌,脱离高档,其下跌的速度和持久性,依照黄金分割律,它的跌势也会在下跌幅度接近或达到 0.382 与 0.618 时发生变化。也就是说,与上升行情相似,当下跌幅度接近或超越 38.2%或 61.8%时发生变化。就容易出现支撑,有反转上升而结束下跌行情的可能。与上升行情的黄金分割律公式相同,下跌行情展开时,除了 0.382 和 0.618 有支撑外,在 0.191、0.809 处均可能发挥支撑的效力。

例如,上升行情结束前,某股最高价为 10,那么,股价反转下跌时,投资人可以计算出各种不同的支撑价位。也就是 $10×(1-0.191)=8.09$ 元;$10×(1-0.382)=6.18$ 元;$10×(1-0.618)=3.82$ 元;$10×(1-0.809)=1.19$ 元。

有一派观点认为,黄金分割在个股当中的应用方式是:直接从波段的低点加上 0.382 倍、0.618 倍、1.382 倍、1.618 倍……作为其涨升压力。或者直接从波段的高点减去 0.382 倍及 0.618 倍,作为其下跌支撑。另一派观点认为不应以波段的高低点作为其计算基期,而应该以前一波段的涨跌幅度作为计算基期,黄金分割的支撑点可分别用下述公式计算:

(1)某段行情回档高点支撑=某段行情终点-(某段行情终点-某段行情最低点)×0.382

(2)某段行情低点支撑=某段行情终点-(某段行情终点-某段行情最低点)×0.618

(3)如果要计算目标位,则可用下列公式计算:

前段行情最低点(或最高点)=(前段行情最高点-本段行情起涨点)×1.382(或 1.618)

买点在回调到 0.618 处比较安全,回调到 0.382 处对于激进型投资者较适合,稳健型投资者还是选择回调到 0.618 处介入。

卖点在涨升 1.382 处比较保守,只要趋势保持上升通道,可选择涨升 1.618 处卖出。

在上升行情开始调头向下时,投资者关心这次下落将在什么位置获得支撑。黄金分割提供的是如下几个价位,它们是由这次上涨的顶点价位分别乘以上述黄金分割点数字中的几个,即可作为获得支撑的参考价位。

除以上介绍的几类外,切线还有百分比线、扇形线、速度线和甘氏线等,这儿就不一一介绍了。

第五节 形态理论

股价波动主要表现为持续整理和打破平衡的突破,因此,股价曲线的形态分成两种类型:持续整理形态和反转突破形态。

一、持续整理形态

(一) 三角形态

三角形态是持续整理形态中的一种。在这一形态中,价格基本横向波动,且波幅越来越小,期间至少需要有四个局部的反转点,由两条边线的方向则可划分为:对称三角形、上升三角形、下降三角形。

1. 对称三角形

对称三角形情况大多发生在一个大趋势进行的途中,它是原有趋势的暂时休整,之后一般还会沿着原趋势运行。图7-36是对称三角形的一个简化图形,原有趋势是上升行情,所以,对称三角形态形成以后会突破向上。从图中可以看出,对称三角形有两条逐渐聚拢的直线,上面的向下倾斜,起压力作用;下面的向上倾斜,起支撑作用。两直线的交点称为顶点。对称三角形只是原有趋势运动的途中休整阶段,所以持续的时间不应太长。持续时间过长了,原有趋势保持的能力就会减弱。一般来说,越早突破,沿原有既定的方向运动的可能性越大,越靠近三角形的顶点,三角形的各种功能就越弱,对买卖操作的指导意义就越差。对称三角形若是向上突破,则应有成交量的配合,但如果向下突破,则不一定有成交量的配合。

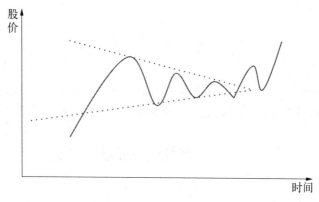

图7-36 对称三角形

对称三角形被突破后,可以推算股价上升的高度。一般从突破点算起,股价至少要运动到与形态高度相等的距离。

2. 上升直角三角形

将对称三角形变形即可得到上升直角三角形。对称三角形上面的直线逐渐由向下倾斜变成水平方向,就得到上升直角三角形,见图7-37。

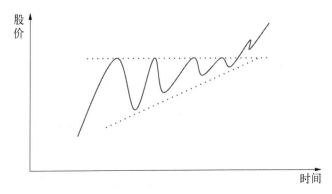

图 7-37 上升直角三角形

上升三角形构筑箱体显示出三个低点逐步抬高,箱体顶部呈现同一水平高点的趋势形态。未来股价趋势发展还将延续前期波段上涨的过程,经历空间和时间的上升三角形箱体构筑,突破井喷过程也是大概率趋势。

"上升三角形"显示的信号是:

(1)它是"整理形态",大部分的"上升三角"都在上升的过程中出现,且暗示有向上突破的倾向。

(2)在向上突破"上升三角"顶部水平的供给阻力时(并有成交激增的配合),就是一个短期买入信号。

(3)其"最少升幅"的量度方法和"对称三角"相同,从第一个短期回升高点开始,划出一条和底部平行的线,突破形态后,将会以形态开始前的速度上升到这条线之处,甚至是超越它。

3. 下降直角三角形

下降直角三角形与上升直角三角形正好反向,是看跌的形态。它的基本内容同上升直角三角形可以说完全相似,只是方向相反。从图 7-38 可以很明白地看出下降直角三角形所包含的内容。

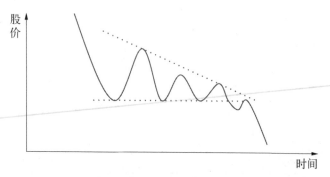

图 7-38 下降直角三角形

(二) 矩形

矩形也是一种典型的整理形态。股价在两条水平线之间波动,作横向延伸的运动。

在矩形形成之初,多空双方争斗激烈,各不相让。空方在股价上涨到某个"高位"就抛压,多方在股价下跌到某个"低位"就买入。时间一长就形成两条明显的上下界线。

矩形一般也有保持原有趋势运行的特点。如果矩形形成之前的行情是上升的,那么经过一段时间整理后,会继续原来的走势,多方会占优势,并主动采取行动,股价向上突破矩形的上界。如果原来是下降趋势,则空方会采取行动,突破矩形的下界。如图7-39所示。

从图7-39可以看出,矩形在其形成过程中极易演变成三重顶(底)形态,正是由这个原因,在面对矩形和三重顶(底)进行操作时,几乎一定要等到突破之后才能采取行动,因为这两个形态突破后的走势完全相反。矩形是持续整理形态,要维持原来的趋势;三重顶(底)是反转突破形态,要改变原来的趋势。

矩形被突破后,也可以判断,形态高度就是矩形的高度。矩形

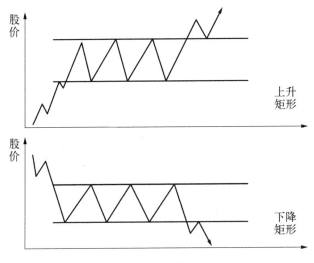

图 7-39 上升矩形和下降矩形

会为投资者提供一些短线操作的机会。如果在矩形形态的下界买入股票,上界卖出股票,短期收益还可比较可观。

(三)喇叭形、菱形

喇叭形、菱形这两种形态是三角形的变形,实际出现的不多,但是一旦出现,就极为有用。这两种形态大多出现在顶部,而且都是看跌形态。从这个意义上说,喇叭形和菱形也是顶部反转突破的形态。喇叭形和菱形形态完成后,几乎总是下跌,所以就没有突破是否成立的问题,在形态形成的末期抛出即可。

1. 喇叭形

喇叭形也叫扩大形或增大形,因为形态酷似喇叭,因而得名。这种形状其实也可以看成是一个对称三角形的倒转过来,所以可以把它看作三角形的一个变形体。图7-40是喇叭形的图形表示。

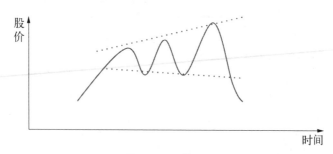

图7-40　喇叭形

从图7-40中可以看出,喇叭形形态形成过程中,股价波幅越来越大,形成了越来越高的几个高点和越来越低的几个低点。这说明当时的市场交易异常活跃,成交量不断放大,市场完全为投资者高涨的情绪所控制。此时进入市场非常危险,操作也较困难。经过剧烈的动荡后,人们的热情逐渐恢复平静,开始离开市场,股价将逐步下行。

出现几个高点和几个低点是喇叭形已经形成的标志。聪明的投资者会在第三峰调头向下时会抛出股票。如果股价进一步跌破第二个谷底,则喇叭形完全得到确认,抛出股票更成必然。股价在喇叭形之后的下调过程中,肯定会遇到反扑,而且反扑的力度会比较大,这是喇叭形形态的特殊性。但是,只要反扑高度不超过下跌高度的一半,股价下跌的势头还是会保持的。

2. 菱形

菱形也叫钻石形,是另一种出现在顶部的看跌形态,它比喇叭形更有向下的动能。菱形前半部分类似于喇叭形,后半部分类似于对称三角形,所以,菱形有对称三角形保持原有趋势的特性。前半部分的喇叭形之后,趋势应该是下跌的,后半部分的对称三角形使这一下跌暂时推迟,但终究不能摆脱下跌的命运。图 7-41 是菱形的简单图示。

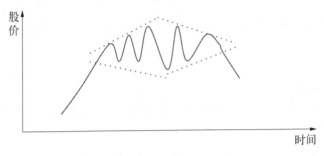

图 7-41 菱形

菱形形成过程中成交量随着股价的变化而变化,开始越来越大,然后越来越小。

由于对称三角形的存在,菱形也可测算股价下跌的深度。菱形以菱形的最宽处的高度为形态高度,以后下跌的深度从突破点算起,至少下跌一个形态高度,这与大多数形态的测算方式是相同的。

识别菱形时应该注意几点:

(1) 菱形有时不出现在行情顶部,而是出现在下跌趋势的中途,此时菱形不是下跌形态,而是持续整理形态。它还要保持原有的趋势方向,换句话说,菱形出现之后的走向仍是下跌。

(2) 菱形上面两条直线的交点可能并非正好对应一个高点。左、右两边的直线由各自找的两个点画出,两条直线在什么位置相交就不要求了。同理,菱形下面两条直线也有与上面两条直线相似的可能。

(3) 技术分析中,形态理论中的菱形不是严格的几何意义上的菱形。

（四）旗形和楔形

旗形和楔形是两个最为著名的持续整理形态。在一段上升或下跌行情的途中，这两种形态可能出现好几次，频率很高。旗形和楔形都是整理形态，整理之后，会继续保持原来的方向运行。

1. 旗形

从图形上看，旗形类似于平行四边形，它的形状是一个上倾或下倾的平行四边形。如图 7-42 所示。

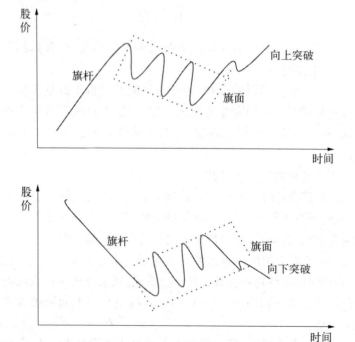

图 7-42　上升旗形和下降旗形

旗形大多发生在市场极度活跃、股价运行剧烈、近乎直线上升或下降的市场行情中,股价的剧烈运动就是旗形产生的条件。由于行情走势上升或下降的过于迅速,市场必然会有所休整,旗形就是完成这一休整过程的主要形式之一。

旗形的上下两条平行线类似于轨道线,起着压力和支撑的作用。这两条平行线的上轨或下轨被突破是旗形完成的标志。

旗形也可测算股价高度。旗形的形态高度是平行四边形左右两条边的长度,旗形被突破后,股价大多走到旗杆高度,至少要走到形态高度。

应用旗形时,需要注意以下几点:

(1)旗形持续整理的时间不能太长,否则,它保持原来趋势的能力将下降。经验数据显示,应该短于3周。

(2)旗形形成之前,一般应有一个旗杆,这是价格作直线运动形成的。

(3)旗形形成之前和被突破之后,成交量都很大。在旗形的形成过程中,成交量从左向右逐渐减少。

2. 楔形

如果将旗形中上倾或下倾的平行四边形变成上倾和下倾的三角形,就会得到楔形。如图7-43所示。

从图7-43中可以看出,三角形的上下两条边都是朝着同一个方向倾斜,这与前面介绍的三角形形态不同。股价运行的途中会遇到楔形这种形态,同旗形和三角形一样,楔形也有保持原有趋势方向的功能。

与旗形和三角形不同的是,楔形偶尔也会出现在行情顶部或底部,此时它是反转形态。这种情况一定是发生在一个较长趋势的尾声。投资者可以借助其他的技术分析方法,从时间上判断趋势是否接近尾声。尽管如此,看到一个楔形后,首先还是把它看作

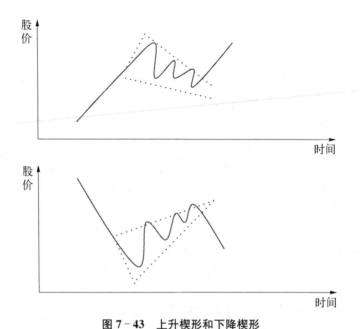

图 7-43　上升楔形和下降楔形

是持续整理形态。楔形形成后，成交量逐渐减少。形成之前和突破之后，成交量都很大。

二、反转突破形态

反转突破形态描述了趋势的反转，主要包括双重顶（底）、三重顶（底）、头肩顶（底）和圆弧顶（底）等形态。

（一）双重顶和双重底

双重顶和双重底就是人们常说的 M 头和 W 底，这种形态在实际中出现频繁。图 7-44 是这种形态的简单形状。

双重顶（底）会出现两个顶（底），也就是两个相同高度的高点

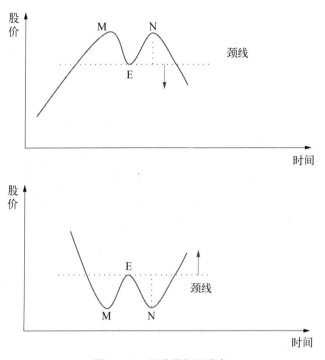

图 7-44 双重顶和双重底

和低点。下面以 M 头为例说明双重顶(底)形成的过程。

在上升行情的末期,股价达到第一个高点 M 后正常回落,回档到 E 点,受上升趋势线的支撑反弹到 N 点,但是力量不够,上升高度不足,在 N 点(与 A 点几乎等高)遇到压力,股价向下,这样就形成 M 和 N 两个顶的形状。

M 头形成以后,有两种可能:一是未突破 E 点的支撑位,在 M、N、E 三点形成的狭窄范围内波动,演变成前面介绍过的矩形。二是突破 E 点的支撑位置继续向下,这种情况才是双重顶反转突破形态的真正出现。前一种情况只能说是出现一个潜在的双重顶反转突破形态。

作一条平行于 M、N 连线且与 E 点相切的直线,就得到颈线。M、N 连线是趋势线,颈线是与这条趋势线对应的轨道线,起支撑作用。

一个真正的 M 头反转突破形态的形成,除了要有两个近似高度的高点外,还应有向下突破 E 点的支撑。突破颈线还需得到确认,确认主要依据百分比原则和时间原则。前者要求突破到一定的百分比数,后者要求突破后至少是两日。

M 头一旦得到确认,就可以用它进行对后市的预测。从突破点算起,股价将至少要跌到与形态高度相等的距离。所谓形态高度就是从 M 或 N 到 E 的垂直距离,亦即从顶点到颈线的垂直距离。

对于双重底(W 底),基本思路与 M 头类似,只要将对 W 头的介绍反过来叙述就可以了。比如,向下说成向上,高点说成低点,支撑说成压力。

(二)头肩顶和头肩底

头肩顶和头肩底是实际股价形态中出现得最多的形态,是最著名和最可靠的反转突破形态。图 7-45 和图 7-46 是这种形态的简单形式。

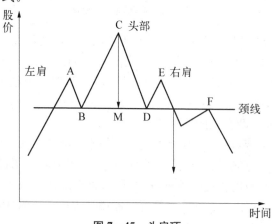

图 7-45 头肩顶

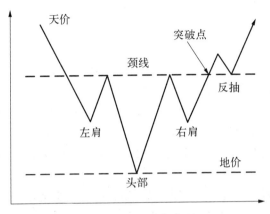

图 7-46 头肩底

头肩顶(底)一共出现三个顶或底,也就是要出现三个局部的高点或局部低点。中间的高点(低点)比另外两个都高(低),称为头,左右两个相对较低(高)的高点(低点)称为肩,这就是头肩形名称的由来。以下以头肩顶为例对头肩形态进行介绍。

在上升趋势中,不断升高的各个局部的高点和低点保持着上升的趋势,然后在某一个高点回落反弹后,上涨放慢,如图 7-45 中的 DE 阶段,到达 E 点后,股价掉头向下,如果突破颈线,并且再度反弹后没有突破颈线(如图 7-45 中的 F 点),右肩基本就形成了,股价下面的走势是向下的。

同大多数的突破一样,这里颈线的被突破也需得到认可,百分比原则和时间原则在这里都适用。颈线被突破,反转确认之后,就知道股价下一步的大方向是下跌,而不是上涨或横盘。下跌的深度,可以借助头肩顶形态进行测算。从突破点算起,股价将至少要跌到与形态高度相等的距离。

形态高度的测算方法是这样的,量出从头到颈线的距离(图 7-45),从 C 点向下的箭头长度,这个长度就是头肩顶形态的形态高度。上述原则是股价下落的最起码的深度,是最近的目标,价格的实际下落的位置还要根据很多别的因素来确定。上述原则只是给出了一个范围,只有一定的指导作用。预计股价今后将跌到什么位置能止住,或将要涨到什么位置而调头,永远是进行股票投资者最关心的问题,也是最不易回答的问题。

以上是以头肩顶为例,对头肩顶形态进行了介绍。对头肩底而言,除了在成交量方面与头肩顶有所区别外,其余可以说与头肩顶一样,只是方向正好相反。例如,上升改成下降,高点改成低点,支撑改成压力。

值得注意的是,头肩顶形态完成后,向下突破顶线时,成交量不一定扩大,但日后继续下跌时,成交量会放大。头肩底向上突破颈线,若没有较大的成交量出现,可靠性将降低,或者会再跌回底部整理一段时间,积蓄买方力量才能上升。

(三) 三重顶和三重底形态

三重顶和三重底形态是头肩形态的一种变体,它是由三个近似高度的顶点或三个近似高度的低点构成。但与头肩形态不同,其头的价位回缩到与肩差不多相等的位置,有时甚至低于或高于肩部一点。从这个意义上说,三重顶(底)与双重顶(底)也有相似的地方,只是前者比后者多"折腾"了一次。

图 7-47 是三重顶和三重底的简单图形。三重顶(底)的颈线差不多是水平的,三个顶(底)高度近似。

识别和应用三重顶(底)主要是用识别头肩形的方法,头肩形适用的内容三重顶(底)也适用,因为从本质上说,三重顶(底)就是头肩形。有些文献上甚至不把三重顶(底)作为一种单独的形态,而是直接纳入头肩形态。

三重顶(底)与一般头肩形态最大的区别是,它的颈线以及顶部或底部连线是水平的,这就使得三重顶(底)具有矩形的特征。

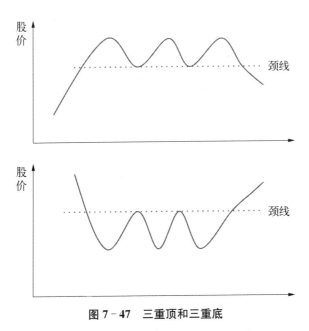

图 7-47 三重顶和三重底

比起头肩形来说,三重顶(底)更容易演变成持续形态,而不是反转形态。

(四) 圆弧形态

将股价在一段时间的顶部高点用折线连起来,每一个局部的高点都考虑到,有时可能得到一条类似于圆弧的弧线,盖在股价之上,形成圆弧顶;将每个局部的低点连在一起也能得到一条弧线,托在股价之下,形成圆弧底,如图 7-48。

圆弧形态应该注意的是:图中的曲线不是数学意义上的圆,也不是抛物线,而仅仅是一条曲线。

圆弧形在实际行情中出现的机会较少,但是一旦出现就是绝好的机会。与前面介绍的几种形态不同,它的反转深度和高度是不可测的,往往给投资者带来很多意想不到的收获。

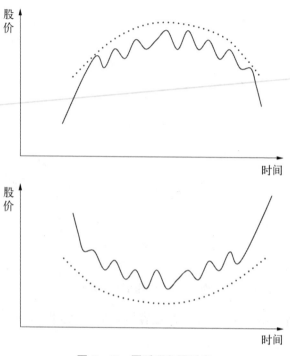

图 7-48 圆弧顶和圆弧底

圆弧的形成过程与头肩形中的复合头肩形有相似的地方，只是圆弧形的各种顶或底没有明显的头肩的感觉。这些顶部和底部的地位都差不多，没有明显的主次区分。出现这种状况主要是因为一些机构大户的炒作。这些人手中股票数量较多，如果一下抛出太多，股价就会快速下跌，所以只能一点一点地往外抛，形成多次来回拉锯。直到手中股票快抛完时，才会大幅打压股价，一举使股价跌到较低的位置。如果机构大户持有的不是股票而是充足的资金，一下买得太多，股价就会快速上涨，所以要逐渐地分批建仓，股价也是一点一点地来回拉锯，接近圆弧边缘时，才会用少量的资金一举推高股价。这时机构大户手中持有大部分股票,其他人无法打压股价。

识别圆弧形态时,成交量也是很重要的。圆弧顶(底)在形成过程中,成交量都是两头多,中间少。越靠近顶部(底部)时成交量越少,到达顶(底)时成交量达到最少(圆弧底在达到底部时,成交量可能突然放大一下,之后又恢复正常)。突破圆弧边缘后,成交量都比较大。

圆弧形形成所花的时间越长,今后反转的力度就越强,越值得人们去相信这个圆弧形。一般来说,应该与一个头肩形形成的时间相当。

(五)V形和倒V形态

V形和倒V形是一种反转形态,它们往往出现在市场行情剧烈的波动时。V形(倒V形)的顶部(底部)只出现一次,这一点不同于其他反转形态。V形(倒V形)的反转事先一般没有明显的征兆,投资者只能通过其他的分析方法得到一些不是十分明确的信号,如已经到了支撑、压力区等。

V形是一种失控的形态,在应用时要特别小心。

三、应用形态理论应该注意的问题

形态理论在分析资本市场行情时,相对比较成熟,应用时间也较早,但也存在需要正确使用的问题。

首先,从不同的角度可以对同一形态作出不同的解释,例如,头肩形是反转形态,但从更大的范围看,则可能是中途持续形态;其次,在实际操作时,形态理论要求形态完全明朗后才能行动,这就有可能错过机会。

第六节 其他技术指标的应用分析

从 K 线图和移动平均线衍生而出的技术指标越来越多,有些指标本身也不够稳定,可信度较低。这里主要介绍几个常用的,为投资者熟悉、可靠的技术指标。在考虑这些技术指标的买入或卖出信号时,还应依据自身操作的特点和经验,结合基本面分析,综合比较进行决策。否则,仅依赖技术分析指标信号,则难免会在证券市场的操作中,遭受损失。

1. 乖离率指标

在介绍移动均线八大法则时,曾提到其中第四、第八两点,当股价远离均线时,即出现暴涨或暴跌行情,可作为卖出或买入的信号。但该法则没有介绍具体的判断方法,也就是说,该方法并未说明股价高达多少才是卖出信号,股价要跌入均线多深才是买入信号。一般仅凭经验估计难免会出差错。乖离率指标(BIAS)提供了回答这个问题的依据。乖离率又称 Y 值,是移动平均线原理衍生出的一项技术指标,其功能主要是通过测算股价在运行中与移动均线出现偏离的程度,从而得出股价在剧烈震荡中,因偏离移动均线趋势而造成可能的反弹或回档,以及股价在允许的范围内波动而形成继续原有轨迹的程度。

$$BIAS = (C - MA)/MA$$

公式中 BIAS 表示为乖离率指标,是以百分比表示的相对指标。

C 表示为当日收盘价。

MA 表示以一定基期日为标准的移动均价。

该公式以每日收盘价与均值的差再与均值相比而得。当收盘价 C 小于均值,乖离率就会呈现负值,当股价在移动均线上方时,乖离率为正值,当股价和均线相一致时,乖离率为零。经验表明,人们以基期10天(两周交易日)为分析基础,当乖离率为5%时,可认为是进入了超买区,即得出卖出信号;反之,该数据值为负4.5%时,可认为进入了超卖区域,可适当减磅。需指出的是,该数据与采用的基期天数密切相关,基期天数越多,其数据区域也就越宽,反之就越窄。随着股价走势的强弱与高低变化,乖离率也周而复始地穿梭于零点的上方和下方,显示其有一定的预测功能。但这种预测判断功能,要以行情平稳运行为基础,如遇消息面的刺激,基本因素发生突变,市场出现飙升或暴跌行情,则乖离率也就不灵验了。它的信号就不具有原来的意义,这就可能误导投资者的正常判断,比如指标进入超买区域后继续高攀不下,反之,又会在超卖区域仍一味下行。

利用乖离率分析还可以与股价曲线的背离现象结合来作判断。如股价创出新高,而乖离率的高点却在下移,这也是一个获利回吐的信号,提示人们卖出。反之,股价未创新高,而乖离率却反而升高,同样提示人们卖出。如股价连创新低,逐波下移,而乖离率反而底部抬高,这是买入信号。如股价没有进一步下跌,而乖离率倒出现新低,这也表达了同样的买入信息。

2. 平滑异同移动平均线

平滑异同移动平均线(MACD)是为了弥补移动均线频繁发出买入或卖出信号而设计的一种技术分析法。当行情上升时,股价的短期移动均线上升速度快,而长期移动均线上升速度慢,久而久之,两者之间的离差会越来越大。如股价出现反转下跌,两条线就会相互交叉,反之也一样。MACD 就是运用快速(短期均线)与慢速(长期均线)两条移动平均线的离差情况分析和判断买进与卖出时机的技术指标。其基本原理是利用这种离差(DIF)的数日平均计算离差平均值(DEA),经过双重平滑运算,较为正确地判断买卖信号。

MACD 由正负差(DIF)和离差平均值,亦称异同平均值(DEA)两部分组成,DIF 是主要指标,DEA 则是辅助指标。DIF 是快速移动均线与慢速移动均线的差值,快速移动均线一般采用 12 天数据计算,称为快速 EMA,慢速移动均线一般采用 26 天数据计算,称为慢速 EMA。

DIF 计算公式为:

$$\text{DIF} = 快速\ \text{EMA} - 慢速\ \text{EMA} = \text{EMA}(12) - \text{EMA}(26)$$

计算 N 日的平滑移动平均值 $\text{EMA}(N)$ 公式为:

$$\text{EMA}(N) = \text{EMA}_1(N) \times \frac{N-1}{N+1} + C \times \frac{2}{N+1}$$

式中 $\text{EMA}_1(N)$ 为计算日前一日的 N 日 EMA。

最初值取前一日的 N 日移动平均值(MA)代替,N 为天数,C 为计算日收盘价。

计算 N 日平滑移动离差平均值(DEA)公式为:

$$\text{DEA}(N) = \text{DEA}_1(N) \frac{N-1}{N+1} + 计算日\ \text{DIF} \frac{2}{N+1}$$

式中 $\text{DEA}_1(N)$ 为计算日前一日的 N 日 DEA。

最初值取前一日的 DIF 值代替,N 为天数,一般选用 9 天。DEA 是 DIF 的移动平均,主要是为了消除偶然因素,使结果更为合理可靠。

运用 MACD 进行行情预测分析,可从两方面展开:

根据 DIF 和 DEA 的所得数据分析,如两者均为正值,可认为是上升行情信号,尤其在 DIF 向上突破 DEA,把握较大;如 DIF 往下跌破DEA,可认为是一种回档,即卖出信号。如两者均为负值,可认为是下跌行情信号,尤其是在DIF向下突破DEA,更可视为卖出信号,而DIF向上突破DEA只能视为反弹。如两者走势与股价背离,则应引起关注,这是股价将要反转的信号。如股价K线图显示一浪高过一浪的头部,而MACD却出现逐级下调的阶梯状,这种被称为顶背驰现象,意味着股价将会下跌,应警惕并卖出;相反,如K线图显示一波低于一波,同时,MACD却出现逐级趋高事态,这种被称为底背驰现象,表明股价即将上扬,曙光在前,可提前买入。MACD能够消除MA频繁出现的买卖信号,但是在股市处于牛皮盘整阶段,MACD也难免失去方向,提供错误信息。

3. 相对强弱指标

相对强弱指标(RSI)是买卖双方力量对比的数值指标,主要通过一段时间的平均收盘涨数和平均收盘跌数来分析衡量市场走势。该指标可以反映证券供求双方力量的变化,有助于对证券走势做出大体正确的判断。

一般来说,证券交易的当日收盘价与上一交易日收盘价之间的差额可反映当日市场中证券的供给和需求力量。在一段时期中,证券市场当日收盘价与上一收盘价之间的涨幅总额或跌幅总额可代表该段时期内市场的买方和卖方力量。两者之间的力量比较就是相对强弱指标,因此,该指标又称力度指标。市场上多空双方气势的强弱可以通过RSI反映出来,它提供给投资者的是股价指数或某个股在何时何区域太强或太弱的信号,以引起投资者的警觉。这种多空双方的数量在图形上的体现,可以使投资者根据行情变动的轨迹来判断未来价格的走势。RSI计算简单,具有一定的参考价值,其运用的广泛性仅次于移动平均线。

相对强弱指标计算方法:

先求出相对强度值(RS)指标值:

RS＝N 日内收盘价涨幅平均值/N 日内收盘价跌幅平均值

例如,某股采用 N 日为 10 天,平均值单位是分,当然亦可是元或点。第一天收盘价与前一收盘价相比,涨了 8 分,第二天收盘价比前一收盘价涨了 5 分,依次类推得出下列数据:

一	二	三	四	五	六	七	八	九	十	十一
8	5	8	8	−3	−10	−5	−15	−7	9	10

先将这十天涨的数据相加,再除以十,得出十天内收盘价涨幅的平均值为:

$$8+5+8+8+9/10=3.8$$

再求出十天内收盘价跌幅的平均值为:

$$3+10+5+15+7/10=4$$

则 RS＝3.8/4＝0.95

求出 RS 值以后,就可以计算 RSI 指标为:

$$RSI=100-100/1+RS$$

将 RS 值代入公式,得出 RSI 值为 48.72,这就是第十天的 RSI 数据。以后即可采用滚动前进的计算方式,去掉最前面的旧数据,加上后面最新的数据,得到以后每个营业交易日的 RSI 数值,并将这些数据在图表上依次标出,相连成线,就完成了 RSI 曲线图的绘制。

RSI 还有第二种计算方法,其公式为:

$$RSI=\frac{N\ 日内收盘价涨幅均值}{N\ 日内收盘价涨幅均值+N\ 日内收盘价跌幅均值}\times 100$$

仍以上述数据为例,

第十天 $RSI=\dfrac{3.8}{3.8+4}\times 100=48.72$

第十一天 RSI＝$\dfrac{4}{4+4}\times 100=50$

两种 RSI 的计算方法运用的公式不同,答案可能会有所差异,但只要固定使用一种方法,对分析行情走势没有影响。RSI 值的活动范围在 0—100 之间,其常态分布区域集中在 30—70 之间,人们把低于 20 的区域为超卖区,高于 80 的区域为超买区,RSI 曲线就是每日 RSI 数值的连接,它一般领先于股价上升或下跌。

RSI 以基期日内涨幅与跌幅数据之间的对比来分析研判,如 RSI 值为 50,说明多空双方势均力敌,旗鼓相当。如 RSI 值大于 50,表示多方力量强于空方,买方需求旺盛。反之,如 RSI 值小于 50,说明股票供过于求,股价滑落,出现超卖现象。RSI 数值越高,其获利回吐的压力也越大,RSI 数值越小,其反弹可能性和力度也就越大。RSI 数据可根据盘面分析确立买卖双方力量的强弱,但反转信号一般较弱,易受干扰。如果 RSI 进入超买区域大于 80,行情仍有可能继续上升,反之,RSI 跌入超卖区域小于 20,行情也仍有可能继续向下寻找支撑,在底部匍匐爬行。所以,在使用这一指标时,也需综合考虑各种因素。一般来说,RSI 等于 100,则说明连续 N 个交易日收盘价一个高过一个,反之,RSI 等于零,则说明在连续 N 个交易日中收盘价一个比一个低。RSI 大于 80,表明行情即将近于尾声,小于 20,则说明市场处于黎明前的黑暗,行情即将启动。

需要说明的是,无论是超买还是超卖,RSI 数值与曲线的关系也仅仅是提供一个信号,是否要采取行动,还需结合其他情况,才能提高准确度。股市走势犹如人的跑步,一般人最多可坚持 10 千米,当他跑了 8 千米时,可以认为他的力量快要用尽了,但对一位马拉松运动员来讲,10 千米仅仅是开始。在这个意义上,对于某些特大行情,RSI 达到 80 并不说明什么,它完全可能站在 90 以上,并持续一段相当长的时间,反之也一样。

4. 随机指标

随机指标(KDJ)也称 KD 线预测法,主要通过研究最近数日的最高价、最低价与现时收盘价的价格波幅,推算出行情涨跌的强弱势头和超买、超卖现象,从而找出买点与卖点。与其他指标相比,KD 线既考虑了一段时间内最高价与最低价的变动,又融合了移动平均线速度上的观念,形成了相当准确的买卖信号依据,因此,KD 线成为风险性、波动性较大的市场敏感性指标工具,在中短期技术分析中,有一定的功能。

KD 线根据一定期限内最高价与最低价间的差价和当日收盘价之间的关系,先求出一个未成熟随机值(RSV),然后再依据平滑移动平均线的方法来分别计算 K 值,再将 K 值平滑移动得出 D 值。在图形上可表示为两条不同颜色的波动曲线,它们有时相交,有时分离。KD 值与均线相比有较大进步,或者说合理性较大,因为均线在习惯上只以收盘价来作为计算依据,无法显示一定时期内行情实际的波动轨迹。例如 1994 年 10 月上旬一个交易日,上海证券交易所的股价综合指数在上午暴跌百余点后,下午却飙升二百余点,这在均线显示的总趋势图形上根本无法表达出最高价和最低价。投资者意识到这是一个缺陷,想方设法进行修正。KD 线的发明即弥补了这一缺陷,成为短期投机的有效工具。

未成熟随机值(RSV)计算公式:

$$K_t = \frac{2}{3} K_{t-1} + \frac{1}{3} \text{RSV}$$

$$D_t = \frac{2}{3} D_{t-1} + \frac{1}{3} \text{RSV}$$

式中:K_t、D_t 为当日 K 值及 D 值;

K_{t-1}、D_{t-1} 为前一交易日 K 值及 D 值;

$$RSV = \frac{C_t - L_T}{H_T - L_T} \times 100$$

式中：C_t 为第 t 日收盘收盘价；

L_T 为 T 日内最低价；

H_T 为 T 日内最高价。

RSV 值始终在 1—100 之间波动。然后,计算 KD 值。

在此计算中,如果没有前一交易日 K 值和 D 值,也可分别采用 50 来代替,因为这是一个中间值,不带任何偏向。经过长期的平滑运算之后,采用 50 代替而产生的差异将会越来越小,从而趋于一致。如果利用股价综合指数来表达最高价、最低价和收盘价,也就可得出整个股市的 KD 值。把每天得到的 KD 值用两种不同颜色的笔在纸上分别点出,再依次连接起来,就形成了两条曲线,这就是所谓的 KD 线。绘制 KD 线关键是每天的数据要准确无误,且不能间断。一般可在股价 K 线图的下方对应绘制出 KD 线。顺便提及的是,K 线图中的 K 与 KD 线中的 K 是两个完全不同的概念,切勿混淆。

绘制 KD 线的目的是为了分析运用,一般把 K 线称为快线,把 D 线称为慢线,因为 D 线是 K 线的再度平滑运算,所以 D 线表现的波动振幅相对较小。KD 线可选用不同的周期,但因为它本身即为一短期波幅指标,选用过长的周期则失去了参考意义。应用 KD 线指标研判,有以下几种功能：

K 值在 80 以上,D 值在 70 以上为超买的一般标准。

K 值在 20 以下,D 值在 30 以下为超卖的一般标准。

K 线发生倾斜度趋于平缓时,是一信号,应提防随时发生行情反转。

K 值由小到大超过 D 值时,表明当前有一种向上涨升的大趋势,K 值此时应从下往上突破 D 值,KD 交叉是买入信号。反之,当 K 值由大到小低于 D 值时,表明当前趋势基本向下,所以 K 线从上向下跌破 D 线是卖出信号。

需要注意的是,只有当 KD 处于 20 以下区域交叉向上时,买入信号才较为准确,因为此时市场正处于超卖环境。反之,当 KD 处于 80 以上区域交叉向下时,其卖出信号才较为准确,因为此时市场正处于超买环境。KD 值在 50 左右交叉时为牛皮盘局,投资者应以观望为主。若 K 线或 D 线与市价之间出现明显背离现象,亦是非常有效的买卖时机。在使用 KD 线指标分析时,为避免 K 值小于 20 时行情只作反抽又继续下跌,或 K 值大于 80 时行情又毫不理会继续上攀等情况发生,还应配合其他图形、指标来一起分析,顺势而为。

作为 KD 值的一个附加值,J 值也是进行 KD 值分析的辅助指标。其计算公式为:

$$J 值 = 3D - 2K$$

J 值的实质是反映 D 和 D 与 K 的差值,利用求出 KD 值的最大乖离程度,以期领先 K 值与 D 值找出头部与底部。J 值大于 100 为超买,J 值小于 10 为超卖。

KDJ 线不仅可用于日线图上,也可用于分时图或周线图,短、中、长线均可采用。KDJ 准确率相对较高,且有明显的买卖点出现,但 KD 线交叉时须注意虚假的"骗钱"现象,因 KDJ 过于敏感,易被操纵。

5. 威廉指标

威廉指标(WMS‰或‰R)与随机指数的概念类似,也表示当日的收市价格在过去的一定时间内全部价格中的相对位置。也就是将其中的最高价减去当日收市价,再将其差价除以这段日子的全部价格就得出当日威廉指标数据。百分比符号表示市场处于超买还是超卖状态。

威廉指标的计算方法首先是要决定周期日数,一般将它与市场上的主要周期联系起来,常用时间跨度为周期长度的二分之一,与按日历计算的周期长度 14 天(10 个交易日),28 天(20 个交易日)和 56 天(40 个交易日),相对应的时间跨度分别为 5、10、20 天不等,20 个交易日是个较为重要的市场周期,所以威廉指标采用的周期日数一般取 10 日或 20 日。要使威廉指标产生较佳的指导效果,时间参数很重要,它能较准确地反映价格的波动周期,威廉指标的有效性也会大大增加。如以 5 日、6 日为参数的结果明显较差,因为以这样短的时间会产生过多的买卖信号,从而增加交易次数、成本和风险。但威廉指标参数也不宜太大,20 天以上的效果也明显下降,因为信号可能过于迟钝。如前所述,技术分析的前提之一是假定价格的变化有一定的惯性,无论价格走强或走弱都会持续一段时间,如时间参数过大,发出信号时,上升或下跌行情已接近尾声,就无法取得期望的预警效果。

以 10 日威廉指标为例,其计算方法为:

$$威廉指标 = \frac{H_T - C_t}{H_T - L_T} \times 100$$

式中:H_T 为 T 日内最高价;

L_T 为 T 日内最低价;

C_t 为第 t 日收盘价。

%R 数值与 KD 数值一样是介于 0—100 之间,当%R 值＝50 时表示多空力量均衡,%R 值大于 50,进入下跌行情,%R 值小于 50,则进入上升行情。当%R 值在 0%—20%之间时,表示市场处于超卖状态,行情趋势即将见底,反之,%R 值在 80%—100%之间时,则表明市场处于超买状态,行情即将见顶。当%R 值由下向上穿破中轴 50%时,或由上向下跌破中轴 50%时,基本可认定市场涨势或跌势,投资者可择机买卖。当%R 值进入超买或超卖区域,并非表示行情一定会发生变化,其数据也仅是一种预测。一般来说,%R值买入信号处于上升趋势中才更灵验,而%R值卖出信号则处于下降通道时才更有效。

%R值数据指标的敏感性决定它是着重分析市场短期走势的技术工具,但是首先要确定市场一般趋势,当市场处于横向延伸状态时,%R指标的功效会更出色,而市场价格突变时%R指标效用就不大,只有在这种趋势成熟时,再密切注意%R信号。市场常有超买后再超买,超卖后再超卖的现象,因此人们最好配合使用其他指标,如相对强弱指标等,以发挥技术分析工具的互补作用。

关键词:

基本面 技术面 阳线 阴线 K线图 切线理论 形态理论 移动平均线 乖离率 MACD 相对强弱指标 随机指标

思考题:

1. 如何理解证券投资基本面分析和技术面分析的辩证关系?
2. 技术面分析的长处与不足是什么?
3. 试述K线图的基本绘制方法,分析K线图几种特殊形态的含义。
4. 简述移动平均线的绘制方法,分析其意义和特点。
5. 葛兰维尔法则对技术分析走势有何作用?
6. 乖离率指标有什么作用?
7. 行情如果进入相对强弱指标中的超卖区,人们是否一定可以放心买入?反之,在超买区,是否一定要卖出?为什么?
8. 威廉指标中的时间周期如果较短或较长,会给技术分析各带来什么影响?

第八章 金融衍生商品交易分析

本章重点：
1. 国债期货的特点
2. 股指期货的特点及其合约内容
3. 期权的分类
4. 期权价格的构成
5. 各种期权交易案例分析
6. 权证的分类
7. 权证的价格及影响因素

金融衍生商品的产生源于20世纪70年代，是从原生资产中派生而来的金融交易工具，其最主要的特征是利用保证金来交易全额金融衍生商品，以合约的形式采用现金结算盈亏的方式进行。因为金融衍生商品普遍具有套期保值功能，适度操作可降低风险，同时，商品期货交易的悠久历史和丰富的管理经验，以及完善的规章制度也为金融衍生商品的发展奠定了基础。

第一节 期 货 交 易

期货交易明显有别于现货交易，它不仅能够满足交易双方的客观需要，而且有助于促进证券市场的稳定发展。但相比于现货交易,期货交易的风险也更大。

一、期货交易概述

作为金融衍生品的期货交易与一般商品期货交易的最大不同在于,前者的标的物是抽象的金融工具,而后者的标的物则是具有特定用途的一般商品。尽管它们在交易的方式上没有什么明显的差别。

1. 期货交易概念的界定

期货是相对于现货而言。期货商品交易双方通过签订合约的方式,把商品与货币的相互换位推至未来某一日期。期货交易以规范的合约形式操作,因此,也称为期货合约买卖。期货合约是由交易所统一制定,规定在未来某一特定时期,双方各自向对方承诺交收一定数量和质量的特定商品或金融商品的协议书,该协议书具有法律效应。合约的单位为"手"。合约所有内容,除了交易价格外,都事先一一确定,包括交易的品种、数量、规格、价格波动区间、交割的时间地点、违约处罚办法等。合约交易价由市场竞价产生。

可以选为期货合约标的物的商品。一般需要具有四个特征:

(1) 价格波幅较大,弹性系数高,如大米、棉花则不宜选用;

(2) 市场需求较大,便以形成足够的交易量,如味精、香油则不宜选用;

(3) 质量稳定,便于分级。如西瓜、荔枝则不宜;

(4) 易于仓储和运输,否则交割时损耗无法承受,如活鱼、鸡鸭等不宜选用。

按交易标的物的不同,期货可分为商品期货和金融期货。商品期货历史悠久,种类繁多,如金属、粮食,石油、建材、化工产品等不下几十个大类,每个大类还分成不同品种产地若干个小类。我国商品期货交易所现有三家,分别在上海、大连和郑州。金融期货是以金融工具为标的物的期货合约买卖。金融期货发展历史较短,但世界各国纷纷引进建立,它包括利率期货、货币期货和股指期货三大类。利率期货是交易双方以竞价方式进行利率期货合约的买卖,这种合约规定在确定的时间,交收一定数量的某种利率相关商品。所谓利率相关商品,是以一种标准化合约形式,包括商业信用、银行信用的各类支票、本票、汇票等债务凭证,以及国库券等与市场利率密切相关的商品。总之,通过合约的操作可以化解或降低由市场利率变动所引起的有价证券价格变动的风险。货币期货和股指期货分别是以外汇汇率和股票指数为标的物的期货合约。我国的金融期货交易所在上海。

按商品形态,金融衍生商品可分为远期、期货、期权、掉期交易四大类。其中,远期合约与期货合约颇为相似,所以容易混淆。因为这两种合约都是契约交易,均为交易双方约定为未来某一日期,以约定价格买或卖一定数量商品的契约。它们的区别在于:

(1) 交易场所不同。期货合约在交易所内交易,具有公开性,而远期合约在场外进行交易。

(2) 合约的规范性不同。期货合约是标准化合约,除了价格,合约的品种、规格、质量、交货地点、结算方式等都有统一规定。远期合约的所有事项都要由交易双方一一协商确定,谈判复杂,但适应性强。

(3) 交易风险不同。期货合约的结算通过专门的结算公司,这是独立于买卖双方的第三方,投资者无须对对方负责,不存在信用风险,而只有价格变动的风险。远期合约须到期才交割实物、货款早就谈妥不再变动,故无价格风险,它的风险来自届时对方是否真的前来履约,实物交割后是否有能力付款等,即存在信用风险。

(4) 保证金制度不同。期货合约交易双方按规定比例缴纳保证金,而远期合约则因不是标准化的,所以存在信用风险。是否要付保证金或定金,付多少,也都由交易双方确定,无统一性。

(5) 履约责任不同。期货合约具备对冲机制、履约回旋余地较大,实物交割比例极低,交易价格受最小价格变动单位限定和日交易振幅限定。远期合约如要中途取消,必须得到双方同意,任何一方无法取消合约,实物交割比例极高。

掉期交易是指在某一时间内,两个相关独立体之间现金流的交换。它又可分为外汇掉期、商品掉期和产权掉期等。较为普遍的是货币掉期和利率掉期交易,前者指两种货币之间的交换,即两种货币资金的本金交换交易。后者是两种货币资金不同利率之间的交换交易,一般不作本金交换。掉期交换可有效避险,但这种针对性极强的一对一式交易风险也较大。本书对远期合约及掉期业务不作详细介绍,而着重介绍金融期货的交易。

2. 期货的功能

期货商品一般具有套期保值、投机和价格发现三大功能。

(1) 套期保值。

套期保值是人们为规避现货价格风险,而在期货市场操作与现货商品数量、品种相同,而方向相反的合约,以期在未来某一时间,通过期货合约的对冲来弥补现货价格上遭受的亏损,或者通过现货交易的盈利来冲抵期货合约对冲时的亏损,达到总投资基本不盈不亏的目的。套期保值案例在本章后面详细介绍。

(2) 投机。

期货投机是以获取价差收益为目的的合约买卖。投机者依据对市场行情判断,作出买入或卖出若干期货合约的决定,他手中不必真有现货,只要行情预测正确,即能通过合约对冲获利。反之则遭受亏损。投机是期货交易、证券市场中不可缺少的组成部分,可以说,没有投机,就不存在证券市场,也就没有期货交易。投机具有三方面基本作用:一是投机可以实现价格平衡。投机者力图通过对未来价格的正确判断和预测在期货市场上低吸高抛,贱买贵卖,这种操作恰好起到削峰填谷的平衡效应,使市场供求趋于大致相当,从而在一定程度上缓和市场波动,尽管这种平衡价格的结果是投机者始料不及和不希望看到的。当然,这种投机的积极作用要以投机者的理性和适度为前提条件,即他们的投机行为要符合、遵守市场游戏规则,否则,恶意的、失去理智的投机行为必将导致证券市场的震荡,并引发国民经济的紊乱,世界各国都有过惨痛的教训。二是投机加速了市场的流动性。期货市场的活力在于流动性,其强弱取决于投机行为的大小。投机的参与介入,为套期保值提供了机会,投机创造了市场。适度的投机,使期货价格的连续性得到保证,并能较为准确地反映合约的远期价格。三是投机者是证券市场的风险承担者。凡证券买卖,其目的不外乎保值增值和投机。期货期权的套期保值者为避免风险进行合约买卖,如果无人承担风险,套期保值就会成为一句空话。投机者之所以愿意承担价格变动风险,是因为高风险带来高收益,他们为获取高收益而甘愿承担高风险,于是,保值者与投机者各取所需,市场才能有声有色地正常运转。

(3)价格发现。

价格发现也称价格导向,是指在一个公开、公平、公正的竞争市场中,通过无数交易者激烈的竞争形成某一成交价格,它具有真实性、连续性和权威性,基本上真实地反映当时的市场供求的均衡状况。它能较准确地揭示出某种商品未来价格的趋势,对生产经营该种商品的人们提供价格指导,并对未来现货价格作出预期。期货价格不一定总比同品种的现货价格高,期货价格与现货价格之差,被称为基差。期货价格高于现货价格,基差为负值,又称远期升水;反之,基差为正值,也称远期贴水。从理论上讲,一般基差应为负值,反之,如供求失常,价格扭曲,投机盛行,基差也呈正值,而这正是投机者大显身手之时。

二、国债期货交易

(一)国债期货的特点

1. 国债期货交易实行保证金交易

与其他期货交易一样,国债期货交易中,实行保证金交易(亦称杠杆交易)。投资者只需支付很少的保证金,就可以买卖一份国债期货合约,如我国现行的5年期国债期货合约交易,其最低保证金比率仅为合约价值的1%。国债期货合约规定的面值除以保证金的数值就是国债期货交易的放大倍数。

2. 国债期货交易的成交与交割不同步

在期货交易中,成交与交割是分开来的,这与现货交易的钱货两清截然不同。我国现行的5年期国债期货合约交易就规定合约到期月份的第二个星期五是最后交易日,在此之前,投资者都可以买卖期货合约。最后交易日后的第三个交易日是最后交割日,在此之前,买方必须支付现金,卖方必须给出现货国债。

3. 国债期货交易发生实物交割的比例很低

国债期货买卖双方交易的是标准的期货合约,且其成交与交割不同步,因此,绝大多数的国债期货投资者在交割之前就已经对冲掉了手中的期货合约,真正进入到交割程序的占比一般不到5%。

4. 国债期货交易风险较大

国债期货交易实行的保证金制度,在正式交割或者结算之前,投资者仅仅只需要交纳少量的保证金就可以进行交易。如果按照我国 5 年期国债期货合约中最低 1％的保证金比率规定,其杠杆倍数为 100 倍。所以,其蕴含的风险和可能的获利都非常巨大。投资者可能获利丰厚,但稍有不慎,即可能被强行平仓,本金血本无归。

5. 国债期货是交易所内交易

国债期货合约是标准化的合约,在交易所内交易,即是场内交易,而非场外交易。

(二)国债期货合约的内容

我国于 1993 年开始国债期货交易,但是由于 1995 年的"327"国债事件,国债期货于 1995 年 5 月 18 日暂停试点交易,直到 2013 年 9 月 6 号才重新恢复国债期货交易。目前中国金融期货交易所只有 5 年期国债期货和 10 年期国债期货两个交易品种。表 8-1 以 5 年期国债期货为例介绍国债期货合约的内容。

表 8-1 5 年期国债期货合约内容

合约标的	面值为 100 万元人民币、票面利率为 3％的名义中期国债
可交割国债	合约到期月份首日剩余期限为 4—5.25 年的记账式附息国债
报价方式	百元净价报价
最小变动价位	0.005 元
合约月份	最近的三个季月(3 月、6 月、9 月、12 月中的最近三个月循环)
交易时间	9:15—11:30,13:00—15:15
最后交易日交易时间	9:15—11:30

续 表

每日价格最大波动限制	上一交易日结算价的±1.2%
最低交易保证金	合约价值的1%
最后交易日	合约到期月份的第二个星期五
最后交割日	最后交易日后的第三个交易日
交割方式	实物交割
交易代码	TF
上市交易所	中国金融期货交易所

资料来源：中国金融期货交易所网站。

（1）合约标的。我国5年期国债期货的合约标的是面值为100万元人民币、票面利率为3%的名义中期国债。

（2）可交割国债。合约到期月份首日剩余期限为4—5.25年的记账式附息国债。

（3）报价方式。百元净价报价。净价等于全价减去应计利息。

（4）合约月份。最近的三个季月（3月、6月、9月、12月中的最近三个月循环）。

（5）最小变动价位。最小变动价位0.005元，每变动0.005元，合约价值变动5 000元。

（6）涨跌幅限制。上一交易日结算价的±1.2%。

（7）最低保证金。合约价值的1%。购买一手5年期的国债期货需要的最低保证金为10 000元。

（8）最后交易日和最后交割日。合约到期月份的第二个星期五是最后交易日；最后交易日后的第三个交易日是最后交割日。

结合表8-1中的内容以及《5年期国债期货合约交易细则》（2015年第二次修订版）的具体规定，可以分析5年期的国债期货

合约的新特点:

第一是设定更为稳妥的保证金标准。除了最低1%的保证金比率的规定外,《5年期国债期货交易合约细则》(2015年第二次修订版)第二十条还规定本合约临近交割月份时,交易所将分阶段逐步提高该合约的交易保证金标准。(1)交割月份前一个月下旬的前一交易日结算时起,交易保证金标准为合约价值的1.5%。(2)交割月份第一个交易日的前一交易日结算时起,交易保证金标准为合约价值的2%。

第二是从严设置交割月份持仓限额。《5年期国债期货交易合约细则》(2015年第二次修订版)第二十二条还规定了实行持仓限额制度。对于进行投机交易的客户某一合约在不同阶段的单边持仓限额规定如下:(1)合约上市首日起,持仓限额为1 000手;(2)交割月份前一个月下旬的第一个交易日起,持仓限额为600手;(3)交割月份第一个交易日起,持仓限额为300手。

第三是设置最低交割标准。为减小交割违约风险,增加最小交割数量为10手的规定。客户申请交割的,在同一会员处的有效申报交割数量不得低于10手。最后交易日进入交割的,同一客户号收市后的净持仓不得低于10手。最后交易日收市后,同一客户号的双向持仓对冲平仓,平仓价格为该合约的交割结算价。符合交割要求的净持仓进入交割。

第四是完善国债交割中的差额补偿制度。为了防范交割违约,将差额补偿作为了结未平仓合约的一种方式。规定卖方未能在规定期限内如数交付可交割国债,或者买方未能在规定期限内如数缴纳交割货款的,可以采取差额补偿的方式了结未平仓合约。此外,充分考虑国债现货市场的流动性状况,在期现价差补偿的基础上,给守约方一定的流动性补偿。差额补偿金为期现价差加上合约价值1%的流动性补偿。

除5年期国债期货合约外,目前在中国金融期货交易所交易的还有10年期国债期货合约。

(三) 国债期货与国债现货的比较

国债现货和国债期货都是受市场利率影响的证券投资工具,现货是在两个交易日中交割的国债,而期货则是以现货为基础将来某个确定时间交割的国债。两者的主要区别在于:

(1) 交易形式不同。国债期货由交易双方公开竞价,在约定的时期按约定价格交收,国债期货交易双方无须见面,均通过标准化合约进行交易。而现货则是一手交钱,一手交券。

(2) 交易目的不同。期货交易为了套期保值和投机,是对现货价格风险的转移,以揭示未来走势的导向价格影响现货价格。而现货投资一般是为获取高于银行同期存款利息的无风险收益,同时也是为国家弥补财政赤字作贡献。

(3) 所有权不同。期货合约承诺到期转移所有权,但持有人并非一定要拥有,所有权归属游移不定,不甚明确。而现货须当场转移所有权,一清二楚,法律规定现货交易不得卖空交易,或以什么代保管单形式。记账式国债不属卖空交易,它也必须在规定的限额内发行,不得超出。

(4) 安全程序不同。期货是高风险投资行为,如预测失误,其亏损是难以估计的,而绝非仅仅保证金。现货安全可靠,无任何风险。

(5) 交易量限制不同。期货持仓量有严格限定,以防机构大户操纵市场。而现货则是鼓励购买,不受限制。

(6) 杠杆力度不同。期货以小搏大,用少量保证金操作大额资金,高风险,高回报。现货则必须全额购买。

三、股票指数期货交易

股票指数期货是指证券市场中以股票价格综合指数为标的物

的金融期货合约。交易双方买卖的既不是股票,也不是抽象的指数,而是代表一定价值的股指期货合约。投资者利用股价和股指变动的趋同性,采用在现货和期货两大市场中方向相反的操作以减少、抵消价格变动的不利因素,进行套期保值或投机获取风险利润。

1. 股指期货的特点

股指期货是现货股票市场与期货市场的共同产物,因此,股指期货结合了两者的特点,同时具有期货和现货股票的某些特点。不过,股指期货与一般意义上的股票和期货还是有很大的不同之处。相比之下,股指期货具有如下特征:

(1)股指期货的交易对象是股价指数,而不是实物商品。股价指数只是一个数字而不代表任何实物商品,这就使得股指期货不像一般商品期货和其他金融期货,它的交易对象是相应的指数。

(2)股指期货采用的是现金交割,不是实物(股票)交割。传统的期货合约在到期时必须按合约的规定,用指定规格的实物完成相应的交割。但是,股指期货的标的物是股票指数,它不是有形的商品,因此股指期货并不是以实物(股票)交割,而是买卖双方根据期货合约的"价格"与当前现货市场的实际"价格"之间的价差乘以相应的合约乘数,进行现金结算。

(3)股指期货是保证金交易,其"以小博大"的杠杆作用把收益和风险一起放大了。以我国的沪深300股指期货为例,其保证金比例是8%,则杠杆比率为8.33倍。投资者最低只要付出合约面值8%的资金就可以买卖一张期货合约,这一方面提高了盈利的空间,但另一方面风险也随之放大,如果投资者的买卖方向与股指期货的走势相反,其亏损额甚至可能超过投资本金。

(4)股指期货针对的是某一股市指数,合约价格只与该指数的高低有关,与该股市指数的点数成正比。例如,沪深300股指期货合约每一点指数都等于300元人民币,则合约价格就是用300元乘以股市指数,伦敦(金融时报)FT100指数期货每一点都等于250英镑,则合约价格就是用250英镑乘以该指数。

2. 股指期货合约的内容

下面我们以沪深300股指期货合约为例来介绍股指期货合约所包括的内容见表8-2。

表8-2 沪深300股指期货合约内容

合约标的	沪深300指数
合约乘数	每点300元
报价单位	指数点
最小变动价位	0.2点
合约月份	当月、下月及随后两个季月
交易时间	9:15—11:30,13:00—15:15
最后交易日交易时间	9:15—11:30,13:00—15:00
每日价格最大波动限制	上一个交易日结算价的±10%
最低交易保证金	合约价值的8%
最后交易日	合约到期月份的第三个周五(遇法定假日顺延)
交割日期	同最后交易日
交割方式	现金交割
交易代码	IF
上市交易所	中国金融期货交易所

资料来源:中国金融期货交易所。

（1）合约标的。沪深300股指期货的合约标的为沪深300指数，该指数于2005年4月8日正式发布，由沪深两市A股中最具代表性的、规模大、流动性好的300只股票组成。

（2）合约乘数及合约价值。合约乘数用以计算股指期货合约的价值，沪深300指数合约的合约乘数是300元人民币。合约价值等于股指期货合约价格乘以合约乘数。沪深300股指期货交易时以指数点报价，保留到小数点后一位，最小变动价位为0.2点，比如2200.4点、2200.6点等，不可以是2200.68点或2200.3点等。

（3）合约月份。沪深300股指期货的合约月份有4个，即当月、下月及随后的两个季月，季月指3月、6月、9月、12月。也就是说，同时有4个合约在交易。

（4）交易时间。沪深300股指期货的交易时间为9:15—11:30，13:00—15:15，但是，在最后交易日，沪深300股指期货交易的收盘时间与股票交易相同，都为15:00。

（5）每日价格最大波动限制。沪深300股指期货合约的每日价格最大波动限制为上一交易日结算价的±10%。最后交易日及季月合约上市首日的限制幅度为±20%。

（6）最低交易保证金。沪深300股指期货合约的最低交易保证金为合约价值的12%。

（7）交割方式。沪深300股指期货合约采用现金交割方式，即在合约到期时，交易双方不需要交割一篮子股票，等现货来了结到期未平仓合约，而是根据交易所的规则和程序，按照交割结算价进行现金差价结算。

除沪深300指数期货合约外，目前在中国金融期货交易所交易的还有上证50指数期货合约和中证500指数期货合约。

3. 股指期货交易实例

例8-1 某人欲买A股票100手和B股票200手，每股股价分别为10元和20元,但他现金要一个月后才能到位,为防届时股价上升,他决定进行恒生指数期货交易为投资成本保值。当时恒指为9500点,他买入一份恒指期货合约,成本为47.5万港元(50×9 500)。一个月后,A股票市价12元,B股票市价21元,恒指10500点,他购入现货成本为54万港元(12×10 000+21×20 000),合约对冲52.5万港元(50×10 500),这样,他现货交易亏损4万港元,合约平仓盈利5万港元,总盈利1万港元。

由于分散化投资的策略,非系统风险一般可降至较低水平,因此,证券投资组合总风险近似为系统风险。如何避免系统风险是投资者的关注点。系统风险通常由β系数确定,非系统风险与此无关。所谓β系数是表明一种股价随市场变动而波动的幅度。如股市β系数为1.0,某个股β系数为1.2,则表示其股价波动大于大盘波动,反之也容易理解。具有较大β系数的证券或证券组合会面临扩大的系统风险,低风险股票有接近于零的β系数。某股票组合的β系数为1.25,表示它所选择的这个组合对未来市场变化的敏感度为1.25,即当市场大盘上升1%时,该组合价格上升1.25%。一种证券组合的β系数是组成它的各种证券β系数的简单加权平均,其权数等于投向这些证券资金的相对比例。其公式为:

$$B_p = \sum_{i=1}^{n} X_1 B_1 + X_2 B_2 + \cdots X_n B_n$$

例8-2 某人持有总市值约60万港元的10种股票,他担心市场利率上升,又不愿马上出售股票,于是以恒指期货对自己手持现货保值,当日恒指8000点,每份恒指期货合约价格400 000港元,通过数据得知,这10种股票的β值分别为:1.03、1.26、1.08、0.96、0.98、1.30、1.41、1.15、1.20、0.80,每种股票的比重分别为11％、10％、10％、9％、8％、12％、13％、7％、11％、9％,因此,该组合的 β 值为1.135 9,现要对该组合进行价格下跌的保值,应如何操作该合约? 三个月后,该组合市价为54.5万港元,恒指为7400点。投资者对冲后总盈亏多少?

根据对冲原理,手中有现货属做多,期货合约则做空,要出售多少份合约,得依据组合总市值与每份合约的价值之比,再乘上 β 系数。

即, $\dfrac{600\ 000}{50 \times 8\ 000} \times 1.135\ 9 = 1.7$ 份

四舍五入,投资者应出售2份合约以求保值,三个月后,现货交易损失5.5万港元,合约每份价格37万港元,合约对冲盈利6万港元,与现货交易亏损相抵,共盈利5 000港元。当然,该投资者当初可以出售超过2份以上的合约。比如,他当初开出4手空仓,那么现在盈利也许要翻番,反之,如预测失误,损失也将加倍。但这样的操作,已不是套期保值了,本案例为说明套期保值原理,省略了交易成本,实际盈利额还要降低。

熟练地掌握股指期货合约的基本操作套路和套期保值、对冲的技巧后,还可进一步进行跨月份、跨市场、跨交易品种的交叉操作,以达到最大限度地释放风险和增加利润的双重目的。总之,股指期货既是证券市场的衍生产品,它与股票现货市场密切相关,唇齿相依,又是股市的风向标。如股指期货下滑暴跌,股票现货市场也难有起色,投机者在股指高点位卖空股指期货,起到一箭双雕的作用,既为了在期市中牟利,又可趁机打压股指,形成市场下行的羊群效应。市场恐慌心理足以达到抛压现货,拉低市价,可在股指期货合约到期前低价补回对冲平仓,所以逆向购回的合约成本越低,利润就越高。

第二节　证券期权交易

债权股票的期货交易为金融商品期货交易的拓展创造了想象的空间,证券期权交易就是在此基础上产生的一种交易形式。尽管至今我国尚未发展出这一交易品种,但是,它的形成和发展具有客观必然性,所以有必要提前做出阐述说明。

一、期权交易的种类

期权是期货交易的一种选择权,它表示人们可在特定的时间,以特定的价格交易某种一定数量商品的权利,期权交易就是某种权利的交易。本章节所论述的期权是指以金融期货合约为标的物的期权交易。期权的买入方向期权的卖出方支付了一定的费用后,即获得了能以确定的时间、价格、数量和品种买卖金融期货合约的权利。买入方可根据自己意愿,选择执行该权利,或放弃该权利,甚至可将权利出售他人直接获利,反之,在收取了一定费用后,卖出方必须按规定随时准备履约,而无法要求弃权。显然,期权交易的双方在权利与义务上是呈一种不对称性,这特点贯穿交易全过程。

期权的种类比较丰富,一般有以下几种分类的方式:

1. 按照合约授予期权持有人权利的类别可以划分为看涨期权和看跌期权

看涨期权是指期权赋予持有人在到期日或到期日之前,以固定价格购买标的资产的权利。其授予权利的特征是"购买"。因此也可以称为"择购期权""买入期权"或"买权"。当投资者预测或者担心标的资产会上涨,就会购买看涨期权。到期时,如果标的资产的市场价格 S_T 大于协定价格 X,那么他将执行此期权。投资者有权用协定价格 X 购买市价为 S_T 的标的资产,将获利 $S_T - X$;如果标的资产的市价 S_T 小于等于协定价格 X,那么他将弃权。由此欧式看涨期权到期时的收益函数为 $\max(S_T - X, 0)$,见图 8-1(1);对于看涨期权的卖方,到期时期权收益函数为 $-\max(S_T - X, 0)$,收益函数见图 8-1(2)。

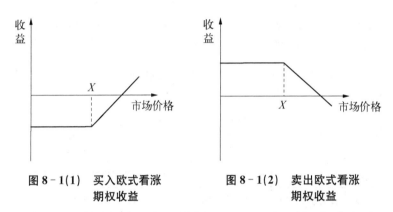

图 8-1(1)　买入欧式看涨期权收益　　　图 8-1(2)　卖出欧式看涨期权收益

看跌期权是指期权赋予持有人在到期日或到期日前,以固定价格出售标的资产的权利。其授予权利的特征是"出售"。因此,也可以称为"择售期权""卖出期权"或"卖权"。当投资者预测或者担心标的资产会下降,就会购买看跌期权。到期日时,如果标的资产的市价 S_T 小于协定价格 X,那么他将执行此期权。投资者有权按协定价格 X 卖出市价为 S_T 的标的资产给期权的卖方,将获利 $X - S_T$;如果标的资产的市价 S_T 大于等于协定价格 X,那么他可以选择放弃执行期权。由此,欧式看跌期权到期时的收益函数为 $\max(X - S_T, 0)$,见图 8-2(1);对于看跌期权的卖方,到期时期权收益函数为 $-\max(X - S_T, 0)$,见图 8-2(2)。

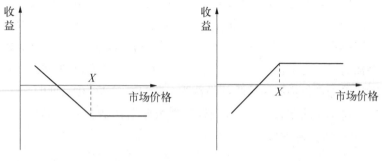

图 8-2(1)　买入欧式看跌期权收益

图 8-2(2)　卖出欧式看跌期权收益

如果期权被执行,那买卖双方的权利和义务关系如表 8-3 所示。

表 8-3　期权被执行买卖双方的权利义务关系

	看 涨 期 权	看 跌 期 权
买方	有权按照协定价格买入标的资产	有权按照协定价格卖出标的资产
卖方	有义务按照协定价格卖出标的资产	有义务按照协定价格买入标的资产

2. 按照期权执行时间可以划分为欧式期权和美式期权

美式期权是指期权的购买方可以在该期权到期日或到期日之前的任何时间执行合约;对于欧式期权,期权的购买方只能在到期日执行合约。

欧式期权和美式期权的主要区别在于执行期限不同。美式期权的优势在于在其期限内的任意时候都可以执行期权,从而同样条件下,美式期权的价格相对欧式期权要高一些。

另外,还有一种百慕大期权,买方行权期限既非到期日,亦非到期日之前的所有时间,而是到期日前的某段时间。

3. 按照期权合约的标的资产划分,期权可以分为现货期权、期货期权和期权的期权

现货期权的标的物是各种现货,如:农产品、外汇、股票等;期货期权的标的物为各种期货,例如各种商品期货、外汇期货和股票指数期货等;期权的期权标的物为各种期权,这种期权比较复杂。

4. 按照期权的应用范围,可以分为实物期权和金融期权

实物期权是指不在金融市场上交易,但是符合期权的基本原理的一些投融资项目,这种期权日益受到人们的关注;金融期权是指金融市场上进行交易的期权,例如:利率期权、外汇期权等。

5. 按照交易场所分为场内期权和场外期权

场内期权又称上市期权,是指按交易所固定的程序和方式进行交易的期权。这种期权合同都是标准化合约,所有合同要素都是由交易所制定的。老牌的期权交易所有芝加哥期权交易所,国际证券交易所和费城股票交易所,后起的有韩国股票交易所和香港证券交易所,期权的交易量比较大。

场外期权是指在交易所以外非集中性交易所交易的期权。期权合约的内容买卖双方协商制定,没有标准化的文本。

场内期权和场外期权各有优缺点。场内期权由于其标准化的合约,交易便利、成本较低,流动性强,同一个合约参与者众多,但是灵活性较差。场外期权灵活性较高,可以根据参与者的需求,量身定制期权合约。也可以通过现代通信工具完成交易,但是同一个合约参与者较少,风险较大。

二、期权价格的构成及期权与期货交易的比较

证券商品和证券交易方式处于不断的更新发展过程中,新旧

之间有着内在的延续性,投资者需要充分了解证券商品和证券交易之间的区别与联系,尤其是对那些相近相似的商品和形式,这将有利于交易结果的优化。

1. 期权价格的构成

期权价格主要由内在价值和时间价值所组成。

(1) 期权的内在价值。

期权的内在价值是指当期权立即执行时投资者获取的回报,以欧式期权为例,看涨期权的内在价值可以表示为 $\max(S_T - X, 0)$,看跌期权的内在价值为:$\max(X - S_T, 0)$。

其中:S_T 表示标的资产到期时的市场价格;

X 表示期权的协定价格。

在不考虑时间价值的条件下,对于一份协定价格为 50 元的看涨期权,如果现在标的资产市场价格为 55 元,那么其内在价格为 $55-50=5$ 元;对于一份协定价格为 50 元的看跌期权,如果标的资产市场价格为 40,那么其内在价值为 $50-40=10$ 元。

由公式可见,期权的内在价值决定于标的资产价格与协定价格之差。

具有内在价格的期权称为实值期权,没有内在价格的期权称为虚值期权,当标的资产价格与期权执行价格相等,则称为平价期权。

(2) 期权的时间价值。

期权价格主要取决于其内在价格。但是,在现实交易中,经常有各种期权市场价格高于期权的内在价格,在平价期权和虚值期权的交易中体现得更加明显。之所以会如此,是因为期权价格中还隐含了另外一个因素,这就是期权的时间价值。

期权的时间价值是指期权购买者为购买期权而实际付出的期权费超过该期权内在价值的部分价值。与剩余期限和内在价值有关。一般来讲,剩余期限越长,时间价值越大;但当期权临近到期日时,在其他条件不变的情况下,时间价值下降速度加快,并逐渐趋于零。另外期权时间价值还与标的资产的波动性有关,一般波动率越大,期权的时间价值也越大。

与内在价值不同的是,期权的时间价值比较难以计算,一般用期权的市场价格减去期权的内在价格。

(3) 期权价格、内在价值和时间价值之间的关系。

对于虚值期权和平价期权,期权的价格就是时间价值,实值期权的价值则包含了内在价值和时间价值,如图 8-3 所示。

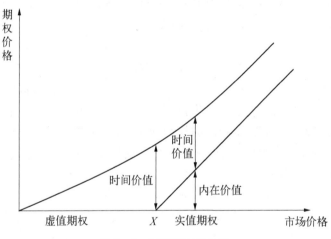

图 8-3 看涨期权的价格

2. 期权交易与期货交易的区别

(1) 期权和期货都是金融衍生工具。此两者与股票债券等基本金融工具一起,以模块式的零部件组装,创造出能满足投资者的各种要求的新型金融产品,这也是金融工程的核心技术。所谓的资产证券化就是运用这些方法创造金融工具的过程。期权由于其盈亏图形的非线性,以及具有的时间价值,通过双向组合,演变出具有收益与风险相对应的新型金融产品,每一新品种都是在原有基础上增添新因素,形成新功能,操作更随机,这就很难为滞后的法规条文所界定、制约和管理。通过少量保证金带动大量资金的操作,它是一把双刃剑,其杠杆效应既能带来丰厚的收益,又会造成金融市场的狂涛巨澜,所以在享受它的魅力的同时,也要保持充分足够的警惕。

(2) 期货交易不像期权交易那样,依据客户需求量体定做。比如在商业银行定期存款中包含着提前支取的期权因素,又如股份公司在破产清算时,股东只承担有限责任,这就有将部分亏损债务转移给债权人的期权因素等。它可使交易双方中的某一方将损失限定在某一范围内,而这是期货所无法做到的。

(3) 期权交易与期货交易双方的权利义务不同。期权合约只赋予买方权利,买方可选定执行或弃权或转让,而卖方只有承担合约规定的义务,不得提出弃权。在合约有效期内,卖方应随时准备履约,当然,在买方还未提出执行需求时,也可转让合约。而期货交易双方都具有完全相同的权利和义务,这种权利和义务可通过采用对冲方式予以取消,或在合约到期后以实物交割方式了结。除此之外,期货双方无权转让合约。

(4) 期权交易与期货交易双方承担的风险是不同的。期权交易中,买方承担的亏损是有限的,而期货交易双方承担的风险是一致的和无限的,它会随价格变动的幅度而同向变化,但不一定完全同步。这从双方交易保证金支付的规定中可得到证明,期权买方是无须支付保证金的,因其全部亏损不会超过期权费的支出。而期货交易双方都必须缴纳保证金,以防违约。

期权交易是在期货交易基础上发展演变的,期权的包容量大于期货,期权的标的物甚至囊括期货合约和期权自身。人们进行期货套期保值交易,是为了转移风险,避免可能的损失,但与此同时,却也不得不放弃一旦价格有利变动时带来的原本归己的盈利。

本书曾经提到这部分盈利应作为投机者的风险补偿,但对称性的风险在期权交易中却并不存在。期权交易的游戏规则使得投资者既可通过执行期权,获得价格有利变动带来的盈利,又可采取弃权,避免价格不利变动带来的亏损。

三、期权交易的案例分析

期权买卖是为了保值、增值或投机,其方法多种多样,以下案例可以介绍期权合约的操作,分析投资者在不同价位采用不同策略的效果。

例1:某人买入一份看涨期权,有效期3个月。当时该品种市价20元,合约规定他有权在3个月中任何一天按协定价格每股21元购入该品种一百股,期权费每股2元。若干天后,行情上升到25元,期权费也上升到5元。请判断投资者如何操作才能获利最大?

假定一,他当初并未买什么期权,而是直接买一手股票,那么,现在账面盈利500元,投资收益率达25%。

假定二,如案例所说,他现在决定执行合约,扣除成本共盈利200元,投资收益率达100%。

假定三,他决定直接出售权利,获得300元,投资收益率达150%。

从这三种假定看,以直接出售期权得益率最高,属上策。当然,该投资者可以继续等待股价或期权价格的继续上扬,不过,这种等待是要承担风险的,万一行情反转,将有可能亏损。

如果股价果然下跌到19元,那投资者只能放弃自己的权利,因市价低于合约协定价格,再执行权利已毫无意义,他损失的上限就是当初支付的200元期权费。从这一案例中看出,投资者购买期权,既可从期权费投资中获利,又可在股价上升时执行权利获利,两利相比取其大。这种比较是以投资得益百分率,而不是以绝对数值进行的比较。人们买期权并非是为了买股票,也没有成为股东,无法享有公司的分红派息。

例2:某人以10元价格买入一手股票,成本1 000元,他准备长期投资,又恐行情下跌遭受损失,于是卖出一份同品种的看涨期权,合约协定价10元,期权费1元。这样,该投资者尽管什么也没有拿出,却凭空获得一笔期权费收入。假定若干天后,该股行情未变,仍是10元,那这合约的买入方因无利可图,一般均放弃权利,于是,这位权利卖方便心安理得收入100元。反之,行情上升到13元,这合约的买入方肯定会来要求履约,这位卖主则不得不将手中一手股票以协定价出售,履约结果亏损300元,扣除期权费收入,少赚200元。当然,他手中股票给他带来盈利300元,他也可以保持手中股票不动,以获得更高的市场差价,而直接到市场以市价购入一手股票履约,相抵后,仍净赚100元,其结果完全一样,这就达到了他当初为减少损失操作期权以保值的目的。假定第一种情况发生,即股价下跌到8元,尽管合约的买入方不再会来要求履约,但对卖主而言,似乎也并未占到什么便宜。他手中股票账面损失200元,与期权费收入相抵,实际仍损失100元。只不过股票在手,便有希望,仍有盈利的可能。

依据美国芝加哥期权市场历史统计数据,在所有交易的期权中,有一半以上的期权是放弃的,这说明期权卖主获利机遇并不小于买主。如同来保险公司要求索赔的人永远少于投保人一样,当然,这比喻不一定恰当,偶尔一巨额索赔案足以让保险公司破产。期权交易的关键仍是对行情走势有个较为准确的预测。

例3:某人手中仅有4 000元,他看好市价为40元的某股,同时,该品种的看涨期权合约价格为:期权费2元,协定价42元,他有两种投资操作方法:一是用全部钱购买一手股票;二是用全部钱购买期权合约,可购看涨期权合约20份。现假定该股行情升到

50元,他决定了结获利。那么第一种方法直接盈利1 000元,投资得益率25%,第二种方法执行权利的结果竟然获利12 000元,投资得益率高达300%,当然也许他需要一笔资金调头寸,事实上这并不影响他的盈利。此案例只是要说明投资期权合约,其杠杆效应同样明显,获利可能大大增加,而一旦判断失误,股价下跌,他最大的损失就是期权费,不会再多亏一分。

以上三个案例都是看涨期权,现在再分析看涨期权的对应方是如何操作,看跌期权是授予期权的拥有者可按合约规定的价格,向期权的出售方卖出一定数量的股票。

例4:某人以为自己手中某股市价30元偏高,有一定风险,但又不愿抛出,于是买入一份同品种看跌期权,合约价格为:期权费2元,协定价格30元。假如若干天后,行情确实下跌到25元,他即可执行权利,以30元价格出售该股一手,扣除成本获利300元,反之,如预测失误,行情上升到32元,他被迫弃权,损失200元,而手中股票增值200元,正好持平。只有当股价超过32元,他才真正获利。自然,他也可在手中并无股票的情况下进行期权投机操作。

现在,再看问题的另一方面,即出售看跌期权的投资者是怎样一种心态。因买入看跌期权的人看淡后市,他们指望市价下跌,以便能按高于市价的协定价出售股票获利。而看跌期权的卖方则恰恰相反,他们看好后市,以为出售看跌期权后,市价上升超过协定价,便可直接获取期权费收入,而不必再履行合约义务。继续此案例的讨论,合约的卖方在股价跌到25元时,只能以30元的协定价收回,履约结果亏损500元,扣除先前的期权费收入200元,实际亏损300元,这正好是合约买方的盈利。如股价上升到32元,合约买方自然弃权,其损失可由手中股票的升值抵补,如手中无股,亏损就不能抵减。卖方则稳稳到手期权费收入200元。如股价跌到28元,合约买方在执行权利时的盈利恰好与期权费支出相抵。

同样,合约卖方在履约中的亏损也恰好由期权费收入相抵,双方在28元价位上不盈不亏。如股价为29元,那么谁盈谁亏呢?由此,不难得出这样的结论,价格越跌,对买方越有利,而市价一旦超过协定,卖方稳赚期权费收入,买方则可通过手中股票的增值来弥补期权费的支出。总之,投资者应依据行情变化趋势操作期权合约,什么情况下可买入看涨期权或看跌期权,什么情况下出售这两个合约,能否在对行情有较大把握的前提下,加大操作合约的数量,以争取更大的收益?这需要人们熟练掌握这两种最基本的期权工具,才能灵活随机应变地运用这两个基本工具,获得更大收益或避免、减少更大的损失。这就是双向期权的概念。

双向期权也称为套做期权,即投资者可同时买卖两份或两份以上的同品种或不同品种的期权合约,以相互配合,进一步降低风险。这种套做无固定模式,全凭投资者操作的熟练程度以及对行情的预测准确度加以灵活运用。

例5:某人买入一份看涨期权,同时又卖出一份同品种看跌期权。该品种市价为20元,第一个合约期权费3元,协定价21元,第二个合约期权费2元,协定价22元,这位投资者在支付了300元成本后,即刻又收回200元,总成本100元。现假定在有效期限内,股价上升到26元,计算他执行这两个同品种,但方向相反的合约盈亏。

股价上升,执行第一个合约肯定获利:$(26-21-3)\times 100=200$元,在履行第二个合约时,可以料到要亏:$(22-26+2)\times 100=-200$元,两合约结果相抵正好持平。再假定股价从26元下跌到21元,恰与第一个合约协定价相同,毫无疑问,弃权,而第二个合约的买入方同样不会前来要求执行权利,合约同样弃权,该投资者总共损失100元,这也是当这两合约都不履约时损失的上限,这也是他当初套做期权以减少风险的目的。

根据图8-4作进一步分析(单位:元。横轴代表股价,纵轴零点上方是盈利,下方是亏损):

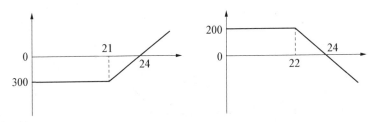

图 8-4 期权买入(左)和卖出(右)的盈亏情况

从图 8-4 左图中看出,第一个合约在价位 24 元时,执行结果盈利与成本相抵持平,图中实线穿越横轴点即是平衡点,而股价一旦跌进 21 元,则买方最大损失为 300 元,这也是他投资停损点。当股价在 21 元至 24 元之间盘整徘徊,投资者的成本则在 0—300 元之间相对应,即亏损额随价位增高而减少。当股价一旦冲破 24 元,他开始获利,随着股价不断攀升,其盈利空间是无限的。

从卖出看涨期权图(图 8-4 右图)看,股价只要不高于 22 元,他稳获全部期权费,在 22—24 元区间,期权费收入随股价上升而减少,一旦价位突破 24 元,投资者开始亏损,股价越高,亏损越大,从理论上分析,其亏损也是无限的。

将图 8-4 中左、右两个图合为一体,即得图 8-5。

根据合并图 8-5,可以提出这样的问题,即在什么价位,投资者总体不盈不亏?要达到这一目的,一般有两个途径:一是第一个合约成本减少 100 元;二是第二个合约盈利增加 100 元。显然,两个方案中,第二个途径是不可能的,而第一种方案中,成本减少 100 元相对应的价位是 22 元,在这一价位上,第二个合约的期权费收入正好抵补第一个合约的期权费成本。对于看涨期权的买方而言,亏损是有限的,盈利空间是无限的。反之,看涨期权的卖方盈利是有限的,亏损可能则是无底的。买入方以较小的成本即期权费换取较大盈利的可能性,而卖出方为了赚取有限的期权费收入甘冒巨额亏损的风险。

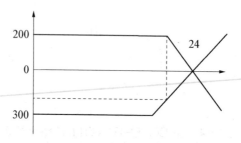

图 8-5 期权买卖盈亏情况

例 6：某人购入一手股票,单价 20 元,同时又买入同品种一份看涨期权合约和一份看跌期权合约。看涨期权合约期权费 3 元,协定价 20 元,看跌期权合约期权费 4 元,协定价 28 元。现假定行情上升到 28 元,那么,买入的看跌期权合约就正好起到保险的作用,将盈利予以锁定。如行情现为 24 元,则分别计算两个合约执行的结果。

看涨期权执行结果 $(24-20) \times 100-300=100$ 元盈利。

看跌期权执行结果：$(28-24) \times 100-400=0$

投资者执行这两个合约共计盈利 100 元,这 100 元也是套做这两个期权合约所能获得的最低盈利水平,即无论价格涨还是跌,执行结果盈利不会低于 100 元。以下求证：

当价位下跌至 20 元时,即看涨期权合约的账面盈利将悉数被抹去,并亏损 300 元期权费,而看跌期权合约账面盈利 $(28-20) \times 100-400=400$ 元,共计盈利 100 元。如价位进一步跌至 19 元,那第一个合约成本仍为 300 元,而第二个合约盈利增至 500 元,总盈利 200 元。不必再往下举例,可以推断股价越跌,总盈利越大。

再反向假定,如行情上升到 29 元,执行第一个合约盈利 600 元,第二个合约弃权,成本 400 元,总盈利 200 元。同样不必再往上举例,只要股价越涨,总盈利越大。这种双向期权成了标准的早捞保收型投资,哪边有利,便执行哪边合约。其基本保底盈利100元是肯定的。再从图8-6作进一步分析。

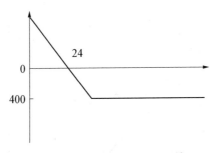

图8-6 买入看跌期权的盈亏情况

买入看跌期权,如图8-6所示,只要股价跌进24元,投资者开始获利,这点称为投资盈亏平衡点,即用协定价格减期权费。图8-6显示与纵轴相交的一点应该是盈利的最大值,即股价跌至零,其数值为2 400元,这仅仅是理论上能达到的极限价格,实际上也是不可能的。投资者最大亏损仅限于400元期权费。

根据期权买卖的对应原理,自然还应有一个卖出看跌期权的图形。其图表读者完全可依据买入看跌期权的图形推断绘出。卖出看跌期权的投资者看好后市,相信在卖出看跌期权后能稳赚期权费收入。合约规定他有义务在有效期限内,无条件接受买方向他出售的以协定价格计算的一手股票,无论该股市价为多少。自然,卖方希望行情上升,能超过协定价,使买入方被迫弃权,从而能稳获期权费收入。这收入也是有限的。而亏损理论上也是有限的,即股价为零。把期权的四种情况归纳如下(见图8-7)。

在双向期权交易中,人们还可将合约到期日一致,但协定价格不同的期权合约结合起来操作,这称为垂直型期权。反之,将合约到期日不同,但协定价格相一致的合约组合操作,这称为水平型期权。

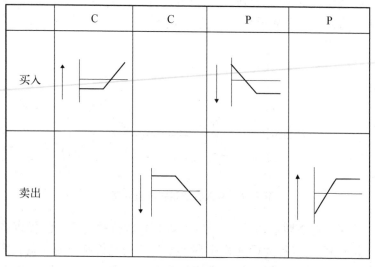

图 8-7 期权买卖的四种盈亏情况

例7：某人买入一份看涨期权，协定价格 20 元，期权费 2.50 元，而该品种市价为 17 元。他认为市场处于牛市，人们纷纷看好该股，买入看涨期权有利可图。而且同品种的看跌期权协定价格相对较低，被执行的可能性不大。于是他又同时卖出一份同品种看跌期权，协定价格 15 元，期权费 2 元，也增加了期权费收入，两份合约到期日相同，这样，他总成本仅 50 元。若干天后，该股行情上升达到 20 元，他只能放弃第一个合约，成本 250 元，同时，看跌期权的买入方同样弃权，他获得收入 200 元，净损失就是当初总成本 50 元。反之，行情上升到 20.50 元，他执行第一个合约，使第一个合约成本降为 200 元，与第二个合约收入相互抵销持平。从图 8-8 上分析：

可见，穿过横轴的交点即是投资者不盈不亏的平衡点。如行情继续上升到 22.50 元，他执行看涨期权可获得 250 元，剔除总成本 50 元，共计盈利 200 元，这 200 元实际就是他卖出看跌期权的

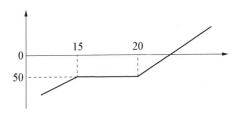

图8-8 垂直型看涨双向期权盈亏情况

收入。从这一案例中可知,这种双向期权合约操作,只要市价稍稍超出看涨期权协定价,投资者即可获利,股价越涨,获利越大。股价在15—20元之间徘徊,两个期权都弃权,总成本不变。一旦跌破15元,亏损开始加大,理论上最大亏损额为1 550元,但这种可能性微乎其微,尤其是在牛市环境下,人们才会运用这种垂直看涨双向期权策略。

例8:某人在股市处于熊市之时,认为某股现价17元还会进一步下挫,于是他买入一份看跌期权合约,协定价15元,期权费2.50元。同时,考虑到在熊市环境中,协定价格偏高的看涨期权被执行的可能性很小,于是又卖出一份同品种看涨期权,协定价20元,期权费2元,以能获得期权费收入,他总成本为50元。若干天后,股价始终在15—20元箱体间运行,投资者最大亏损仍是50元不变,因两个合约都弃权。如股价跌破15元,该投资者损失开始减少。当价位在14.50元时,他执行看跌期权的盈利与总成本抵销,处于不盈不亏的平衡点位置,如价位再下移,则真正获利。盈利的理论上限为1 450元。如价位反身向上,即投资者预测失误,股价突破20元,亏损增加,理论上无上限。从以下垂直看跌双向期权盈亏图8-9中可看出与上述垂直看涨双向期权盈亏图8-8完全对应。

介绍了垂直型双向期权后,再分析水平型双向期权策略。其基本特点是两个期权合约协定价格相同,但到期日不同。投资者的操作依据是期权的有效期限反映了合约的价值度,当然,近期期

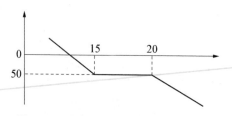

图 8-9　垂直型看跌双向期权盈亏情况

权的时间价值递减速度大于远期期权。人们可通过卖出近期期权，再买入远期期权来获得两期权之间的价差收益。

例 9：某人买入一份 9 月份到期的看涨期权，协定价格 17 元，期权费 3.50 元，同时又卖出一份同品种 6 月份到期的看跌期权，协定价格 17 元，期权费 2 元，总成本 150 元。如果该品种价格在 6 月份仍为 17 元，则第二个合约价值为零，第一个合约如果以 5 元出售，可获利 150 元。如果价位升到 20 元，第二个合约亏损 100 元，但第一个合约如果执行，扣除成本仍然要亏，不如直接以 4 元价格出售，可获利 50 元。如价位继续上升，两种期权价格接近，价差缩小，投资者由盈转亏，亏损加大，但不会超过 150 元。反之，如 6 月份价格从 17 元逐级下滑，第二个合约已到期，第一个合约内在价格也在降低，盈利消失而转为亏损，但亏损也不超过 150 元。从图 8-10 中可得到论证：

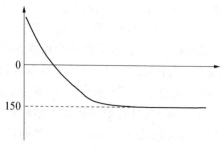

图 8-10　水平型双向期权盈亏情况

如股价在 19 元,人们出售第一个合约能获得 150 元,投资者就持平不盈不亏,或股价在 17 元,第一个合约能卖得 150 元时,投资者也持平不盈不亏。因此,图 8-10 中曲线穿过横轴的交点无法准确标出价位,这要依据出售合约的具体收入而定。

例 10:某人对近期市场因资产组合兼并等题材引起价格急剧波动的行情心中无数,难以把握方向,于是他决定买入一份看涨期权和卖出一份看跌期权,这两份期权合约具有相同的到期日、协定价格和标的物。这样,如行情涨,可执行前者,反之则持行后者,不管何种情况发生,均可坐山观虎斗,当个骑墙派。从图 8-11 分析:

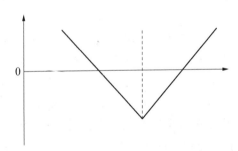

图 8-11 V 形双向期权盈亏情况

图 8-11 中可见,图形以两合约平衡点的中点为假设纵轴相对称,成 V 字形状,投资者最终能否获利,取决于他对未来行情波幅度的预测,而非方面性预测。其最大亏损就是价格最终停留在两个平衡点的中点,即两份期权费的总和。这种投机性操作策略也称为等量买入同价对敲,或称为底部同价对敲。由此类推,人们自然也可反向操作,采用等量卖出同价对敲策略,也称顶部同价对敲。

例 11:某人预计近期行情处于窄幅整理,牛皮盘整状,他卖出看涨期权和看跌期权各一份,指望届时价格波澜不兴,买入方都会被迫弃权,而使两份期权费收入囊中,请看图 8-12:

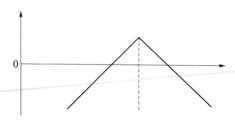

图 8-12 倒 V 形双向期权盈亏情况

图 8-12 恰为图 8-11 的颠倒,投资者最大的盈利是当行情正好等于协定价格时,即图 8-12 中的尖角顶,而最大亏损理论上是无限的,即尖角两端可向下延伸。股价波幅越大,潜在亏损就越多,表明他对后市判断的失误。

例 12:某人分别买入同品种、同期限的一份看涨期权和一份看跌期权。看涨期权合约协定价 85 元,期权费 3.50 元,看跌期权合约协定价 70 元,期权费 3 元。当时,股价为 77.5 元,投资者总成本为 650 元。从图 8-13 中可见,虚线图标分别为两个期权合约单独图形。现投资者采用买入两份异价合约对敲,实线图标呈平托型,显示了投资者的两个异价合约盈亏平衡点分别是 63.50 元和 91.50 元,即股价必须上涨或下跌超过 14 元以上,投资者方可真正获利。如股价始终在 70—85 元徘徊,两合约都将被迫放

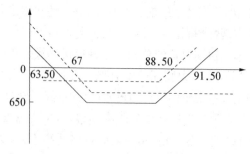

图 8-13 平托形双向期权盈亏情况

弃,亏损最大值为650元。

如股价在63.5—70元或85—91.5元两个区间运行,投资者多少可挽回一些损失。

作为买入异价对敲的对应,卖出异价对敲的图形正好相反,有兴趣的读者可试着绘出。

双向期权操作还可举出许多不同的案例,人们完全可根据自己对行情趋势的理解进行预测,作出自己独特的双向、多项期权组合,达到进一步降低风险加大风险收益等目的。

第三节 权 证

我国第一个权证产品是1992年沪市推出的飞乐股份股票的配股权证。1992年深圳证券交易所推出了"宝安93认股权证"2 640万张。1995、1996年深沪两市推出A2配股权证。1996年6月底证监会终止了权证交易。2005年配合股权分置改革,权证恢复发行。2005年8月22日第一只股改权证、第一只备兑权证——宝钢认购权证于上海证券交易所挂牌上市。2005年11月23日第一只认沽权证——武钢认沽权证于上海证券交易所挂牌上市。截至2006年上半年,沪深交易所的权证成交金额达9 389亿元,超过了中国香港市场的7 751亿元,仅次于德国市场的12 391亿元,位居全球第二。但是,配合股权分置改革所发行的权证期限比较短,随着股权分置的逐步结束,场内权证的交易也基本结束。

一、权证的基本概念及包含的要素

权证是指基础证券发行人或其以外的第三方发行的,约定持有人在规定期间内或指定到期日,有权按约定价格向发行人购买或出售标的证券,或以现金结算方式收取结算差价的有价证券。权证类似于期权,持有者可以行使权利,也可以放弃执行权利。

从权证的设计来看,包括以下要素:

(1) 发行人。

股本权证的发行人为标的上市公司,而备兑权证的发行人为标的公司以外的第三方,一般为大股东或券商。

(2) 到期日。

到期日是权证持有人可行使认购(或出售)权利的最后日期。该期限过后,权证持有人便不能行使相关权利,权证的价值也变为零。

(3) 行权方式。

在美式执行方式下,持有人在到期日以前的任何时间内均可行使认购权;而在欧式执行方式下,持有人只有在到期日当天才可行使认购权。在百慕大混合式方式下持有人有权在到期日之前的一个或者多个日期行权。

(4) 交割方式。

交割方式包括实物交割和现金交割两种形式,实物交割是指权证持有者行使认股权利时从发行人处购入标的证券,而现金交割是指权证持有者在行使权利时,由发行人向投资者支付市价高于执行价格的差额。

(5) 行权价格。

行权就是权证持有者在权证预先约定的有效期内,向发行人要求兑现其承诺。权证持有者在行权时向发行人购买或出售标的资产的价格就是行权价格,行权价格在权证发行时已约定好,它也称为执行价格。例如:雅戈 QCB1 的行权价格是 3.66 元,表示权证持有者到期时可用 3.66 元买入 1 股雅戈尔股票。

(6) 认购比率。

认购比率是每张权证可认购正股的股数,如认购比率为0.25,就表示每四张权证可认购一股标的股票。

(7) 行权期间。

行权期间是指权证持有者行使权利的有效期间,在此期间,持有者有权向发行人购买或出售标的资产。

(8) 杠杆比率。

杠杆比率是正股市价与购入一股正股所需权证的市价之比,即:杠杆比率=正股股价/(权证价格÷认购比率)。杠杆比率可用来衡量"以小博大"的放大倍数,杠杆比率越高,投资者盈亏的比例都会放大。

专栏一

宝 钢 权 证

宝钢权证是我国配合股权分置改革推出的第一个权证,它的主要条款如下:

1. 基本情况

△ 权证类别:认购权证

△ 标的证券:宝钢股份公司A股股票

△ 行权价:4.50元

△ 发行方式:派送

△ 份数:38 770万份

△ 权证存续期间:2005年8月18日至2006年8月30日,共计378天

△ 行权方式:欧式,仅可在权证存续期间的最后一个交易日行权

△ 行权日:2006年8月30日

△ 行权比例:1,即1份认购权证可按行权价向本公司购买1

股宝钢股份公司A股股票

△结算方式：证券给付方式结算，即认购权证持有人行权时，应支付依行权价格及行权比例计算的价款，并获得相应数量的宝钢股份公司股份

2. 权证交易、行权的程序

根据《上海证券交易所权证管理暂行办法》，经上交所认可的具有上交所会员资格的证券公司可以自营或代理投资者买卖权证。单笔权证买卖申报数量不得超过100万份，申报价格最小变动单位为0.001元人民币。权证买入申报数量为100份的整数倍。当日买进的权证，当日可以卖出。

认购权证持有人行权的，应委托上交所会员通过上交所交易系统申报；认购权证行权的申报数量为100份的整数倍；当日行权申报指令，当日有效，当日可以撤销；行权日买进的权证，当日可以行权。当日行权取得的标的证券，当日不得卖出；认购权证的持有人行权时，应支付依行权价格及标的证券数量计算的价款，并获得标的证券。

3. 权证的上市交易时间：2005年8月22日

4. 认购权证行权价和行权比例应予调整的情形和具体调整方法

宝钢股份公司A股股票除权、除息时，认购权证行权价和行权比例将按以下规则调整：

△当宝钢股份公司A股除权时，认购权证的行权价、行权比例将按以下公式调整：

新行权价＝原行权价×（宝钢股份公司A股除权日参考价/除权前一日宝钢股份公司A股收盘价）；

新行权比例＝原行权比例×（除权前一日宝钢股份公司A股收盘价/宝钢股份公司A股除权日参考价）。

△当宝钢股份公司A股除息时，认购权证的行权比例保持不

变,行权价格按下列公式调整:

新行权价＝原行权价×(宝钢股份公司A股除息日参考价/
除息前一日宝钢股份公司A股收盘价)。

5. 行权情况

2006年8月30日,宝钢股票收盘4.14元,低于行权价4.50元。宝钢权证持有者大部分弃权,但是还有逾550万份权证持有者选择了行权,行权率仍达1.43%。

二、权证的分类

权证根据不同的划分标准有不同的分类。

(1) 以发行人为标准,可以分为公司权证和备兑权证(见表8-4)。公司权证是由标的证券发行人发行的权证,如标的股票发行人(上市公司)发行的权证。备兑权证是由标的证券如股票发行人以外的第三人(上市公司股东或者证券公司等金融机构)发行的权证。

表8-4 公司权证和备兑权证的区别

	公 司 权 证	备 兑 权 证
发行人	标的证券的发行人	标的证券发行人以外的第三方
发行目的	筹资	给投资者提供一种投资组合管理工具
到期备兑	持有者认购股票而备兑	发行者按约定条件向持有者出售规定的股票
认购对象	只能认购发行股本权证的上市公司的股票	可以一只股票,也可认购一组股票
行权结果	公司股本增加或权益稀释	不会增加公司股本或权益稀释

（2）按照规定的权利划分，权证可以分为认购权证和认沽权证。认购权证赋予持有者在特定时间内以约定的行权价格向发行人购买标的股票的权利，其实质是股票的看涨期权；而认沽权证赋予持有者在特定时间内，以约定的行权价格卖出标的资产的权利，其实质是股票的看跌期权。

（3）以行权方式为标准，分为欧式权证和美式权证。约定持有人仅能在特定到期日行权的属于欧式权证，约定持有人有权在规定期间行权的为美式权证。

（4）以结算方式为标准，可以分为实券给付结算型权证和现金结算型权证。实券给付结算以标的证券所有权发生转移为特征，发行人必须向持有人实际交付或购入标的证券，而现金结算方式则是在不转移标的证券所有权的情况下仅就结算差价进行现金支付。

三、权证的价格及其影响因素

权证的价格也由它的内在价值和时间价值构成。认股权证的内在价值是指其标的股票价格与行权价格之差乘上换股比率，内在价值大于或等于零，不能小于零。权证的时间价值是指在权证有效期内，标的股票价格波动为权证持有者带来的潜在价值。时间价值一般很难计算，但是当权证为价内时，可以用权证的市场价格减去权证的内在价格粗略估算到。一般来说，认股权证剩余期限越长，时间价值就越大，剩余期限越短，时间价值一般就越小，越接近到期日，其价格一般会趋向内在价值。

影响权证价值的主要因素有：

（1）标的资产价格。

标的资产价格是影响权证发行价格及其交易价格走势的最主要因素。标的资产价格越高，意味着认购权证持有人执行权证所获收益越大,其价值就越大;认沽权证则相反,标的资产价格越高,其价值越小。

(2) 权证执行价格。

与标的资产价格相反,权证所约定的执行价格越高,认购权证的价值往往越低,而认沽权证的价值越高。

(3) 权证有效期。

权证有效期越长,权证的时间价值越高,因此权证价值一般也就越高。

(4) 标的资产价格波动性。

标的资产价格波动性越大,标的资产价格出现异常高(低)的可能性越大。权证处于价内的机会越大,价值一般比较大。

(5) 无风险利率。

无风险利率的高低,决定着标的资产投资成本的大小。无风险利率越高,投资于标的资产的成本越大,因而认购权证变得较具吸引力,而认沽权证的吸引力则相应变小,故认购的价值越大,认沽权证的价值越小。

关键词:

套期保值　涨跌停板　保证金交易　国债期货　股指期货　看涨期权　看跌期权　欧式期权　美式期权　内在价值　时间价值　双向期权　认股权证　备兑权证

思考题:

1. 如何通过股指期货操作达到套期保值的目的?
2. 股指期货合约通常包括哪些内容?
3. 期权买卖双方的权利和义务各是什么?
4. 期权价格制定依据什么原则?
5. 什么是水平型双向期权?它的基本特点是什么?人们如何通过操作该类

型的期权获利?
6. 期货交易和期权交易有何区别?
7. 期权价格的影响因素有哪些?
8. 如何进行期权搭配交易来盈利?
9. 试述权证价格及其影响因素。
10. 请说明权证与期权的异同。

第九章 证券市场的监管

本章重点:
1. 证券市场监管的"三公原则"
2. 证券市场监管的模式
3. 证券发行审核制度和注册制度
4. 上市公司信息持续性披露包括的内容
5. 对证券交易所的监管
6. 对证券经营机构的监管

一个有效的证券市场是有序运行的市场,它的运行离不开有效和全面的监管,这是保证证券市场公开、公平、公正运行;提高证券市场效率、发挥证券市场作用的重要前提和根本保障。它也是市场参与者必须遵循的游戏规则,以及进行准确的市场分析的重要依据。

第一节 证券市场监管概述

从监管主体来讲,证券市场的监管可以分为行业自律的内部监管和政府专门机构实施的外部监管;而政府对证券市场的监管又可以分为事前监管和事后监管两种。前者是指国家制定一系列法律、法规为各种市场参与者设定一个行为准则,后者是当市场参与者逾越了法律法规许可的准则后所对其进行的惩戒。

一、证券市场监管的目的

证券市场的监管是指国家通过立法对证券市场业务和从事证券业的机构与个人进行的监督和管理。由于证券市场上的证券发行与交易是一项相当复杂的融资、投资活动,涉及面广、内容复杂、影响广泛。对任何国家而言,都会影响其资源的配置、产业结构的调整,以及对国民经济的巨大的促进作用和反作用。同时,证券市场风云变幻,存在着许多牟取巨额利润的机会,很容易诱惑这个市场的参与者偏离应有的行为规范。所以,对证券市场的监管就变得格外的重要。

世界各国对证券市场监管都有不同的方法,但它共同的目的主要是:充分利用和发挥市场机制的积极作用,限制其消极影响;防止人为操纵市场,禁止证券欺诈等不法行为,增强投资者的信心,保护投资者的利益;引导居民储蓄转化为投资,促进经济发展和社会稳定。因此,各国纷纷采用经济、行政、法律等多种手段,对证券市场的参与者进行多层次、多方面、多渠道的管理。

我国对于证券市场监管的目的在于:保护投资者利益,保障合法证券交易的正常进行,督促证券交易机构依法经营,禁止个别企业垄断操纵和扰乱证券市场,维护证券市场的秩序;根据国家宏观经济管理的需要,采用多种方式来调控证券市场的规模,引导投资方向,支持重点产业,促进国民经济持续、快速、健康发展;充分发挥证券市场的积极作用,限制其消极影响,保障证券市场的健康发展。简而言之,即建立一个公平、有序、高效的证券市场。

1. 保护投资者利益

证券投资是高收益、高风险的投资,特别是企业债券和股票的投资风险更大。证券市场的参与者除了企事业单位、银行及其他非银行金融机构以外,还有大量分散的个体投资者。为了他们都能够正确选择投资,减少因为对筹资者经营情况和证券市场行情不够了解以及缺乏投资知识带来的风险,国家通过立法和各种管理措施,监督筹资者的资信,公正地进行评级。严厉处罚弄虚作假的行为。另外,通过立法形式确认和保护投资者的合法收益,制裁侵害投资者合法利益的行为,保障投资者在证券市场上各个环节的合法权益。

发展证券市场,必然要建立竞争机制,由于市场供求规律的作用,市场价格经常会发生波动,难免会有少数投机者采用不正当手段来哄抬市场价格、买空卖空、牟取暴利;有些公司甚至伪造各种文件欺骗公众,骗取其资金;有些券商利用受客户委托的机会,挪用客户资金为自己牟取暴利;有些证券从业人员与投机分子内外勾结进行内幕交易,操纵市场。为此,国家必须加强证券市场的监管,对上述人员的活动进行检查,严厉查处非法的证券交易活动,维护证券市场的正常秩序,促进证券市场的健康发展。

2. 健全证券市场体系

证券市场活动具有相当的复杂性,不仅参与的主体呈现多样化的特点,而且融资工具、交易方式、债权与债务关系的转换,都不尽相同。因此,需要国家根据它们的不同特点和运行规律,它们之间的客观内在联系,以及整个经济发展的需要,来统筹规划、建制立法,加强监督和管理,才能促进证券市场体系不断完善和协调发展,充分地发挥证券市场的作用。

可以肯定,无论国内国外的证券市场监管都将"保护投资者的利益"作为核心任务,并将其放在首要地位。这是因为:在证券市场参与各方中,投资者是证券市场的基础和支柱,没有他们的积极参与,就不会有证券的发行与交易,证券市场的基本功能就难以实现。投资者对于市场的信心,是证券市场得以存在和发展的基本保证。只有真正保护投资者利益的市场,才能给投资者以安全感和信任感,市场才能充分活跃和持续发展。尤其像我国这样一个处于发展初期的新兴证券市场,中小投资者占绝大多数,保护他们的利益尤为重要,这正是中国大力规范证券市场的根本目的所在。规范和发展是我国证券市场运作的两大主题,从根本上说,它们是推动中国证券市场健康稳定发展的长期利好因素。规范、着眼于证券市场的质;发展、在重质的同时强调证券市场的量。规范的基本标志是市场规则的法制化和监督管理的有效性;发展的基本表现是证券市场规模的扩大,两者的辩证统一,贯穿于中国证券市场运作的全过程。

规范和发展是优势的相互联系相互促进,规范的目的是为了更好地发展,发展又必须以规范为基础,倘若不对证券市场进行规范,投资者对证券市场望而生畏,信心不足,发展就变成了无本之木,无源之水。然而发展是硬道理,规范市场,始终是为了促进市场的健康发展。同时,发展也会为规范创造条件,发展推动证券市场不断规范。从某种意义上说,没有发展就没有真正意义上的规范,因为唯有市场不断发展,才能有相应的规范,才能有规范化水平的提高。这个道理,已为并将继续为中国证券市场的实践所证实。

二、证券投资监管的原则和方针

为了达到规范和发展的目的,我国证券管理当局根据证券市场实际情况,结合国际上通用的管理办法,颁布了相关的"三公原则"和"八字"方针,指导我国的证券市场正常运作。

1. "三公"原则的内容

保护投资者的利益,关键是要建立起公平合理的市场环境,为投资者提供平等的交易机会和获取信息的机会,使投资者能够理性地,自主地决定交易行为。因此,建立和维护证券市场的公开、公平、公正的"三公"原则,是保护投资者合法利益不受侵犯的基本原则,也是保护投资者利益的基础。"三公"原则的具体内容包括:

(1)公开原则,又称信息公开原则。公开原则的核心要求是实现市场信息的公开化,即要求市场具有充分的透明度。公开原则通常包括两个方面,即证券信息的初期披露和持续披露。信息的初期披露,是指证券发行人在首次公开发行证券时,应当完全披露有可能影响投资者作出是否购买证券决策的所有信息;信息的持续披露,指在证券发行后,发行人应当定期向社会公众提供财务及经营状况的报告,以及不定期公告影响公司经营活动的重大事项等。信息公开原则要求信息披露应及时、完整、准确、真实。信息公开原则是公平、公正原则的前提。证券市场中的投资活动是一连串信息分析的结果,只有市场信息能够公开地发布和传播,投资者才能公平地作出自己的投资决策。也只有如此,才能防止出现各种证券欺诈和舞弊行为,保证市场公正。

(2)公平原则。证券市场的公平原则,要求证券发行、交易活动中的所有参与者都有平等的法律地位,各自的合法权益能够得到公平的保护。这里,公平是指机会均等,平等竞争,营造一个所有市场参与者进行公平竞争的环境。按照公平原则,发行人有公平的筹资机会,证券经营机构在证券市场有公平的权利和义务,投资者享有公平的交易机会。对于证券市场的所有参与者而言,不能因为其在市场中的职能差异、身份不同、经济实力大小而受到不公平的待遇,而要按照公平统一的市场规则进行各种活动。

(3)公正原则。公正原则是针对证券监管机构的监管行为而言的,它要求证券监督管理部门在公开、公平原则的基础上,对一切被监管的对象给予公正待遇。公正原则是实现公开、公平原则的保证。根据公正原则,证券立法机构应当制定体现公平精神的法律、法规和政策，证券监管部门应当根据法律授予的权限公正履行监管职责。要在法律的基础上，对一切证券市场参与者给予公正的待遇。对证券违法行为的处罚，对证券纠纷事件和争议的处理，都应当公正进行。

"三公"原则是贯穿证券市场运行过程中的基本原则。建立公开、公平、公正的市场环境，保证所有的市场参与者都能够按照市场经济的原则，在相互尊重对方利益的基础上进行投资活动，是证券市场规范化的一个基本要求，也是保护投资者合法利益的前提和基础。

2. 发展证券市场的"八字"方针

所谓发展证券市场的"八字"方针就是"法制、监管、自律、规范"。八字方针中的法制强调的是立法，监管强调的是执法，自律强调的是守法和自我约束，规范强调的是证券市场需要达到的运作标准和运作状态，是证券市场运行机制和监管机制完善和成熟。八字方针是建立在我国证券市场发展的实际情况基础上的、保证证券市场健康发展的长期指导方针。

八字方针揭示了证券市场发展过程中各因素之间的相互关系，四个方面相辅相成，缺一不可。其中，法制是基础，监管和自律是手段，规范则是目的与核心。

（1）法制是基础。法制建设是保证市场沿着正确轨道健康发展的基本条件。没有规矩，不成方圆。证券市场的建立、规范和发展，要以科学完整的法律制度为基础。证券市场是市场经济的一个重要组成部分，必须以法律制度来规定市场参与者的权利和义务，约束各种危害社会整体利益的行为，维护正常的市场秩序，否则市场只能处于盲目无序的状态。

（2）监管和自律是法律手段。国家监管和行业自律是落实证券市场法制的根本保证。有法不依，法制与规范就无从谈起。国家监管和行业自律相互补充、共同作用。各国证券市场的发展经验表明,为了有效地控制风险,推动证券市场的健康发展,需要一个强有力的监管机构对市场实行有效管理。由于我国的证券市场发展时间短,对强有力的监管机构的要求更加突出。另外,市场的有序运作还必须强调自律,发挥市场组织者、参与者的自我管理和相互监督作用。因为,证券市场的参与者数量众多,运行程序复杂、相关因素广泛,仅靠国家监管的单方面运行远远不够;而且,自律也是保护市场参与者和组织者自身利益的需要。

(3) 规范是目的,是做好证券市场工作的基本出发点,也是八字方针的核心。规范的证券市场,能够引导社会资源于生产效率较高的经济部门,促进国民经济的发展。从国际经验来看,每一次规范都为证券市场的发展创造了条件。如1929年以前美国证券市场的规范程度较差,1929年股市大崩溃之后,美国政府先后制定了一系列法律法规,成立了证券监管机构,此后美国证券市场得到了迅速发展,逐渐成为世界上最大的证券市场。同样,20世纪90年代初,我国也爆发了股市过热,出现了各种操纵股市的现象,严重影响市场正常发展。1992年之后,国家成立了国务院证券委员会和中国证券监管委员会,健全完善监管,开始各项立法,市场逐渐步入健康发展的轨道。

总之,"法制、监管、自律、规范"八字方针,就是要求在法制的基础上,通过监管、自律达到证券市场规范化的目的,促进其更好的发展、为国民经济良性运行服务。

三、证券投资监管的方式与手段

为了履行管理监督的职责,证券监管机构必须采用有效的管理方式。我国目前主要采用行政管理监督、自律性管理监督、公开性监督和社会公众监督相结合的方式,把运用法律手段与运用经济手段、行政手段结合起来。

1. 证券市场监管的方式

（1）行政性监督是一种最主要的管理监督方式，也是比较有力和有效的方式。在中国目前情况下，进行行政性管理监督机构的主要有：国务院证券管理委员会、中国证券监督管理委员会、国家计委、中国人民银行、财政部、国家外汇管理局等有关部门。这种监管的主要特点在于其具有法律性、强制性和全面性。也就是它具有法律依据和保障，任何与证券市场活动有关的机构、个人及事项，都必须无条件接受监督管理：如果被监管者有违法行为，监管机构将依法对其进行处罚或者提交法律部门制裁；当然，任何管理机构出现执法不当的情况时，被监管者也可以依法提出诉讼。行政性监管既可以监管证券发行，也可以监管内部发行；既可以监管证券的上市交易，也可以监管柜台交易；既可以监管证券发行上市公司，也可以监管所有的证券经营机构、券商和经纪机构，以及投资者的交易行为。可见，行政性监管包容了所有与证券市场活动的有关方面。

（2）自律性管理监督主要指交易所、证券经营机构及证券行业协会等建立一套自律性规章制度。这些规章制度都是根据国家的有关法律法规和政策、证券主管机构的要求，所制定的相应经营运作规程、细则等，对其内部以及证券的发行与交易，实行严格的监督管理。由此可见，交易所既是一个证券交易的经营与服务机构，也是一个监督管理机构，具有监督管理证券交易活动的职能，是一种非官方的、带有自律性质的监管。

（3）公开性监督是指每个证券发行和上市公司，必须根据公开原则，公开证券主管机构及证券交易所要求提供的文件资料；资产评估机构要对发行和上市的公司资产进行评估，并签署资产评估报告；信用评级公司要对其信用进行评级，并出具相应的等级证明;会计师事务所要对公司的财务报告进行审核,并签署财务审计报告;证券主管机构和交易所要对所有文件资料进行审核,提出最后审批意见。与此同时,上述文件和资料还要登载在指定的报刊上,公之于众。而且,每一个公开发行证券并上市的公司,都必须接受这一监督。

(4)社会公众监督是指投资者为了维护自己的合法权益,对证券发行和上市交易以及对发行公司、证券经营机构实行的监督。公众监督的主要方式有:对发行上市的公司进行评价和监督,决定是否对公司进行投资;投资者成为公司股东后,有权参加股东大会,并投票进行表决和检查公司的账簿等记录;新闻媒介、投资团体或者机构投资者也可以进行类似的监督活动。

2. 证券市场监管的手段

证券市场监管的手段主要有以下三种:
(1)法律手段。指通过制定一系列的证券法规来管理证券市场。
(2)经济手段。指通过运用利率政策、公开市场业务、税收政策、保证金比例等经济手段对证券市场进行干预。
(3)行政手段。指通过制定计划、政策等对证券市场进行行政性的干预。这种手段比较直接,但有可能违背市场规律而带来负面影响。

四、证券市场监管模式介绍

证券市场的监管,是国家金融监管的重要组成部分。由于各国证券市场发育程度不同、政府宏观调控手段不同,所以,各国证券市场的监管模式也不尽相同,概括起来,主要有国家集中统一监管模式和自律模式。

1. 国家集中统一监管模式

在这种模式下,由政府下属的部门,或由直接隶属于立法机关的国家证券监管机构对证券市场进行集中统一监管,而各种自律性组织只是起协助作用。集中统一监管模式以美国、日本、韩国、新加坡等国家为代表。美国根据1934年《证券交易法》设立了证券交易管理委员会(SEC),它直接隶属于国会,独立于政府,对全国的证券发行、交易、券商、投资公司等依法实施全面管理;日本的证券主管机关是金融监督局(FSA),具体执行职能则由隶属于监督局的证券局负责。金融监督局内部同时还设立了证券交易监督管理委员会(SESC),单独负责对证券市场的监管。虽然SESC独立于FSA,但这种独立性是组织机构意义上的。它没有直接的执法权力而只能借助于FSA或其他机构行使监督的权力。因此,日本证券监管模式本质上还是一元的,只是SESC加强了对证券行业监管的力量。

集中监管体制的优点在于:能公平、公正、高效、严格地发挥监管作用,并能够协调全国证券市场,防止出现过度投机的混乱局面;具有统一的证券法规,使证券行为有法可依、提高了证券市场监督的权威性;监管者地位相对超脱,更注重保护投资者的利益。集中监管的不足在于:证券法规的制定者和监管者超脱于市场,从而使市场监管可能脱离实际,缺乏效率;对市场发生的意外行为反应较慢,可能处理不及时。

2. 自律模式

自律模式通常没有制定直接的证券市场管理法规,而是通过一些间接的法规来制约证券市场的活动;同时,这种模式不设立全国性的证券管理机构,而是仅依靠证券市场的参与者,如证券交易所、券商协会等进行自我管理。英国、德国、意大利、荷兰等国是自律模式的代表。以英国为例,英国没有证券法和证券交易法,只有一些间接的、分散的法规;英国虽然设立了专门的证券管理机构,称为证券投资委员会,依据法律享有极大的监管权力,但它既不属于立法机关,也不属于政府内阁,实际监管工作主要通过英国证券理事会和证券交易协会为核心的非政府机构进行自我监管。

自律监管具有如下优点:能充分发挥市场的创新和竞争意识,有利于市场活跃;允许券商参与制定证券市场监管规则,从而使市场监管更切合实际,制定的监管法律法规具有更大的灵活性、效率更高;自律组织对市场发生的违规行为,能够作出迅速而有效的反应。但是,自律模式的缺点也是显而易见的:通常把重点放在市场的有效运行和充分保护证券交易所会员的经济利益上,对投资者利益往往没有提供充分的保障;由于没有立法作为后盾,监管的手段较为软弱;没有统一的监管机构,难以实现全国证券市场的协调发展,容易造成混乱。

由于上述原因,不少原先实行自我管制的国家或实施集中管制的国家,现在已经逐步向另一种监管模式进行转变。例如,1996年英国政府宣布,要彻底改变证券市场的传统监管方式,加强政府监管力量,而其他一些实行集中监管模式的国家,如美国、日本等,也开始向自律监管模式靠拢。但是,这些改变并非是从一个极端走向另一个极端,上述国家大都采用较为温和的中间模式,实行分级管理模式,由政府和自律机关相结合进行管理,或者由中央政府、地方政府以及自律机关联合进行监管,这样可以形成官方与民间、中央政府与地方政府之间的权利分配与制衡,克服了上述两种管理模式各自的弊病。

3. 我国证券监管模式的现状

我国目前证券市场监管模式比较偏重于集中统一监管,则是因为我国证券市场起步较晚,历史短暂,正处于发展阶段,目前仍然是一个非高度自由、相对独立、非统一的地方割据市场;它缺乏完善的证券法制体系,市场自律功能较差,政府直接参与、多部门管理。要改变这种格局,我国证券监管模式的设计就应当从实际出发,在政府统一管理、调控、监督、指导下,充分发挥地方政府的作用和证券市场的自律功能,综合运用法律手段和市场调节手段,实施中央监管、地方监管和市场自律相结合的管理模式,逐渐完善和发展中国的证券市场。

4. 各国证券市场监管的运作介绍

各国因证券市场发展的历程及所在国政府对经济运行的调控方式以及受到其他国家或者地区的监管模式的影响程度不同,监管的体制不同、监管机构的运作也有明显的差别。

(1) 美国是集中立法管理体制的典型代表。国家对证券市场的管理有一套完整的法律体系,其证券管理的主要法规包括:1933年的《证券法》、1934年的《证券交易法》、1940年的《投资公司法》等。在管理体制上,实行以美国证券交易委员会(SEC)为全国统一管理证券经营活动的最高管理机构,同时成立"联邦交易所"和"全国交易协会",分别对证券交易所和场外证券业务进行管理,形成了以集中统一管理为主、以市场自律为辅的较为完整的证券监管体制。SEC在管理上注重公开原则,对证券市场的监管主要以法律手段为主,如对证券交易的监管主要依据1934年的《证券交易法》中规定的反垄断、反欺骗、假冒条款等进行处理,而且处罚主要采用刑事手段。当然,美国也开始重视并采用行政性手段进行管理,如1990年国会通过了改革证券市场的方案,主要目的是以行政手段创造一个较为公平的投资环境,增强中小投资者信心。

(2) 英国是自律管理的典型代表。国家主要对证券市场的采用自主管理,辅以政府有关职能部门实施监督。国家的证券自律管理系统主要包括:"证券交易所协会""股权转让与合并专业小组"和"证券业理事会"。其中,"证券交易所协会"是证券市场的最高机构,主要依据该协会制定的《证券交易所管理条例和规则》来运作,对证券的发行和上市都作了详细而且完整的规定。政府中的有关证券监管系统包括:英格兰银行(英国中央银行)负责管理商业银行的证券部、贸易工业部负责监管保险公司、证券投资委员会(SIB)负责注册、管理证券公司等。国家有关这方面的法律法规包括:1958年的《反欺诈投资法》、1967年的《公司法》以及1973年的《公平交易法》和1988年的《财务服务法》等,它们对证券的交易行为、股份公司行为、内幕交易等多方面的内容作了规定。

(3) 日本实行的是金融统一监管模式,金融监督局(FSA)既是证券监管机构也是金融监管机构。在监督局下设立了证券部、银行部和保险部分别对各行业进行监督。FSA内部同时还设立了证券交易监督委员会(SESC)单独负责对证券市场的监管。SESC虽然隶属于FSA管辖下,但实际上它具有相对独立的地位。SESC委员长和委员都是国会批准后由首相任命的,不受FSA的领导。FSA的监管范围包括金融系统的计划和政策制定;检查和监督私人金融机构,包括银行、保险公司、金融工具使用者及市场参与者,如证券交易所;建立证券市场的交易规则;建立企业会计标准和其他公司财务标准;监督注册公共会计师和审计企业;参与国际组织和双边多边金融事务的活动来开展国际金融管理;监督证券市场对规则的遵守。SESC作为相对独立的监管机构,其职责是:清除损害市场公正的交易行为,揭露违法违规行为,提高市场监管效率。其具体活动包括调查市场违规行为、现场检查证券公司和监视日常交易。

(4) 德国对证券市场实行联邦政府制度和颁布证券法规相结合,各州政府负责实施监管与证券审批委员会和公职经纪人协会等自律管理相结合的管理体制。这种体制较为强调行政立法监督管理,又相当注重证券参与者的自主管理;而且,这种监督主要由州政府组织实施,但尽可能不采用直接控制和干预的方法,很大程度上依靠证券市场参与者的自我约束和自律管理。因此,虽然德国拥有较为完善的监管体制和法律体系,但这种侧重自律和自愿方式,尤其是一些法律的执行常常是非强制性的,所以往往造成对市场参与者的保护不够等问题。

第二节 证券市场监管的主要内容

对于证券市场的监管,既要落实在证券市场交易的各个环节,即对发行、上市、交易、结算上,又要落实在证券市场的主体,即投资者和筹资各方上,才能保证这种监管的有效性。

一、对证券发行市场的监管

证券发行是证券市场运作的初始阶段,对这个阶段的监管也是整个证券市场监管的首要内容,尽管各国的监管方式不尽相同,但是严格却是各国发行市场监管的共同特征,因为这也是整个市场各个环节规范的基础和前提。

1. 实行证券发行审核制度

世界各国法律对证券发行的调控都是通过审核制度来完成的。审核制度一般分为两种:一种是以美国联邦证券法为代表的注册制度;一种是以美国部分州的证券法及欧洲大陆各国的《公司法》为代表的核准制度。

(1)证券发行注册制度。

证券发行注册制度是指发行人在发行证券之前,首先必须按照法律规定申请注册,这其实是一种发行证券的公司的财务公布制度。它要求发行证券的公司提供证券发行本身,以及同证券发行有关的一切信息,并要求所提供的信息具有真实性、可靠性。在此制度下,某种证券只要按照发行注册的一切手续,提供了所有情况和统计资料,并且所提供的信息完全属实,它就可以上市发行。

作为一种法律制度,注册制所表现出来的价值观念反映了市场经济的自由性、主体活动性和政府管理经济的规范性和效率性。在这一制度下,任何个体的行为都是自由的,发行人只要符合法律公开性原则,即使无价值的证券亦可以进入市场,在自由抉择下的盈利或损失,都由投资者自己承担。这种制度下,证券管理机构(一般为SEC和证券交易所)只对申请文件作形式审查,不涉及发行申请者及发行证券的实质条件,不对证券及其发行行为作任何价值判断,因而降低了审核质量。因此,证券注册制并不能成为投资者免受损失的保护伞,也不能保证注册申报书和公开说明书中的陈述实施的准确性。

(2) 证券发行核准制度。

证券发行核准制度是指在规定证券发行的基本条件的同时,要求证券发行人将每笔证券发行报请主管机关批准。这种制度以维护公共利益和社会安全为本位,不重视行为个体的自由权。因此,在很大程度上带有国家干预的特征,只不过这种干预是借助法律工具来完成,使干预形式具有合法和制度的特点。实行证券发行"核准制",一般都规定处若干证券发行的具体条件,经主管机关审查批准才可以发行证券。这些具体条件包括:发行公司的管理制度;管理人员的资格能力;发行公司的资本结构是否健全;发行人所得报酬是否合理;公开的资料是否充分、真实;发行后公司的前景是否乐观等等。只有满足了这些条件、经证券主管机关批准后,公司才能取得发行证券的资格。

应当说,实行"核准制"之后,证券发行的过程中将不断剔除不良证券,稳定证券市场的秩序,维护了投资者的利益;而且,它并没有摒弃公开主义思想,一方面使得投资者可以获得发行人的公开资料、知悉公司状况,并作出合理的投资;另一方面政府制定了公开发行证券的实质标准,使投资者投资的证券都具有相应的水准,这样投资者的利益可以得到双重的保护。但是,这种制度也因为耗时过长,而与效率原则相违背,进而挫伤发行公司竞争和进取的积极性;同时,由于审核机构本身的价值判断未必百分之百正确,加之发行人各自的情况也不尽相同,其科学性与合理性也值得怀疑。

(3)我国证券发行的审核制度。

目前我国的审核制度与证券市场较为发达的国家有诸多不同,以至我国将在相当长一段时间内,仍需将传统的计划、行政等手段运用于经济活动。在我国证券市场的法律、财务、会计、资产评估制度尚未独立发挥作用的情况下,政府也只能承担双重的责任,既要制定各种法律法规,保证市场发育过程中的良好秩序,又要加强证券发行的审核工作,保证证券品质优良,维护投资者的合法权益。这就决定了我国证券管理部门的工作范围相对要广得多,除了要对证券发行人进行资格审查外,还必须进行其他相应内容的管理,如证券发行的计划管理。计划管理总的要求是,证券管理部门要根据国民经济发展以及货币增长情况,预测编制证券发行的规模计划,并与基建计划、产业政策要求等配套。

这种计划管理模式的发行制度,与我国证券市场的初级阶段是相适应的,但是随着我国证券市场的日益扩大和成熟,越来越暴露出这种传统的计划行政手段的局限,所以我们应在辩证分析不同体制的基础上,广泛借鉴国外证券制度成熟经验,结合我国证券市场与政府行为等实际情况,建全我国的证券发行审核制度。由于我国投资者的投资心理、投资技巧、自我保护意识和风险观念尚未完全成熟,政府一方面要不断加强立法工作,通过法律手段和宣传媒介告知公众;另一方面,应当适当引入注册制,以提高审核效率,减轻证券管理机关的审核压力,充分发挥律师、会计师、资产评估人员等专业人士的作用,实现发行活动的专业化管理,从而减轻投资者对政府核准的依赖心理。

2. 实行证券发行信息披露制度

证券发行信息披露制度以维护公司股东或者债权人合法利益为宗旨,将公司信息完全、准确、及时地公开,以提供证券投资价值判断的法律制度,它也是公司信息披露制度的重要组成部分。

(1) 证券发行信息披露制度的意义。

证券市场价格的波动,或多或少与证券市场信息及其公开程度有关,因此,发行信息披露的意义就表现在:有利于投资者了解发行公司的资信情况及其经营状况,并以此作出合理的投资判断;有利于防止发行公司转嫁债务风险、欺骗投资者行为的发生;有利于发行公司规范企业运作和管理机制,扩大公司影响、提高企业知名度;另外还可以防止公司权力的滥用,实现权力的制衡等。

(2) 证券发行信息披露内容。

各国要求披露的发行信息不尽一致,但通常是明确指定的业务细节,而且是被认定的有利于进行明智的投资分析所必需的资料,一般可以分为:一般公开资料和财务会计资料两大类。它们包括:公司业务和生产设施状况的说明;公司证券及其市场信息的说明;公司财务资料和财务报表;管理阶层对公司财务状况和经营业绩的讨论和分析;高级管理人员的经历、报酬和利益冲突等资料。这些都有助于投资者了解公司的经营业务、潜在风险等情况,从而估计公司的未来。

(3) 我国证券发行的信息披露规定。

以发行新股为例,根据《证券法》和《公司法》规定,公司公开发行股票必须向地方政府和中央政府主管部门以及中国证监会,报送招股说明书等有关文件,在经批准向公众发行新股时,必须在中国证监会指定的信息披露报刊上公告《招股说明书概要》,并对其中所披露信息的真实性、准确性和完整性负责,保证没有虚假、严重误导性陈述或者遗漏,并对此承担法律责任。

二、对证券交易市场的监管

对于证券市场监管的重要内容之一是对信息披露的监管,因为,世界各国的证券市场都在不同程度上存在着信息披露的虚假和失真的问题,这个问题的蔓延将会影响整个证券市场的正常运作,所以必须将其作为证券市场监管的重要内容。

1. 实行证券上市审核制度

此项制度的监管内容涉及:证券上市的条件、上市契约与上市公司义务、证券上市的法定程序以及证券上市的暂停和终止,可以参考本书"公司上市分析"的内容。

2. 实行上市公司信息持续性披露制度

信息持续性披露制度是公开原则在证券市场中的集中表现,因此,不少国外证券法律制度将其称为"持续性公开原则"。

(1) 上市公司信息披露的主要内容。

上市公司持续性信息披露的文件包括:定期报告文件、临时报告书,以及为执行证券交易所及时公开政策而公开的各类报告文件。定期报告包括年度报告、中期报告以及季度报告等,其中以年度报告最为重要。

一般情况下,定期报告的内容涉及:最近一段时期的资产负债表、损益表和现金流量表,并要求表明财务状况的变化;陈述会计师对会计账目和财务公开资料的不同观点,尤其是变更会计方法所引起的变化;公布公司管理人员对公司财务状况和经营结果的讨论与分析。临时性报告是为了弥补定期报告信息公开滞后、不能及时满足公司信息公开的最新性与迅速性需要而设立的。一般情况下,在公司发生对证券投资判断具有影响的特别事项时,公司需要发布临时性报告。这些特别事项包括:发行公司的支配权发生变动;在正常营业外公司或者控股公司重要资产发生得失;重要诉讼的开始与结束;担保资产发生重要撤换与变更;发行公司的股票发生5%以上的增加或者减少;公司重要资产进行重新评估或者变更等等。临时性报告的提交,应当在事实发生后立即进行,但这并不要求在某一特定时间内进行,而应该尽可能迅速进行。证券交易所公开政策的披露,旨在作为信息公开披露制度的补充手段,提高证券交易市场的透明度,防止内幕交易行为发生而实施的。一般情况下,如果发行公司发生了对有价证券的投资判断具有重要影响的事项时,不问信息对公司经营业绩或财务状况是否有利,公司都必须迅速向证券交易所公布真实情况。

(2) 我国上市公司信息披露制度。

除了发行公告书和上市公告书之外,公司还需披露定期报告和临时报告;前者包括年度报告、中期报告(又称"半年报")和季度报告,后者包括重大事件公告和收购与合并公告等。

《证券法》第六十五条规定上市公司应当在每一会计年度的上半年结束之日起二个月内,向国务院证券监督管理机构和证券交易所报送中期报告。中期报告具体包括:① 公司财务报告;② 公司管理部门对公司财务状况和经营成果的分析;③ 涉及公司的重大诉讼事项;④ 公司发行在外股票的变动情况;⑤ 公司提交给有表决权的股东审议的重要事项及证监会要求载明的其他内容。《证券法》第六十六条规定上市公司应当在每一会计年度结束之日起四个月内,向国务院证券监督管理机构和证券交易所报送年度报告。年度报告主要包括:① 公司概况;② 公司财务会计报告和经营情况;③ 董事、监事、高级管理人员简介及其持股情况;④ 已发行的股票、公司债券情况,包括持有公司股份最多的前十名股东的名单和持股数额;⑤ 公司的实际控制人;⑥ 国务院证券监督管理机构规定的其他事项。除年报和半年报,上市公司还要定期公布季度报告。季度报告应当记载以下内容:① 公司基本情况;② 主要会计数据和财务指标;③ 中国证监会规定的其他事项。以上报告的摘要应在中国证监会指定的全国性报刊上刊登。

发生重大事项时,上市公司要发布临时性公告。就重大事项公告来说,这些事项是指可能对上市公司股票交易价格产生较大影响,而投资者尚未得知的事项,按照《股票暂行管理条例》的规定具体包括:① 公司订立重要合同,该合同可能对公司的资产、负债、权益和经营成果中的一项或者多项产生显著影响;② 公司的经营政策或者经营项目发生重大变化;③ 公司发生重大的投资行为或者购置金额较大的长期资产的行为;④ 公司发生重大债务;⑤ 公司未能归还到期重大债务的违约情况;⑥ 公司发生重大经营性或者非经营性亏损;⑦ 公司资产遭受重大损失;⑧ 公司生产经营环境发生重要变化;⑨ 新颁布的法律、法规、政策、规章等,可能对公司的经营有显著影响;⑩ 董事长、百分之三十以上的董事或者总经理发生变动;⑪ 持有公司百分之五以上的发行在外的普通股的股东,其持有该种股票的增减变化每达到该种股票发行在外总额的百分之二以上的事实;⑫ 涉及公司的重大诉讼事项;⑬ 公司进入清算、破产状态。

3. 信息披露存在的主要问题

(1) 我国上市公司的临时信息披露还很不及时。在股票市场上,如果公司信息披露缺乏及时性,则无异于为内部交易和操纵市场行为创造良机。国家有关信息披露要求中对公司招股说明书、上市公告书、定期报告和临时报告等披露事项都做了严格的时间规定。如经注册会计师鉴证的会计报表应当在第一时点向社会公众公布,即在报表鉴证后的两天以内,但实际上,大约只有三分之一的上市公司满足了这一披露要求。

(2) 信息披露未能完整详尽。我国上市公司信息披露过于简略,有的公司在其招股说明书、上市公告书及中期报告、年度报告中,对规定必须列出的涉及公司的重大诉讼事项以及不利于公司形象的事项遮遮掩掩,闭口不谈,反而详细说明某些无需详述的细节问题。

(3) 信息披露未必真实准确。由于企业管理者对企业资产价值和新投资项目的利润拥有完全的信息,而外部投资者只能凭借招股说明书来获得公开信息,这种信息流通的障碍,使得部分上市公司或者为最大限度地募集资金,不惜过度包装,夸大经营业绩和盈利预测;或者为掩盖亏损而制造虚假的财务报表;或者为配合庄家的炒作题材,故意编造失实的业绩,或者散布虚假消息,误导广大投资者,达到操纵股价的目的。

(4) 信息披露未能前后一致。信息披露前后不一致的情况在我国上市公司的各种报告中时有发生,如报喜鸟公司2011年的年报涉嫌虚假披露,财务信息前后矛盾;2014年江苏吴中被指信息披露前后不一致,等等。

三、对证券交易所的监管

证券交易所也是证券市场的重要参与者,它对证券交易的影响甚至比一般投资方和筹资方大得多,所以对它的监管也是对证券市场交易监管的不可或缺的组成部分。目前世界上对证券交易所的监管主要有三种模式:结合型监管模式、自律型监管模式和行政型监管模式。结合型监管模式既注重政府权力对证券交易所的管理,也充分考虑证券交易所的自律管理,美国、日本、加拿大、韩国等国家主要采取这种模式。自律型监管模式特别强调证券商和证券交易所的自我管制,以英国为代表的一些英联邦国家大都采用之。行政型监管模式的最大特点在于强调政府权力对证券交易所的外部管理,为欧洲大陆多数国家所采用,因此又称为"欧陆模式"。结合国外先进经验,我国对证交所的监管也有一套行之有效的法规,并且在实践中取得了良好的效果,有理由认为,目前两家证券交易所是证券市场中最为自律的典范。

1. 对证券交易所的监管原则

在对证券交易所实施管理的过程中,必须充分考虑到对证券投资者利益的保护,这是各国证券交易所立法所确立管理原则的核心和归宿。因此,充分公开原则是证券交易所管理的基本原则,即把与交易有关的资料和信息,全面、真实和准确地传递给社会公众,不得采取欺诈、垄断、操纵和内幕交易等手段影响证券交易的正常进行。具体概括为:

(1)证券上市公司必须向社会公众和证券投资者公布有关证券发行的所有资料,提供上市登记表格、定期的年度资料和其他重要报告,以接受社会公众的检查,否则证券交易所应拒绝其上市请求;

(2)证券交易所必须向证券交易的行政主管机关办理注册登记,将其所有活动,包括会员注册、证券注册、证券交易数量及结构变化等情况,定期报送证券管理机关;

(3)证券交易所必须为所有参与证券投资的个人或团体,提供平等的竞争机会,禁止其会员进行内幕交易,必须让相关的人士定期报告所交易证券数量的变动情况;

(4)证券交易所公开的内容必须真实、可靠,禁止采取欺诈、垄断、操纵和内幕交易等手段影响证券交易的正常进行。如果有谎报、漏报有关资料和信息行为,证券监管机关有权暂停或者取消其注册资格,有权对有关违法人员进行民事诉讼,严重的要追究其刑事责任。

2. 我国对证券交易所监管的主要内容

1993年7月,经国务院批准,国务院证券委员会发布了《证券交易所管理暂行办法》,并于1996年和1997年两次修订完善。2001年12月国务院证券委员会发布了新的《证券交易所管理办法》,对证券的交易所的监管内容主要包括了以下几个方面:

(1) 证券交易所的性质。我国证券交易所是一个不以盈利为目的,为证券的集中和有组织的交易提供场所、设施,履行国家有关法律、法规、规章规定的职责,实行自律管理的会员制事业单位,由中国证监会监督管理。证券交易所应当创造公开、公平和公正的市场环境,保证证券市场的正常运行,其主要职能包括:提供交易场所和交易设施;制定证券交易所的业务规则;接受上市申请、安排证券上市;组织、监督证券交易和对会员进行管理;设立证券登记结算中心,管理和发布市场信息等。它不得从事以盈利为目的业务;不得发布对证券价格进行预测的文字和资料;不得为他人进行担保;不得从事未经中国证监会批准的其他业务。

(2) 证券交易所必须对交易活动、会员活动和上市公司进行监管。证券交易所应当制定具体的交易规则,公布即时行情,编制并向社会公众公布日报表、周报表、月报表和年报表,保证投资者有平等获取证券市场交易行情和其他公开披露信息,以及平等交易的机会;证券交易所有权依照有关规定,暂停或者恢复上市证券的交易,并保证其业务规则能够得到切实执行;证券交易所有权对其会员单位的经纪业务和自营业务实施监管,并要求其提供有关业务、报表、账册、交易记录及其他文件,并可根据其规章和业务规则对违反者进行处理;证券交易所应根据有关法律、行政规定,制定具体的上市规则,证券交易所应当与上市公司订立上市协议,确定相互间的权利义务关系。

(3) 证券交易所的管理。我国证券交易所是会员制的交易所。证券交易所设会员大会、理事会和专门委员会。其中,会员大会是最高权力机构,每年要召开一次大会;理事会是证券交易所的决策机构,理事会会议至少每季度召开一次。理事会由 7 至 13 人组成,其中非会员理事人数不少于理事会成员总数的 1/3,不超过理事会成员总数的 1/2。会员理事由会员大会选举产生。非会员理事由证监会委派。理事会设监察委员会,每届任期 3 年。监察委员会主席由理事长兼任。证券交易所的总经理、副总经理由中国证监会任免,中层干部任免报中国证监会备案,财务、人事部门负责人的任免报中国证监会批准;证券交易所的总经理离任时要进行离任审计;证券交易所的工作人员不得在其会员公司兼职;中国证监会有权派员监督检查证券交易所的业务、财务状况,或者调查其他有关事项,有权要求其对章程和业务规则进行修改;证券交易所应当定期向中国证监会报告财务状况、业务状况,以及法律、法规、规章、政策要求的执行情况;如遇到重大事项,而法律、法规、规章等未作明确规定的,应当及时向中国证监会报告,必要时报证券交易所所在地人民政府。

四、对证券业从业人员的监管

由于我国证券市场成立的时间不长,证券业的发展非常迅速,证券从业人员的素质更显得参差不齐,严重落后并阻碍我国证券事业的发展,这就决定了我国比发达国家更需要加强对证券从业人员的监管。

1. 证券从业人员资格考试与注册制度

我国证券市场规范化建设的一项重要内容,就是通过职业化教育和专业资格培训,使证券业的从业人员具有较强的法律意识、规范的职业道德和良好的业务素质。根据美国、日本、英国、加拿大、新加坡等证券市场较为成熟的国家经验,对从业人员实行资格考试和注册认证,是提高其人员素质、加强管理的一项非常重要的制度。

根据国务院颁布的《证券业从业人员资格管理暂行规定》(2002)规定,中国证券业协会负责从业人员从业资格考试、执业证书发放以及执业注册登记等工作。中国证监会对协会有关证券业从业人员资格管理的工作进行指导和监督。

(1)根据《证券业从业人员资格管理暂行规定》(2002)的规定,参加资格考试的人员,应当年满18周岁,具有高中以上文化程度和完全民事行为能力。从业资格不实行专业分类考试。资格考试内容包括一门基础性科目和一门专业性科目。

(2)取得从业资格的人员,符合下列条件的,可以通过机构申请执业证书:已被机构聘用;最近三年未受过刑事处罚;不存在《中华人民共和国证券法》第一百二十六条规定的情形;未被中国证监会认定为证券市场禁入者,或者已过禁入期的;品行端正,具有良好的职业道德;法律、行政法规和中国证监会规定的其他条件。

申请执业证券投资咨询以及证券资信评估业务的,申请人应当同时符合《中华人民共和国证券法》第一百五十八条,以及其他相关规定。

(3)根据《暂行规定》的规定,机构聘用未取得执业证书的人员对外开展证券业务的,由协会责令改正;拒不改正的,给予纪律处分;情节严重的,由中国证监会单处或者并处警告、3万元以下罚款。从业人员拒绝协会调查或者检查的,或者所聘用机构拒绝配合调查的,由协会责令改正;拒不改正的,给予纪律处分;情节严重的,由中国证监会给予从业人员暂停执业3个月至12个月,或者吊销其执业证书的处罚;对机构单处或者并处警告、3万元以下罚款。被中国证监会依法吊销执业证书或者因违反本办法被协会注销执业证书的人员,协会可在3年内不受理其执业证书申请。

2. 禁止从事证券业务人员的规定

《证券法》规定,因违法行为或者违纪行为被解除职务的证券交易所、证券登记结算机构的负责人或者证券经营机构的董事、监事、经理,自被解除职务之日起未满五年的,不得担任证券经营机构的董事、监事或者经理;因违法行为或者违纪行为被撤销资格的律师、注册会计师或者法定资产评估机构、验证机构的专业人员,自被撤销资格之日起未满五年的,不得担任证券经营机构的董事、监事或者经理;因违法行为或者违纪行为被开除的证券交易所、证券登记结算机构、证券经营机构的从业人员和被开除的国家机关工作人员,不得应聘为证券经营机构的从业人员;国家机关工作人员和法律、行政法规规定的禁止在公司中兼职的其他人员,不得在证券经营机构中兼任职务;证券公司的董事、监事、经理和从业人员,不得在其他证券公司中兼任职务。

五、对证券经营机构的监管

证券机构也是证券市场的主要参与者,世界各国对证券机构的设立、运作都有一套强有力的监管措施和制度。我国近十年证券市场中发生的各种违规违法事件,大都与证券机构有一定程度的牵连,有的证券机构甚至是主要的责任者,因此我国更需要对证券机构的严格监管。

1. 证券经营机构设立的监管

国际上,对于证券经营机构的设立监管制度主要有两种:一种是以美国为代表的"注册制";另一种是以日本为代表的"特许制"。根据美国1934年《证券交易法》的有关规定,证券商必须注册;申请注册时,应说明财务状况,注册者应有的经营能力,应符合法定培训、经验、能力等其他有关条件,要求证券商最低资本金及成员的资历限制合乎规定的,才可以自由从事证券业务。这些注册的条件适用于证券商、投资顾问、办公人员、董事、取得相似职位或发挥相似作用的任何人,或者直接或间接控制证券商的投资顾问等,而且,各种类型的申请者只有依法通过管理机构书面考试或口头考试后,方可以注册。

实行"特许制"的有日本以及东亚、东南亚和欧陆等地区的国家。证券公司申请特许经营,必须具备一定的条件。如资本金达到规定的最低要求,证券公司信誉良好,具有相当的经营证券业务的知识和经验等。特许制下设立证券经营机构具有如下特点:

(1) 设立条件严格,采取控制设立政策,只有符合相关规定且取得主管部门许可的机构,方可从业。

(2) 采取分类特许方式批准从业种类。例如,台湾地区采取证券公司分业政策,即证券公司只能取得承销、自营、经纪业务资格中的一种;而日本则允许证券公司兼营多种证券业务,证券经营机构可取得承销、自营、经纪业务等业务中一种以上的许可。

(3) 特许制设立证券公司制度与证券经营机构经营制度分别立法。设立制度重点强调证券机构成立资格及程序。经营管理制度以规范、约束证券机构的行为为重点。

(4) 特许制设立保证金交付制度,但是不以保证金交付为取得从业许可的条件。

2. 证券经营机构监管的相关制度

纵观各国的证券法律制度,证券经营机构的行为管理可以概括为:证券经营机构的定期报告制度;证券经营机构的财务保障制度;证券经营机构的行为禁止制度;证券经营机构内部人员管理制度;证券经营机构变更、解散及其他法定事项通报制度等。其主要内容有:

(1) 证券经营机构定期报告制度,是指通过证券主管机构对证券商所提供文件的审查、监管等活动,全面掌握证券经营机构的经营及财务状况,以确保后者安全营业、忠实履行业务。通常,证券监管机构审查的主要内容包括:证券经营机构有无欺诈或者违反法定义务的行为;公司财务状况是否良好,报表是否经过审计;机构的负债总额与净资产总额的比率是否恰当;从业人员资格是否符合法定条件;法定存档文件是否保存良好等。

(2)证券经营机构的财务保障制度,是指以财务的适合性和资产保证来维护证券经营机构的信誉,防止因发生证券事故而损害投资者利益,并使受损害的投资者得以获得损失赔偿的一种制度。其主要内容包括:证券经营机构设立时要有最低的资本额限额;经营时要保证资产具有足够的流动性及负债的偿付能力,控制适当的负债比例;控制并且按时计算顾客的保证金与证券数额,保护顾客的合法利益等。

(3)证券经营机构的行为规范,依其不同类型而有所差异:自营商是自行买卖证券的经营机构,法律的资格限制最为严格,一般要实行登记制度,禁止扰乱市场正常的交易秩序,有时还应在同等条件下照顾客户利益;承销商的规范包括禁止商业银行参与承销,对公开说明书的虚伪和欠缺承担民事责任,公开承销合同以及报酬,必须在承销期间稳定价格并依照证券管理委员会等机构的规则,等等;经纪商本身并不经营证券,只是完成委托人的委托,是证券市场的中坚力量,因此较为强调其公开交易以及禁止欺诈与违法行为的发生等。

(4)证券经营机构的禁止制度,是指禁止不正当投资诱劝和过量交易,禁止自营业务与经纪业务混合操作等行为,从而避免证券商以双重身份从事交易,使自己处于利害冲突之中,以至于牺牲投资者的合法利益。

(5)证券经营机构的自律制度,是指政府借助证券经营机构的协会以及由前者以会员组成的证券交易所,对证券经营机构的行为进行行业约束和道德约束,以维护投资者利益,促进市场的公平、公正和竞争秩序的建立。这方面的管理主要有:对所有参加的会员单位进行注册考试和注册事项的调查;提供大型自动统计、报价、转账、清算系统,指导证券投资方向和资金流向,防止不正当交易发生;贯彻有关的管理政策和管理制度,制定行业规则并执行监督;检查、监督会员的日常经营情况,不定期进行抽查,并对有关违法违规行为进行相应处罚等。

3. 我国对证券经营机构监管的主要内容

对证券经营机构监管的主要内容包括:

(1)业务监管。我国的证券经营机构必须经过国务院证券监督管理机构批准,按照其分类发放业务许可证后,方才可以开始营业。根据《证券法》第一百二十五条规定,经国务院证券监督管理机构批准,证券公司可以经营下列部分或者全部业务:

△ 证券经纪;

△ 证券投资咨询;

△ 与证券交易、证券投资活动有关的财务顾问;

△ 证券承销与保荐;

△ 证券自营;

△ 证券资产管理;

△ 其他证券业务。

《证券法》第一百二十七条规定证券公司经营本法第一百二十五条第(一)项至第(三)项业务的,注册资本最低限额为人民币五千万元;经营第(四)项至第(七)项业务之一的,注册资本最低限额为人民币一亿元;经营第(四)项至第(七)项业务中两项以上的,注册资本最低限额为人民币五亿元。证券公司的注册资本应当是实缴资本。

(2)风险监管。证券经营机构从事证券业务应当保持风险意识,贯彻稳健经营原则,制定和执行风险管理制度;公司的对外负债总额不得超过净资产的固定倍数,其流动负债总额不得超过流动资产总额的一定比例,而且这些倍数和比例根据经营的经纪业务、自营业务和承销业务都有不同,具体数字由国务院证券监督管理机构专门规定。

六、对证券投资者的监管

证券投资者的投资行为直接影响证券市场的稳定,为了正确引导和调节投资者的投资规模和投资方向,防止利用不正当手段操纵或影响证券市场,使形成一个公平合理、正常有序的投资环境,各国一般都对证券投资者进行了监管。

1. 对个人投资者的监管

个人投资者购买证券必须符合国家有关规定,管理部门要对不符合规定的购买行为进行解释和劝阻。目前我国规定主要有以下几类人员不得直接或者间接为自己买卖证券:相当级别的党政机关干部、现役军人、证券主管机关中管理证券事务的有关人员、证券经营机构的从业人员、与发行者有直接行政隶属关系或者管理关系的工作人员、其他与股票发行或者交易有关的知情人、无身份证的未成年人。个人投资者从事证券投资必须在符合政府有关部门的规定的范围内进行,不得进行私下非法买卖。

2. 对机构投资者的监管

根据国家目前的有关规定,各级党组织和国家机关、非独立核算的单位、不得购买企业的股票。对于机构投资者买卖证券,要审查其用于购买证券资金与买入的证券是否一致,对机构投资者买卖证券行为则规定:禁止两人或两个以上的单位或个人私下串通、内外勾结,同时买卖一种证券,制造证券的虚假供求,扰乱市场价格;禁止利用内幕消息从事证券买卖;禁止以操纵市场为目的,连续抬价买入或者压价卖出同一证券,影响市场行情;禁止为了诱使他人参与交易,制造或散布虚假的容易使人误导的信息等。

第三节 证券市场监管的处理

一个规范高效的证券市场的本身也需要一系列法规的保障,甚至可以说,法规越是严密完整,证券市场也就越规范高效。我国证券市场建立的时间较短,但是已经出台了一系列法规,取得了良好的效果,尽管我国的有关法规还有进一步发展完善的空间。

一、证券市场监管的法律规范

我国高度重视证券市场法制建设工作,强调在完善立法的基础上规范发展证券市场,先后制定了250多种证券法规、规章和制度。以下仅就其中的重点作一介绍。

1. 我国证券监管的法律体系

(1)国家法律:我国已颁布《中华人民共和国证券法》《中华人民共和国公司法》《中华人民共和国刑法》等。

其中:《证券法》为第九届全国人民代表大会常务委员会1998年12月29日通过,自1999年7月1日起实施。它规定了证券发行、上市、交易、上市公司收购等问题,并对证券交易所、证券公司、证券登记计算机构、证券交易服务机构、证券监管机构等作了明确的认定,它的制定和出台是我国证券立法的一个新的里程碑。

《公司法》为第八届全国人民代表大会常务委员会1993年12月29日通过,自1994年7月1日起实施。它规定了股份公司设立、发行股票、上市、组织结构、财务会计等重要事项,是规范股份有限公司活动的主要法律。

2014年10月27日,全国人大常委会开始审议刑法修正案(九)草案。继1997年全面修订刑法后,中国先后通过一个决定和八个修正案,对刑法作出修改、补充。新的《刑法》对于证券欺诈、提供虚假财务会计报告、擅自发行公司证券、内幕交易、泄露内幕信息、编造并传播影响证券交易虚假信息、诱骗他人买卖证券、操纵证券市场等问题,都作出量刑规定。

(2) 行政法规:《股票发行与交易管理暂行条例》《中华人民共和国国库券条例》《企业债券管理条例》《国务院关于股份有限公司境内上市外资股的规定》《国务院关于股份有限公司境外募集股份及上市的特别规定》等。

其中,《股票发行与交易管理暂行条例》由国务院于1993年4月22日发布,是我国证券市场上第一个全国性正式成文法规,从而在证券监管的法律上填补了一个空白。随着我国证券市场的发展,《首次公开发行股票并上市管理办法》于2006年发布实施,原《股票发行与交易管理暂行条例》作废。2015年11月6日中国证券监督管理委员会第118次主席办公会议审议通过《关于修改〈首次公开发行股票并上市管理办法〉的决定》,自2016年1月1日起施行。

(3) 部门规章:《股份有限公司境内上市外资股规定的实施细则》《禁止证券欺诈行为暂行办法》《证券交易所管理办法》《证券经营机构股票承销业务管理办法》《证券经营机构证券自营业务管理办法》《境内及境外证券经营机构从事外资股业务资格管理暂行办法》《证券业从业人员资格管理暂行办法》《公开发行股份公司信息披露的内容与格式》《证券市场禁入暂行办法》等。

其中,《证券交易所管理办法》于1997年12月10日由国务院证券委发布实施,2001年12月对其进行修订后,实施修订后的版本。《证券交易管理办法》对证券交易所的设立、职能、组织机构等事项作出了相应的规定,同时明确了中国证监会对证券交易所的直接管理,进一步理顺了证券市场的管理体制。

2. 我国证券监管法律的主要内容

我国证券市场法律制度主要包括证券发行制度、信息披露制度、证券交易制度、证券机构管理制度、禁止证券欺诈行为制度和证券法律责任等内容。

(1)证券发行制度。证券监管机关对证券发行的审核管理,是证券法律制度的重要内容,是在充分认识中国国情、广泛吸收国际惯例基础上确立的,具有中国特色的发行审核制度。

(2)信息披露制度。它是管理证券市场的重要手段,是证券市场贯彻公开原则的具体表现,是保护投资者、促进上市公司走向规范化的重要保证。根据规定,股份公司公开发行股票或其股票在交易所上市交易,必须公开披露信息。

(3)证券交易市场管理制度。目前,我国证券交易只能在法定交易所进行,上海证券交易所和深圳证券交易所是经过国家批准成立的合法交易所,而国家又依法对交易所实施监督管理。

(4)证券经营机构和证券专业服务机构的管理制度。为加强对证券经营机构和证券专业服务机构的管理,目前我国制定了相应的法律法规,对其审批程序、从事股票承销、自营业务的资格确定以及从业人员资格管理都作了明确的规定。

(5)禁止证券欺诈行为制度。证券市场是以公开、公平、公正为原则的市场,所有的投资者都应以平等的地位参与证券投资。在证券市场中,贯彻诚实信用原则,禁止证券欺诈行为,具有十分重要的意义,是我国证券法律制度的一项重要内容。

(6)证券法律责任制度。法律责任是法律制度不可分割的组成部分,在法律制度框架体系内处于相当重要的地位。证券法律责任就是指证券市场行为主体对其行为所应承担的法律后果,通常分成民事责任、行政责任和刑事责任三种(详见本章以下部分)。

二、证券市场违法违规行为的分类

证券市场违法违规行为主要是指证券市场的参与者、管理者违反法律、法规、规章的规定,在从事证券的发行、交易、管理或者其他相关活动中,扰乱证券市场秩序,侵害投资者合法权益的行为。主要包括以下行为。

1. 证券欺诈行为

证券欺诈行为是指在发行、交易、管理或者其他相关活动中发生的内幕交易、操纵市场、欺诈客户、虚假陈述等行为。

(1)内幕交易。内幕人员和以不正当手段获取内幕消息的其他人员违反法律、法规的规定,以获取利益或者减少损失为目的,泄露内幕信息,根据内幕信息买卖证券或者向他人提供信息,买卖证券的行为,都是内幕交易。其中,内幕信息指为内幕人员所知悉、尚未公开的和可能影响证券市场价格的重要消息,包括:证券发行人应作出信息披露的报告事项及其分红派息、增资扩股计划等其他重大事项;内幕人员指的是由于持有发行人的证券,或者在发行人或者与发行人有密切关系的公司中担任董事、监事、高级管理人员,或者由于其会员地位、管理地位、监督地位和职业地位,或者作为雇员、专业顾问履行职责,能够接触或者获得内幕消息的人员。

(2)操纵市场。这是指以获取利益或者减少损失为目的,利用资金、信息等优势或者滥用职权,影响证券市场价格,制造证券市场假象,诱导投资者在不了解事实真相的情况下作出证券投资决定,扰乱证券市场秩序的行为。这些行为包括:通过合谋或者集中资金操纵证券市场价格;以散布谣言等手段影响证券发行、交易;为制造证券的虚假价格,与他人串通,进行不转移证券所有权的虚买虚卖;出售或者要约出售其并不持有的证券扰乱证券市场秩序;以抬高或者压低证券交易价格为目的,连续交易某种证券;利用职务之便,人为地压低或者抬高证券价格;其他操纵市场的行为。

(3) 欺诈客户。这是指证券经营机构、证券登记、清算机构及证券发行人或者发行代理人等,在证券发行、交易及相关活动中,诱骗投资者买卖证券以及其他违背客户真实意愿、损害客户利益的行为。欺诈客户的行为主要系证券经营机构所为,包括:证券经营机构将自营业务与代理业务混合操作;证券经营机构违背被代理人的指令为其买卖证券;证券经营机构不按国家有关法规和证券交易场所业务规则的规定处理证券买卖委托;证券经营机构不在规定时间内向被代理人提供证券买卖书面确认文件;证券登记、清算机构不按国家有关规定和本机构业务规则的规定办理清算、交割、过户、登记手续;证券登记、清算机构擅自将客户委托保管的证券作为抵押;证券经营机构以多获取佣金为目的,诱导客户进行不必要的证券买卖,或者在客户的账上翻炒证券;发行人或者发行代理人将证券出售给投资者时未向其提供招募说明书;证券经营机构保证客户的交易收益或者允诺赔偿客户交易投资损失;其他违背客户真实意志、损害客户利益的行为等。

(4) 虚假陈述。这是指行为人对证券发行、交易及其相关活动的事实、性质、前景、法律等事项做出不实、严重误导或者有重大遗漏的陈述或者报道,致使投资者在不了解事实真相的情况下,作出证券投资决定的行为。这些行为包括:发行人、证券经营机构在招股说明书、上市公告书、公司报告及其他文件中做出虚假陈述;律师事务所、会计师事务所、资产评估机构等专业行证券服务机构在其出具的法律意见书、审计报告、资产评估报告及参与制作的其他文件中做出的虚假陈述;证券交易所、证券业协会或者其他证券从业自律性组织做出对证券市场产生影响的虚假陈述；发行人、证券经营机构、专业性证券服务机构、证券业自律组织在向证券监管部门提交的各种文件、报告和说明中作出虚假陈述；在证券发行、交易及其相关活动中的其他虚假陈述等。

2. 其他违规行为

证券市场违规行为随着市场的不断发展，种类层出不穷，呈现新形式、新特点。目前，我国证券市场常见的其他违规行为主要有：

(1) 上市公司大股东坐庄。股权分置改革后，各股东利益趋于一致，大股东对于股价的重视程度使得他们无法忽视中小投资者与机构投资者在公司治理中的话语权，一股独大的局面稍有收敛。过去坐庄模式中，庄家控制 1/3 的流通股即可，对于非流通股东来说不存在二级市场价格问题。但是，随着非流通股的流通，两类股份的利益趋于一致，上市公司高管、非流通股股东，尤其是大股东，对上市公司的发展方向具有决定权，一旦二级市场股价成为其利益的核心部分，则很容易成为推动其坐庄的根本动力。大股东具备了坐庄的利益动机，同时由于非流通股的解禁，大股东坐庄可谓具备了"天时、地利、人和"。从非流通股占据上市公司总根本份额来说，大股东往往具备对上市公司的绝对控制权，可以通过改变上市公司基本面等方式来推动上市公司股价上涨，从而为兑现其利益奠定坚实的基础。

(2) 股改后的企业并购重组问题。2006 年证监会发布的《上市公司收购管理办法》对于原有的许多收购限制做了修改，主要体现在扩大了收购人的范围，取消了收购注册资本等限制，使得"以小吃大"这一现象成为可能。同股同价为通过二级市场举牌收购和要约收购提供了市场基础；全流通为境外资本收购国内上市公司提供了良好的市场基础。但是，股改后的并购市场还是出现了很多值得注意的问题。如一致行动人问题(是指并购人为躲避证监会的强制信息披露要求,便会拉来一个一致行动人,启动一致行动行为,对市场造成伤害,给监管造成困难)、外资并购国内上市公司问题、并购操作暗箱操作问题及反并购缺乏相应的法律保护问题,等等。

(3) 上市公司违规买卖本公司股票。指上市公司违反《公司法》的有关规定,未上报证监会,擅自回购、买卖本公司股票的行为。

(4) 上市公司擅自改变募股资金用途。这是指上市公司根据招股说明书募集到资金后,未经法定程序,将所募集的资金改变用途,挪作他用的行为。

(5) 银行资金违规入市。这是指银行为了追求高额利润,违反国家有关规定,为他人的股票申购、交易提供融资的行为。

三、证券市场违法违规行为的法律责任

为了保护投资者和社会公众的合法权益,维护证券市场秩序,保障证券法律法规的准确实施,必须对违法违规事件进行坚决的查处,追究违法者的法律责任。目前,我国对证券违法违规行为责任的处罚,集中体现在《证券法》《公司法》《股票发行与交易管理暂行条例》《禁止证券欺诈行为暂行办法》、新《刑法》等法律中。由于两类行为客观上形成了交叉,多部法律同时作了规定,所以这里仍然采用"证券欺诈行为、其他违规行为"的两类分法进行表述,而实际情况下,因根据具体情况综合考虑适用。

1. 证券欺诈行为的法律责任

(1) 内幕交易。对内幕交易行为要依法追究其法律责任,根据不同的情况,没收非法或取得款项和其他非法所得,并处以 5 万

元以上、50万元以下的罚款。对内幕人员泄露内幕信息的,还应当根据国家其他有关规定追究其责任。发行人在发行证券中有内幕交易行为的,根据不同情况,单处或并处警告、责令退还非法所筹款项、没收非法所得、罚款、停止或者取消其发行证券的资格等。新《刑法》第一百八十条还规定,对于涉及内幕交易犯罪的,处五年以下有期徒刑或者拘役,并处或者单处违法所得一倍以上五倍以下罚金;情节特别严重的,处五年以上十年以下有期徒刑,并处违法所得一倍以上五倍以下罚金。

(2) 操纵市场。证券经营机构、证券交易所以及其他从事证券业务的机构,有操纵市场行为的,根据情况不同,单处或者并处警告、没收非法所得、罚款、限制或者暂停其证券经营业务、其从事证券业务或者撤销其证券经营业务许可、其从事证券业务许可。其他机构操纵市场的,根据情况不同,单处或者并处警告、没收非法所得、罚款;已上市的发行人有操纵市场行为的,情节严重的,可以暂停或者取消其上市资格。个人有操纵市场行为的,根据情况不同,没收其非法获得的款项和其他非法所得,并处以5万元以上50万元以下的罚款。另外,新《刑法》第一百八十二条规定,情节严重的,处五年以下有期徒刑或者拘役,并处或者单处罚金;情节特别严重的,处五年以上十年以下有期徒刑,并处罚金。

(3) 编造并传播证券虚假信息,诱骗投资者买卖证券。对各类证券从业机构的欺诈客户行为,根据不同情况,应单处或者并处警告、没收非法所得、罚款、限制或者暂停其证券经营业务、其从事证券业务或者撤销其证券经营业务许可、其从事证券业务许可。另外,新《刑法》第一百八十一条规定,编造并且传播影响证券、期货交易的虚假信息,扰乱证券、期货交易市场,造成严重后果的,处五年以下有期徒刑或者拘役,并处或者单处一万元以上十万元以下罚金。

证券交易所、期货交易所、证券公司、期货经纪公司的从业人员,证券业协会、期货业协会或者证券期货监督管理部门的工作人员,故意提供虚假信息或者伪造、变造、销毁交易记录,诱骗投资者买卖证券、期货合约,造成严重后果的,处五年以下有期徒刑或者拘役,并处或者单处一万元以上十万元以下罚金;情节特别恶劣的,处五年以上十年以下有期徒刑,并处二万元以上二十万元以下罚金。

2. 一般违法行为的法律责任

(1) 擅自发行证券。未经国家有关主管部门批准,擅自发行股票或者公司、企业债券,数额巨大、后果严重或者有其他严重情节的,处五年以下有期徒刑或者拘役,并处或者单处非法募集资金金额百分之一以上百分之五以下罚金。

(2) 伪造、变造股票。依据《刑法》第一百七十九条的规定,伪造、变造股票数额较大的,处三年以下有期徒刑或者拘役,并处或者单处一万元以上十万元以下罚金;数额巨大的,处三年以上十年以下有期徒刑,并处二万元以上二十万元以下罚金。

(3) 其他。

关键词:

证券欺诈 公开 公平 公正 法制 监管 自律 规范
证券发行审核制 证券发行注册制度 信息披露 定期报告制度

思考题:

1. 简述证券市场监管的意义。
2. 简述证券市场"三公"原则和证券市场"八字"方针的内容和相互关系。
3. 简述证券发行注册制和核准管理制的区别。
4. 简述加强对证券市场监管与证券流通市场的辩证关系。
5. 证券市场监管有哪几种方式及手段?

6. 国际证券市场的监管模式有什么特点？
7. 上市公司信息持续性披露对投资者有什么意义？
8. 我国证券市场法律制度中主要包括哪些内容？
9. 证券市场中有哪些典型的违法违规行为？它们对市场的负面影响是什么？
10. 管理部门对证券交易所监管有哪些基本原则？

附录 中华人民共和国证券法
（2014年修正）

颁布单位：全国人大常委会　颁布时间：2005－10－27
生效时间：2006－01－01　时效性：已被修订

（1998年12月29日第九届全国人民代表大会常务委员会第六次会议通过　根据2004年8月28日第十届全国人民代表大会常务委员会第十一次会议《关于修改〈中华人民共和国证券法〉的决定》第一次修正　2005年10月27日第十届全国人民代表大会常务委员会第十八次会议修订　根据2013年6月29日第十二届全国人民代表大会常务委员会第三次会议《关于修改〈中华人民共和国文物保护法〉等十二部法律的决定》第二次修正　根据2014年8月31日第十二届全国人民代表大会常务委员会《关于修改〈中华人民共和国保险法〉等五部法律的决定》第三次修正）

目　录

第一章　总　则
第二章　证券发行
第三章　证券交易
第一节　一般规定
第二节　证券上市
第三节　持续信息公开
第四节　禁止的交易行为

第四章　上市公司的收购
第五章　证券交易所
第六章　证券公司
第七章　证券登记结算机构
第八章　证券服务机构
第九章　证券业协会
第十章　证券监督管理机构
第十一章　法律责任
第十二章　附　则

第一章　总　则

第一条　为了规范证券发行和交易行为,保护投资者的合法权益,维护社会经济秩序和社会公共利益,促进社会主义市场经济的发展,制定本法。

第二条　在中华人民共和国境内,股票、公司债券和国务院依法认定的其他证券的发行和交易,适用本法;本法未规定的,适用《中华人民共和国公司法》和其他法律、行政法规的规定。

政府债券、证券投资基金份额的上市交易,适用本法;其他法律、行政法规有特别规定的,适用其规定。

证券衍生品种发行、交易的管理办法,由国务院依照本法的原则规定。

第三条　证券的发行、交易活动,必须实行公开、公平、公正的原则。

第四条　证券发行、交易活动的当事人具有平等的法律地位,应当遵守自愿、有偿、诚实信用的原则。

第五条　证券的发行、交易活动,必须遵守法律、行政法规;禁止欺诈、内幕交易和操纵证券市场的行为。

第六条　证券业和银行业、信托业、保险业实行分业经营、分业管理,证券公司与银行、信托、保险业务机构分别设立。国家另有规定的除外。

第七条 国务院证券监督管理机构依法对全国证券市场实行集中统一监督管理。

国务院证券监督管理机构根据需要可以设立派出机构,按照授权履行监督管理职责。

第八条 在国家对证券发行、交易活动实行集中统一监督管理的前提下,依法设立证券业协会,实行自律性管理。

第九条 国家审计机关依法对证券交易所、证券公司、证券登记结算机构、证券监督管理机构进行审计监督。

第二章 证券发行

第十条 公开发行证券,必须符合法律、行政法规规定的条件,并依法报经国务院证券监督管理机构或者国务院授权的部门核准;未经依法核准,任何单位和个人不得公开发行证券。

有下列情形之一的,为公开发行:

(一) 向不特定对象发行证券的;

(二) 向特定对象发行证券累计超过二百人的;

(三) 法律、行政法规规定的其他发行行为。

非公开发行证券,不得采用广告、公开劝诱和变相公开方式。

第十一条 发行人申请公开发行股票、可转换为股票的公司债券,依法采取承销方式的,或者公开发行法律、行政法规规定实行保荐制度的其他证券的,应当聘请具有保荐资格的机构担任保荐人。

保荐人应当遵守业务规则和行业规范,诚实守信,勤勉尽责,对发行人的申请文件和信息披露资料进行审慎核查,督导发行人规范运作。

保荐人的资格及其管理办法由国务院证券监督管理机构规定。

第十二条 设立股份有限公司公开发行股票,应当符合《中华人民共和国公司法》规定的条件和经国务院批准的国务院证券监督管理机构规定的其他条件,向国务院证券监督管理机构报送募股申请和下列文件:

(一)公司章程;

(二)发起人协议;

(三)发起人姓名或者名称,发起人认购的股份数、出资种类及验资证明;

(四)招股说明书;

(五)代收股款银行的名称及地址;

(六)承销机构名称及有关的协议。

依照本法规定聘请保荐人的,还应当报送保荐人出具的发行保荐书。

法律、行政法规规定设立公司必须报经批准的,还应当提交相应的批准文件。

第十三条 公司公开发行新股,应当符合下列条件:

(一)具备健全且运行良好的组织机构;

(二)具有持续盈利能力,财务状况良好;

(三)最近三年财务会计文件无虚假记载,无其他重大违法行为;

(四)经国务院批准的国务院证券监督管理机构规定的其他条件。

上市公司非公开发行新股,应当符合经国务院批准的国务院证券监督管理机构规定的条件,并报国务院证券监督管理机构核准。

第十四条 公司公开发行新股,应当向国务院证券监督管理机构报送募股申请和下列文件:

(一)公司营业执照;

（二）公司章程；

（三）股东大会决议；

（四）招股说明书；

（五）财务会计报告；

（六）代收股款银行的名称及地址；

（七）承销机构名称及有关的协议。

依照本法规定聘请保荐人的，还应当报送保荐人出具的发行保荐书。

第十五条 公司对公开发行股票所募集资金，必须按照招股说明书所列资金用途使用。改变招股说明书所列资金用途，必须经股东大会作出决议。擅自改变用途而未作纠正的，或者未经股东大会认可的，不得公开发行新股。

第十六条 公开发行公司债券，应当符合下列条件：

（一）股份有限公司的净资产不低于人民币三千万元，有限责任公司的净资产不低于人民币六千万元；

（二）累计债券余额不超过公司净资产的百分之四十；

（三）最近三年平均可分配利润足以支付公司债券一年的利息；

（四）筹集的资金投向符合国家产业政策；

（五）债券的利率不超过国务院限定的利率水平；

（六）国务院规定的其他条件。

公开发行公司债券筹集的资金，必须用于核准的用途，不得用于弥补亏损和非生产性支出。

上市公司发行可转换为股票的公司债券，除应当符合第一款规定的条件外，还应当符合本法关于公开发行股票的条件，并报国务院证券监督管理机构核准。

第十七条 申请公开发行公司债券，应当向国务院授权的部门或者国务院证券监督管理机构报送下列文件：

（一）公司营业执照；

（二）公司章程；

（三）公司债券募集办法；

（四）资产评估报告和验资报告；

（五）国务院授权的部门或者国务院证券监督管理机构规定的其他文件。

依照本法规定聘请保荐人的，还应当报送保荐人出具的发行保荐书。

第十八条 有下列情形之一的，不得再次公开发行公司债券：

（一）前一次公开发行的公司债券尚未募足；

（二）对已公开发行的公司债券或者其他债务有违约或者迟延支付本息的事实，仍处于继续状态；

（三）违反本法规定，改变公开发行公司债券所募资金的用途。

第十九条 发行人依法申请核准发行证券所报送的申请文件的格式、报送方式，由依法负责核准的机构或者部门规定。

第二十条 发行人向国务院证券监督管理机构或者国务院授权的部门报送的证券发行申请文件，必须真实、准确、完整。

为证券发行出具有关文件的证券服务机构和人员，必须严格履行法定职责，保证其所出具文件的真实性、准确性和完整性。

第二十一条 发行人申请首次公开发行股票的，在提交申请文件后，应当按照国务院证券监督管理机构的规定预先披露有关申请文件。

第二十二条 国务院证券监督管理机构设发行审核委员会，依法审核股票发行申请。

发行审核委员会由国务院证券监督管理机构的专业人员和所聘请的该机构外的有关专家组成，以投票方式对股票发行申请进行表决，提出审核意见。

发行审核委员会的具体组成办法、组成人员任期、工作程序，由国务院证券监督管理机构规定。

第二十三条 国务院证券监督管理机构依照法定条件负责核准股票发行申请。核准程序应当公开，依法接受监督。

参与审核和核准股票发行申请的人员，不得与发行申请人有利害关系，不得直接或者间接接受发行申请人的馈赠，不得持有所核准的发行申请的股票，不得私下与发行申请人进行接触。

国务院授权的部门对公司债券发行申请的核准，参照前两款的规定执行。

第二十四条 国务院证券监督管理机构或者国务院授权的部门应当自受理证券发行申请文件之日起三个月内，依照法定条件和法定程序作出予以核准或者不予核准的决定，发行人根据要求补充、修改发行申请文件的时间不计算在内；不予核准的，应当说明理由。

第二十五条 证券发行申请经核准，发行人应当依照法律、行政法规的规定，在证券公开发行前，公告公开发行募集文件，并将该文件置备于指定场所供公众查阅。

发行证券的信息依法公开前，任何知情人不得公开或者泄露该信息。

发行人不得在公告公开发行募集文件前发行证券。

第二十六条 国务院证券监督管理机构或者国务院授权的部门对已作出的核准证券发行的决定，发现不符合法定条件或者法定程序，尚未发行证券的，应当予以撤销，停止发行。已经发行尚未上市的，撤销发行核准决定，发行人应当按照发行价并加算银行同期存款利息返还证券持有人；保荐人应当与发行人承担连带责任，但是能够证明自己没有过错的除外；发行人的控股股东、实际控制人有过错的，应当与发行人承担连带责任。

第二十七条 股票依法发行后，发行人经营与收益的变化，由发行人自行负责;由此变化引致的投资风险,由投资者自行负责。

第二十八条 发行人向不特定对象发行的证券,法律、行政法规规定应当由证券公司承销的,发行人应当同证券公司签订承销协议。证券承销业务采取代销或者包销方式。

证券代销是指证券公司代发行人发售证券,在承销期结束时,将未售出的证券全部退还给发行人的承销方式。

证券包销是指证券公司将发行人的证券按照协议全部购入或者在承销期结束时将售后剩余证券全部自行购入的承销方式。

第二十九条 公开发行证券的发行人有权依法自主选择承销的证券公司。证券公司不得以不正当竞争手段招揽证券承销业务。

第三十条 证券公司承销证券,应当同发行人签订代销或者包销协议,载明下列事项:

(一)当事人的名称、住所及法定代表人姓名;

(二)代销、包销证券的种类、数量、金额及发行价格;

(三)代销、包销的期限及起止日期;

(四)代销、包销的付款方式及日期;

(五)代销、包销的费用和结算办法;

(六)违约责任;

(七)国务院证券监督管理机构规定的其他事项。

第三十一条 证券公司承销证券,应当对公开发行募集文件的真实性、准确性、完整性进行核查;发现有虚假记载、误导性陈述或者重大遗漏的,不得进行销售活动;已经销售的,必须立即停止销售活动,并采取纠正措施。

第三十二条 向不特定对象发行的证券票面总值超过人民币五千万元的,应当由承销团承销。承销团应当由主承销和参与承销的证券公司组成。

第三十三条 证券的代销、包销期限最长不得超过九十日。

证券公司在代销、包销期内,对所代销、包销的证券应当保证先行出售给认购人,证券公司不得为本公司预留所代销的证券和预先购入并留存所包销的证券。

第三十四条　股票发行采取溢价发行的,其发行价格由发行人与承销的证券公司协商确定。

第三十五条　股票发行采用代销方式,代销期限届满,向投资者出售的股票数量未达到拟公开发行股票数量百分之七十的,为发行失败。发行人应当按照发行价并加算银行同期存款利息返还股票认购人。

第三十六条　公开发行股票,代销、包销期限届满,发行人应当在规定的期限内将股票发行情况报国务院证券监督管理机构备案。

第三章　证券交易

第一节　一般规定

第三十七条　证券交易当事人依法买卖的证券,必须是依法发行并交付的证券。

非依法发行的证券,不得买卖。

第三十八条　依法发行的股票、公司债券及其他证券,法律对其转让期限有限制性规定的,在限定的期限内不得买卖。

第三十九条　依法公开发行的股票、公司债券及其他证券,应当在依法设立的证券交易所上市交易或者在国务院批准的其他证券交易场所转让。

第四十条　证券在证券交易所上市交易,应当采用公开的集中交易方式或者国务院证券监督管理机构批准的其他方式。

第四十一条　证券交易当事人买卖的证券可以采用纸面形式或者国务院证券监督管理机构规定的其他形式。

第四十二条　证券交易以现货和国务院规定的其他方式进行

交易。

第四十三条 证券交易所、证券公司和证券登记结算机构的从业人员、证券监督管理机构的工作人员以及法律、行政法规禁止参与股票交易的其他人员，在任期或者法定限期内，不得直接或者以化名、借他人名义持有、买卖股票，也不得收受他人赠送的股票。

任何人在成为前款所列人员时，其原已持有的股票，必须依法转让。

第四十四条 证券交易所、证券公司、证券登记结算机构必须依法为客户开立的账户保密。

第四十五条 为股票发行出具审计报告、资产评估报告或者法律意见书等文件的证券服务机构和人员，在该股票承销期内和期满后六个月内，不得买卖该种股票。

除前款规定外，为上市公司出具审计报告、资产评估报告或者法律意见书等文件的证券服务机构和人员，自接受上市公司委托之日起至上述文件公开后五日内，不得买卖该种股票。

第四十六条 证券交易的收费必须合理，并公开收费项目、收费标准和收费办法。

证券交易的收费项目、收费标准和管理办法由国务院有关主管部门统一规定。

第四十七条 上市公司董事、监事、高级管理人员、持有上市公司股份百分之五以上的股东，将其持有的该公司的股票在买入后六个月内卖出，或者在卖出后六个月内又买入，由此所得收益归该公司所有，公司董事会应当收回其所得收益。但是，证券公司因包销购入售后剩余股票而持有百分之五以上股份的，卖出该股票不受六个月时间限制。

公司董事会不按照前款规定执行的，股东有权要求董事会在三十日内执行。公司董事会未在上述期限内执行的，股东有权为了公司的利益以自己的名义直接向人民法院提起诉讼。

公司董事会不按照第一款的规定执行的,负有责任的董事依法承担连带责任。

第二节 证券上市

第四十八条 申请证券上市交易,应当向证券交易所提出申请,由证券交易所依法审核同意,并由双方签订上市协议。

证券交易所根据国务院授权的部门的决定安排政府债券上市交易。

第四十九条 申请股票、可转换为股票的公司债券或者法律、行政法规规定实行保荐制度的其他证券上市交易,应当聘请具有保荐资格的机构担任保荐人。

本法第十一条第二款、第三款的规定适用于上市保荐人。

第五十条 股份有限公司申请股票上市,应当符合下列条件:

(一)股票经国务院证券监督管理机构核准已公开发行。

(二)公司股本总额不少于人民币三千万元。

(三)公开发行的股份达到公司股份总数的百分之二十五以上;公司股本总额超过人民币四亿元的,公开发行股份的比例为百分之十以上。

(四)公司最近三年无重大违法行为,财务会计报告无虚假记载。

证券交易所可以规定高于前款规定的上市条件,并报国务院证券监督管理机构批准。

第五十一条 国家鼓励符合产业政策并符合上市条件的公司股票上市交易。

第五十二条 申请股票上市交易,应当向证券交易所报送下列文件:

(一)上市报告书;

(二)申请股票上市的股东大会决议;

(三)公司章程;

（四）公司营业执照；

（五）依法经会计师事务所审计的公司最近三年的财务会计报告；

（六）法律意见书和上市保荐书；

（七）最近一次的招股说明书；

（八）证券交易所上市规则规定的其他文件。

第五十三条 股票上市交易申请经证券交易所审核同意后，签订上市协议的公司应当在规定的期限内公告股票上市的有关文件，并将该文件置备于指定场所供公众查阅。

第五十四条 签订上市协议的公司除公告前条规定的文件外，还应当公告下列事项：

（一）股票获准在证券交易所交易的日期；

（二）持有公司股份最多的前十名股东的名单和持股数额；

（三）公司的实际控制人；

（四）董事、监事、高级管理人员的姓名及其持有本公司股票和债券的情况。

第五十五条 上市公司有下列情形之一的，由证券交易所决定暂停其股票上市交易：

（一）公司股本总额、股权分布等发生变化不再具备上市条件；

（二）公司不按照规定公开其财务状况，或者对财务会计报告作虚假记载，可能误导投资者；

（三）公司有重大违法行为；

（四）公司最近三年连续亏损；

（五）证券交易所上市规则规定的其他情形。

第五十六条 上市公司有下列情形之一的，由证券交易所决定终止其股票上市交易：

（一）公司股本总额、股权分布等发生变化不再具备上市条

件,在证券交易所规定的期限内仍不能达到上市条件;

(二)公司不按照规定公开其财务状况,或者对财务会计报告作虚假记载,且拒绝纠正;

(三)公司最近三年连续亏损,在其后一个年度内未能恢复盈利;

(四)公司解散或者被宣告破产;

(五)证券交易所上市规则规定的其他情形。

第五十七条 公司申请公司债券上市交易,应当符合下列条件:

(一)公司债券的期限为一年以上;

(二)公司债券实际发行额不少于人民币五千万元;

(三)公司申请债券上市时仍符合法定的公司债券发行条件。

第五十八条 申请公司债券上市交易,应当向证券交易所报送下列文件:

(一)上市报告书;

(二)申请公司债券上市的董事会决议;

(三)公司章程;

(四)公司营业执照;

(五)公司债券募集办法;

(六)公司债券的实际发行数额;

(七)证券交易所上市规则规定的其他文件。

申请可转换为股票的公司债券上市交易,还应当报送保荐人出具的上市保荐书。

第五十九条 公司债券上市交易申请经证券交易所审核同意后,签订上市协议的公司应当在规定的期限内公告公司债券上市文件及有关文件,并将其申请文件置备于指定场所供公众查阅。

第六十条 公司债券上市交易后,公司有下列情形之一的,由证券交易所决定暂停其公司债券上市交易:

（一）公司有重大违法行为；
（二）公司情况发生重大变化不符合公司债券上市条件；
（三）发行公司债券所募集的资金不按照核准的用途使用；
（四）未按照公司债券募集办法履行义务；
（五）公司最近两年连续亏损。

第六十一条 公司有前条第（一）项、第（四）项所列情形之一经查实后果严重的，或者有前条第（二）项、第（三）项、第（五）项所列情形之一，在限期内未能消除的，由证券交易所决定终止其公司债券上市交易。

公司解散或者被宣告破产的，由证券交易所终止其公司债券上市交易。

第六十二条 对证券交易所作出的不予上市、暂停上市、终止上市决定不服的，可以向证券交易所设立的复核机构申请复核。

第三节 持续信息公开

第六十三条 发行人、上市公司依法披露的信息，必须真实、准确、完整，不得有虚假记载、误导性陈述或者重大遗漏。

第六十四条 经国务院证券监督管理机构核准依法公开发行股票，或者经国务院授权的部门核准依法公开发行公司债券，应当公告招股说明书、公司债券募集办法。依法公开发行新股或者公司债券的，还应当公告财务会计报告。

第六十五条 上市公司和公司债券上市交易的公司，应当在每一会计年度的上半年结束之日起二个月内，向国务院证券监督管理机构和证券交易所报送记载以下内容的中期报告，并予公告：

（一）公司财务会计报告和经营情况；
（二）涉及公司的重大诉讼事项；
（三）已发行的股票、公司债券变动情况；
（四）提交股东大会审议的重要事项；
（五）国务院证券监督管理机构规定的其他事项。

第六十六条 上市公司和公司债券上市交易的公司,应当在每一会计年度结束之日起四个月内,向国务院证券监督管理机构和证券交易所报送记载以下内容的年度报告,并予公告:

(一)公司概况;

(二)公司财务会计报告和经营情况;

(三)董事、监事、高级管理人员简介及其持股情况;

(四)已发行的股票、公司债券情况,包括持有公司股份最多的前十名股东的名单和持股数额;

(五)公司的实际控制人;

(六)国务院证券监督管理机构规定的其他事项。

第六十七条 发生可能对上市公司股票交易价格产生较大影响的重大事件,投资者尚未得知时,上市公司应当立即将有关该重大事件的情况向国务院证券监督管理机构和证券交易所报送临时报告,并予公告,说明事件的起因、目前的状态和可能产生的法律后果。

下列情况为前款所称重大事件:

(一)公司的经营方针和经营范围的重大变化;

(二)公司的重大投资行为和重大的购置财产的决定;

(三)公司订立重要合同,可能对公司的资产、负债、权益和经营成果产生重要影响;

(四)公司发生重大债务和未能清偿到期重大债务的违约情况;

(五)公司发生重大亏损或者重大损失;

(六)公司生产经营的外部条件发生的重大变化;

(七)公司的董事、三分之一以上监事或者经理发生变动;

(八)持有公司百分之五以上股份的股东或者实际控制人,其持有股份或者控制公司的情况发生较大变化;

(九)公司减资、合并、分立、解散及申请破产的决定;

（十）涉及公司的重大诉讼，股东大会、董事会决议被依法撤销或者宣告无效；

（十一）公司涉嫌犯罪被司法机关立案调查，公司董事、监事、高级管理人员涉嫌犯罪被司法机关采取强制措施；

（十二）国务院证券监督管理机构规定的其他事项。

第六十八条 上市公司董事、高级管理人员应当对公司定期报告签署书面确认意见。

上市公司监事会应当对董事会编制的公司定期报告进行审核并提出书面审核意见。

上市公司董事、监事、高级管理人员应当保证上市公司所披露的信息真实、准确、完整。

第六十九条 发行人、上市公司公告的招股说明书、公司债券募集办法、财务会计报告、上市报告文件、年度报告、中期报告、临时报告以及其他信息披露资料，有虚假记载、误导性陈述或者重大遗漏，致使投资者在证券交易中遭受损失的，发行人、上市公司应当承担赔偿责任；发行人、上市公司的董事、监事、高级管理人员和其他直接责任人员以及保荐人、承销的证券公司，应当与发行人、上市公司承担连带赔偿责任，但是能够证明自己没有过错的除外；发行人、上市公司的控股股东、实际控制人有过错的，应当与发行人、上市公司承担连带赔偿责任。

第七十条 依法必须披露的信息，应当在国务院证券监督管理机构指定的媒体发布，同时将其置备于公司住所、证券交易所，供社会公众查阅。

第七十一条 国务院证券监督管理机构对上市公司年度报告、中期报告、临时报告以及公告的情况进行监督，对上市公司分派或者配售新股的情况进行监督，对上市公司控股股东和信息披露义务人的行为进行监督。

证券监督管理机构、证券交易所、保荐人、承销的证券公司及有关人员,对公司依照法律、行政法规规定必须作出的公告,在公告前不得泄露其内容。

第七十二条 证券交易所决定暂停或者终止证券上市交易的,应当及时公告,并报国务院证券监督管理机构备案。

第四节 禁止的交易行为

第七十三条 禁止证券交易内幕信息的知情人和非法获取内幕信息的人利用内幕信息从事证券交易活动。

第七十四条 证券交易内幕信息的知情人包括:

(一)发行人的董事、监事、高级管理人员;

(二)持有公司百分之五以上股份的股东及其董事、监事、高级管理人员,公司的实际控制人及其董事、监事、高级管理人员;

(三)发行人控股的公司及其董事、监事、高级管理人员;

(四)由于所任公司职务可以获取公司有关内幕信息的人员;

(五)证券监督管理机构工作人员以及由于法定职责对证券的发行、交易进行管理的其他人员;

(六)保荐人、承销的证券公司、证券交易所、证券登记结算机构、证券服务机构的有关人员;

(七)国务院证券监督管理机构规定的其他人。

第七十五条 证券交易活动中,涉及公司的经营、财务或者对该公司证券的市场价格有重大影响的尚未公开的信息,为内幕信息。

下列信息皆属内幕信息:

(一)本法第六十七条第二款所列重大事件;

(二)公司分配股利或者增资的计划;

(三)公司股权结构的重大变化;

(四)公司债务担保的重大变更;

(五)公司营业用主要资产的抵押、出售或者报废一次超过该资产的百分之三十;

（六）公司的董事、监事、高级管理人员的行为可能依法承担重大损害赔偿责任；

（七）上市公司收购的有关方案；

（八）国务院证券监督管理机构认定的对证券交易价格有显著影响的其他重要信息。

第七十六条 证券交易内幕信息的知情人和非法获取内幕信息的人，在内幕信息公开前，不得买卖该公司的证券，或者泄露该信息，或者建议他人买卖该证券。

持有或者通过协议、其他安排与他人共同持有公司百分之五以上股份的自然人、法人、其他组织收购上市公司的股份，本法另有规定的，适用其规定。

内幕交易行为给投资者造成损失的，行为人应当依法承担赔偿责任。

第七十七条 禁止任何人以下列手段操纵证券市场：

（一）单独或者通过合谋，集中资金优势、持股优势或者利用信息优势联合或者连续买卖，操纵证券交易价格或者证券交易量；

（二）与他人串通，以事先约定的时间、价格和方式相互进行证券交易，影响证券交易价格或者证券交易量；

（三）在自己实际控制的账户之间进行证券交易，影响证券交易价格或者证券交易量；

（四）以其他手段操纵证券市场。

操纵证券市场行为给投资者造成损失的，行为人应当依法承担赔偿责任。

第七十八条 禁止国家工作人员、传播媒介从业人员和有关人员编造、传播虚假信息，扰乱证券市场。

禁止证券交易所、证券公司、证券登记结算机构、证券服务机构及其从业人员，证券业协会、证券监督管理机构及其工作人员，在证券交易活动中作出虚假陈述或者信息误导。

各种传播媒介传播证券市场信息必须真实、客观,禁止误导。

第七十九条 禁止证券公司及其从业人员从事下列损害客户利益的欺诈行为:

(一)违背客户的委托为其买卖证券;

(二)不在规定时间内向客户提供交易的书面确认文件;

(三)挪用客户所委托买卖的证券或者客户账户上的资金;

(四)未经客户的委托,擅自为客户买卖证券,或者假借客户的名义买卖证券;

(五)为牟取佣金收入,诱使客户进行不必要的证券买卖;

(六)利用传播媒介或者通过其他方式提供、传播虚假或者误导投资者的信息;

(七)其他违背客户真实意思表示,损害客户利益的行为。

欺诈客户行为给客户造成损失的,行为人应当依法承担赔偿责任。

第八十条 禁止法人非法利用他人账户从事证券交易;禁止法人出借自己或者他人的证券账户。

第八十一条 依法拓宽资金入市渠道,禁止资金违规流入股市。

第八十二条 禁止任何人挪用公款买卖证券。

第八十三条 国有企业和国有资产控股的企业买卖上市交易的股票,必须遵守国家有关规定。

第八十四条 证券交易所、证券公司、证券登记结算机构、证券服务机构及其从业人员对证券交易中发现的禁止的交易行为,应当及时向证券监督管理机构报告。

第四章 上市公司的收购

第八十五条 投资者可以采取要约收购、协议收购及其他合法方式收购上市公司。

第八十六条 通过证券交易所的证券交易,投资者持有或者通过协议、其他安排与他人共同持有一个上市公司已发行的股份达到百分之五时,应当在该事实发生之日起三日内,向国务院证券监督管理机构、证券交易所作出书面报告,通知该上市公司,并予公告;在上述期限内,不得再行买卖该上市公司的股票。

投资者持有或者通过协议、其他安排与他人共同持有一个上市公司已发行的股份达到百分之五后,其所持该上市公司已发行的股份比例每增加或者减少百分之五,应当依照前款规定进行报告和公告。在报告期限内和作出报告、公告后二日内,不得再行买卖该上市公司的股票。

第八十七条 依照前条规定所作的书面报告和公告,应当包括下列内容:

(一)持股人的名称、住所;

(二)持有的股票的名称、数额;

(三)持股达到法定比例或者持股增减变化达到法定比例的日期。

第八十八条 通过证券交易所的证券交易,投资者持有或者通过协议、其他安排与他人共同持有一个上市公司已发行的股份达到百分之三十时,继续进行收购的,应当依法向该上市公司所有股东发出收购上市公司全部或者部分股份的要约。

收购上市公司部分股份的收购要约应当约定,被收购公司股东承诺出售的股份数额超过预定收购的股份数额的,收购人按比例进行收购。

第八十九条 依照前条规定发出收购要约,收购人必须公告上市公司收购报告书,并载明下列事项:

(一)收购人的名称、住所;

(二)收购人关于收购的决定;

(三)被收购的上市公司名称;

（四）收购目的；

（五）收购股份的详细名称和预定收购的股份数额；

（六）收购期限、收购价格；

（七）收购所需资金额及资金保证；

（八）公告上市公司收购报告书时持有被收购公司股份数占该公司已发行的股份总数的比例。

第九十条 收购要约约定的收购期限不得少于三十日，并不得超过六十日。

第九十一条 在收购要约确定的承诺期限内，收购人不得撤销其收购要约。收购人需要变更收购要约的，必须及时公告，载明具体变更事项。

第九十二条 收购要约提出的各项收购条件，适用于被收购公司的所有股东。

第九十三条 采取要约收购方式的，收购人在收购期限内，不得卖出被收购公司的股票，也不得采取要约规定以外的形式和超出要约的条件买入被收购公司的股票。

第九十四条 采取协议收购方式的，收购人可以依照法律、行政法规的规定同被收购公司的股东以协议方式进行股份转让。

以协议方式收购上市公司时，达成协议后，收购人必须在三日内将该收购协议向国务院证券监督管理机构及证券交易所作出书面报告，并予公告。

在公告前不得履行收购协议。

第九十五条 采取协议收购方式的，协议双方可以临时委托证券登记结算机构保管协议转让的股票，并将资金存放于指定的银行。

第九十六条 采取协议收购方式的，收购人收购或者通过协议、其他安排与他人共同收购一个上市公司已发行的股份达到百分之三十时，继续进行收购的，应当向该上市公司所有股东发出收购上市公司全部或者部分股份的要约。但是,经国务院证券监督管理机构免除发出要约的除外。

收购人依照前款规定以要约方式收购上市公司股份,应当遵守本法第八十九条至第九十三条的规定。

第九十七条 收购期限届满,被收购公司股权分布不符合上市条件的,该上市公司的股票应当由证券交易所依法终止上市交易;其余仍持有被收购公司股票的股东,有权向收购人以收购要约的同等条件出售其股票,收购人应当收购。

收购行为完成后,被收购公司不再具备股份有限公司条件的,应当依法变更企业形式。

第九十八条 在上市公司收购中,收购人持有的被收购的上市公司的股票,在收购行为完成后的十二个月内不得转让。

第九十九条 收购行为完成后,收购人与被收购公司合并,并将该公司解散的,被解散公司的原有股票由收购人依法更换。

第一百条 收购行为完成后,收购人应当在十五日内将收购情况报告国务院证券监督管理机构和证券交易所,并予公告。

第一百零一条 收购上市公司中由国家授权投资的机构持有的股份,应当按照国务院的规定,经有关主管部门批准。

国务院证券监督管理机构应当依照本法的原则制定上市公司收购的具体办法。

第五章 证券交易所

第一百零二条 证券交易所是为证券集中交易提供场所和设施,组织和监督证券交易,实行自律管理的法人。

证券交易所的设立和解散,由国务院决定。

第一百零三条 设立证券交易所必须制定章程。

证券交易所章程的制定和修改,必须经国务院证券监督管理机构批准。

第一百零四条 证券交易所必须在其名称中标明证券交易所字样。其他任何单位或者个人不得使用证券交易所或者近似的名称。

第一百零五条 证券交易所可以自行支配的各项费用收入，应当首先用于保证其证券交易场所和设施的正常运行并逐步改善。

实行会员制的证券交易所的财产积累归会员所有，其权益由会员共同享有，在其存续期间，不得将其财产积累分配给会员。

第一百零六条 证券交易所设理事会。

第一百零七条 证券交易所设总经理一人，由国务院证券监督管理机构任免。

第一百零八条 有《中华人民共和国公司法》第一百四十六条规定的情形或者下列情形之一的，不得担任证券交易所的负责人：

（一）因违法行为或者违纪行为被解除职务的证券交易所、证券登记结算机构的负责人或者证券公司的董事、监事、高级管理人员，自被解除职务之日起未逾五年；

（二）因违法行为或者违纪行为被撤销资格的律师、注册会计师或者投资咨询机构、财务顾问机构、资信评级机构、资产评估机构、验证机构的专业人员，自被撤销资格之日起未逾五年。

第一百零九条 因违法行为或者违纪行为被开除的证券交易所、证券登记结算机构、证券服务机构、证券公司的从业人员和被开除的国家机关工作人员，不得招聘为证券交易所的从业人员。

第一百一十条 进入证券交易所参与集中交易的，必须是证券交易所的会员。

第一百一十一条 投资者应当与证券公司签订证券交易委托协议，并在证券公司开立证券交易账户，以书面、电话以及其他方式，委托该证券公司代其买卖证券。

第一百一十二条 证券公司根据投资者的委托，按照证券交易规则提出交易申报,参与证券交易所场内的集中交易,并根据成交结果承担相应的清算交收责任;证券登记结算机构根据成交结果,按照清算交收规则,与证券公司进行证券和资金的清算交收,并为证券公司客户办理证券的登记过户手续。

第一百一十三条 证券交易所应当为组织公平的集中交易提供保障,公布证券交易即时行情,并按交易日制作证券市场行情表,予以公布。

未经证券交易所许可,任何单位和个人不得发布证券交易即时行情。

第一百一十四条 因突发性事件而影响证券交易的正常进行时,证券交易所可以采取技术性停牌的措施;因不可抗力的突发性事件或者为维护证券交易的正常秩序,证券交易所可以决定临时停市。

证券交易所采取技术性停牌或者决定临时停市,必须及时报告国务院证券监督管理机构。

第一百一十五条 证券交易所对证券交易实行实时监控,并按照国务院证券监督管理机构的要求,对异常的交易情况提出报告。

证券交易所应当对上市公司及相关信息披露义务人披露信息进行监督,督促其依法及时、准确地披露信息。

证券交易所根据需要,可以对出现重大异常交易情况的证券账户限制交易,并报国务院证券监督管理机构备案。

第一百一十六条 证券交易所应当从其收取的交易费用和会员费、席位费中提取一定比例的金额设立风险基金。风险基金由证券交易所理事会管理。

风险基金提取的具体比例和使用办法,由国务院证券监督管理机构会同国务院财政部门规定。

第一百一十七条 证券交易所应当将收存的风险基金存入开

户银行专门账户,不得擅自使用。

第一百一十八条 证券交易所依照证券法律、行政法规制定上市规则、交易规则、会员管理规则和其他有关规则,并报国务院证券监督管理机构批准。

第一百一十九条 证券交易所的负责人和其他从业人员在执行与证券交易有关的职务时,与其本人或者其亲属有利害关系的,应当回避。

第一百二十条 按照依法制定的交易规则进行的交易,不得改变其交易结果。对交易中违规交易者应负的民事责任不得免除;在违规交易中所获利益,依照有关规定处理。

第一百二十一条 在证券交易所内从事证券交易的人员,违反证券交易所有关交易规则的,由证券交易所给予纪律处分;对情节严重的,撤销其资格,禁止其入场进行证券交易。

第六章 证券公司

第一百二十二条 设立证券公司,必须经国务院证券监督管理机构审查批准。未经国务院证券监督管理机构批准,任何单位和个人不得经营证券业务。

第一百二十三条 本法所称证券公司是指依照《中华人民共和国公司法》和本法规定设立的经营证券业务的有限责任公司或者股份有限公司。

第一百二十四条 设立证券公司,应当具备下列条件:

(一)有符合法律、行政法规规定的公司章程;

(二)主要股东具有持续盈利能力,信誉良好,最近三年无重大违法违规记录,净资产不低于人民币二亿元;

(三)有符合本法规定的注册资本;

(四)董事、监事、高级管理人员具备任职资格,从业人员具有证券从业资格;

(五)有完善的风险管理与内部控制制度;

(六)有合格的经营场所和业务设施;

(七)法律、行政法规规定的和经国务院批准的国务院证券监督管理机构规定的其他条件。

第一百二十五条 经国务院证券监督管理机构批准,证券公司可以经营下列部分或者全部业务:

(一)证券经纪;

(二)证券投资咨询;

(三)与证券交易、证券投资活动有关的财务顾问;

(四)证券承销与保荐;

(五)证券自营;

(六)证券资产管理;

(七)其他证券业务。

第一百二十六条 证券公司必须在其名称中标明证券有限责任公司或者证券股份有限公司字样。

第一百二十七条 证券公司经营本法第一百二十五条第(一)项至第(三)项业务的,注册资本最低限额为人民币五千万元;经营第(四)项至第(七)项业务之一的,注册资本最低限额为人民币一亿元;经营第(四)项至第(七)项业务中两项以上的,注册资本最低限额为人民币五亿元。证券公司的注册资本应当是实缴资本。

国务院证券监督管理机构根据审慎监管原则和各项业务的风险程度,可以调整注册资本最低限额,但不得少于前款规定的限额。

第一百二十八条 国务院证券监督管理机构应当自受理证券公司设立申请之日起六个月内,依照法定条件和法定程序并根据审慎监管原则进行审查,作出批准或者不予批准的决定,并通知申请人;不予批准的,应当说明理由。

证券公司设立申请获得批准的,申请人应当在规定的期限内向公司登记机关申请设立登记,领取营业执照。

证券公司应当自领取营业执照之日起十五日内,向国务院证券监督管理机构申请经营证券业务许可证。未取得经营证券业务许可证,证券公司不得经营证券业务。

第一百二十九条 证券公司设立、收购或者撤销分支机构,变更业务范围,增加注册资本且股权结构发生重大调整,减少注册资本,变更持有百分之五以上股权的股东、实际控制人,变更公司章程中的重要条款,合并、分立、停业、解散、破产,必须经国务院证券监督管理机构批准。

证券公司在境外设立、收购或者参股证券经营机构,必须经国务院证券监督管理机构批准。

第一百三十条 国务院证券监督管理机构应当对证券公司的净资本,净资本与负债的比例,净资本与净资产的比例,净资本与自营、承销、资产管理等业务规模的比例,负债与净资产的比例,以及流动资产与流动负债的比例等风险控制指标作出规定。

证券公司不得为其股东或者股东的关联人提供融资或者担保。

第一百三十一条 证券公司的董事、监事、高级管理人员,应当正直诚实,品行良好,熟悉证券法律、行政法规,具有履行职责所需的经营管理能力,并在任职前取得国务院证券监督管理机构核准的任职资格。

有《中华人民共和国公司法》第一百四十六条规定的情形或者下列情形之一的,不得担任证券公司的董事、监事、高级管理人员:

(一)因违法行为或者违纪行为被解除职务的证券交易所、证券登记结算机构的负责人或者证券公司的董事、监事、高级管理人员,自被解除职务之日起未逾五年;

(二)因违法行为或者违纪行为被撤销资格的律师、注册会计师或者投资咨询机构、财务顾问机构、资信评级机构、资产评估机构、验证机构的专业人员,自被撤销资格之日起未逾五年。

第一百三十二条 因违法行为或者违纪行为被开除的证券交易所、证券登记结算机构、证券服务机构、证券公司的从业人员和被开除的国家机关工作人员,不得招聘为证券公司的从业人员。

第一百三十三条 国家机关工作人员和法律、行政法规规定的禁止在公司中兼职的其他人员,不得在证券公司中兼任职务。

第一百三十四条 国家设立证券投资者保护基金。证券投资者保护基金由证券公司缴纳的资金及其他依法筹集的资金组成,其筹集、管理和使用的具体办法由国务院规定。

第一百三十五条 证券公司从每年的税后利润中提取交易风险准备金,用于弥补证券交易的损失,其提取的具体比例由国务院证券监督管理机构规定。

第一百三十六条 证券公司应当建立健全内部控制制度,采取有效隔离措施,防范公司与客户之间、不同客户之间的利益冲突。

证券公司必须将其证券经纪业务、证券承销业务、证券自营业务和证券资产管理业务分开办理,不得混合操作。

第一百三十七条 证券公司的自营业务必须以自己的名义进行,不得假借他人名义或者以个人名义进行。

证券公司的自营业务必须使用自有资金和依法筹集的资金。

证券公司不得将其自营账户借给他人使用。

第一百三十八条 证券公司依法享有自主经营的权利,其合法经营不受干涉。

第一百三十九条 证券公司客户的交易结算资金应当存放在商业银行,以每个客户的名义单独立户管理。具体办法和实施步骤由国务院规定。

证券公司不得将客户的交易结算资金和证券归入其自有财产。禁止任何单位或者个人以任何形式挪用客户的交易结算资金和证券。证券公司破产或者清算时,客户的交易结算资金和证券不属于其破产财产或者清算财产。非因客户本身的债务或者法律规定的其他情形,不得查封、冻结、扣划或者强制执行客户的交易结算资金和证券。

第一百四十条 证券公司办理经纪业务,应当置备统一制定的证券买卖委托书,供委托人使用。采取其他委托方式的,必须作出委托记录。

客户的证券买卖委托,不论是否成交,其委托记录应当按照规定的期限,保存于证券公司。

第一百四十一条 证券公司接受证券买卖的委托,应当根据委托书载明的证券名称、买卖数量、出价方式、价格幅度等,按照交易规则代理买卖证券,如实进行交易记录;买卖成交后,应当按照规定制作买卖成交报告单交付客户。

证券交易中确认交易行为及其交易结果的对账单必须真实,并由交易经办人员以外的审核人员逐笔审核,保证账面证券余额与实际持有的证券相一致。

第一百四十二条 证券公司为客户买卖证券提供融资融券服务,应当按照国务院的规定并经国务院证券监督管理机构批准。

第一百四十三条 证券公司办理经纪业务,不得接受客户的全权委托而决定证券买卖、选择证券种类、决定买卖数量或者买卖价格。

第一百四十四条 证券公司不得以任何方式对客户证券买卖的收益或者赔偿证券买卖的损失作出承诺。

第一百四十五条 证券公司及其从业人员不得未经过其依法设立的营业场所私下接受客户委托买卖证券。

第一百四十六条 证券公司的从业人员在证券交易活动中,执行所属的证券公司的指令或者利用职务违反交易规则的,由所属的证券公司承担全部责任。

第一百四十七条 证券公司应当妥善保存客户开户资料、委托记录、交易记录和与内部管理、业务经营有关的各项资料,任何人不得隐匿、伪造、篡改或者毁损。上述资料的保存期限不得少于二十年。

第一百四十八条 证券公司应当按照规定向国务院证券监督管理机构报送业务、财务等经营管理信息和资料。国务院证券监督管理机构有权要求证券公司及其股东、实际控制人在指定的期限内提供有关信息、资料。

证券公司及其股东、实际控制人向国务院证券监督管理机构报送或者提供的信息、资料,必须真实、准确、完整。

第一百四十九条 国务院证券监督管理机构认为有必要时,可以委托会计师事务所、资产评估机构对证券公司的财务状况、内部控制状况、资产价值进行审计或者评估。具体办法由国务院证券监督管理机构会同有关主管部门制定。

第一百五十条 证券公司的净资本或者其他风险控制指标不符合规定的,国务院证券监督管理机构应当责令其限期改正;逾期未改正,或者其行为严重危及该证券公司的稳健运行、损害客户合法权益的,国务院证券监督管理机构可以区别情形,对其采取下列措施:

(一)限制业务活动,责令暂停部分业务,停止批准新业务;

(二)停止批准增设、收购营业性分支机构;

(三)限制分配红利,限制向董事、监事、高级管理人员支付报酬、提供福利;

(四)限制转让财产或者在财产上设定其他权利;

(五)责令更换董事、监事、高级管理人员或者限制其权利;

(六)责令控股股东转让股权或者限制有关股东行使股东权利;

(七)撤销有关业务许可。

证券公司整改后,应当向国务院证券监督管理机构提交报告。国务院证券监督管理机构经验收,符合有关风险控制指标的,应当自验收完毕之日起三日内解除对其采取的前款规定的有关措施。

第一百五十一条 证券公司的股东有虚假出资、抽逃出资行为的,国务院证券监督管理机构应当责令其限期改正,并可责令其转让所持证券公司的股权。

在前款规定的股东按照要求改正违法行为、转让所持证券公司的股权前,国务院证券监督管理机构可以限制其股东权利。

第一百五十二条 证券公司的董事、监事、高级管理人员未能勤勉尽责,致使证券公司存在重大违法违规行为或者重大风险的,国务院证券监督管理机构可以撤销其任职资格,并责令公司予以更换。

第一百五十三条 证券公司违法经营或者出现重大风险,严重危害证券市场秩序、损害投资者利益的,国务院证券监督管理机构可以对该证券公司采取责令停业整顿、指定其他机构托管、接管或者撤销等监管措施。

第一百五十四条 在证券公司被责令停业整顿、被依法指定托管、接管或者清算期间,或者出现重大风险时,经国务院证券监督管理机构批准,可以对该证券公司直接负责的董事、监事、高级管理人员和其他直接责任人员采取以下措施:

(一)通知出境管理机关依法阻止其出境;

(二)申请司法机关禁止其转移、转让或者以其他方式处分财产,或者在财产上设定其他权利。

第七章　证券登记结算机构

第一百五十五条 证券登记结算机构是为证券交易提供集中登记、存管与结算服务,不以营利为目的的法人。

设立证券登记结算机构必须经国务院证券监督管理机构

批准。

第一百五十六条 设立证券登记结算机构,应当具备下列条件:

(一)自有资金不少于人民币二亿元;

(二)具有证券登记、存管和结算服务所必需的场所和设施;

(三)主要管理人员和从业人员必须具有证券从业资格;

(四)国务院证券监督管理机构规定的其他条件。

证券登记结算机构的名称中应当标明证券登记结算字样。

第一百五十七条 证券登记结算机构履行下列职能:

(一)证券账户、结算账户的设立;

(二)证券的存管和过户;

(三)证券持有人名册登记;

(四)证券交易所上市证券交易的清算和交收;

(五)受发行人的委托派发证券权益;

(六)办理与上述业务有关的查询;

(七)国务院证券监督管理机构批准的其他业务。

第一百五十八条 证券登记结算采取全国集中统一的运营方式。

证券登记结算机构章程、业务规则应当依法制定,并经国务院证券监督管理机构批准。

第一百五十九条 证券持有人持有的证券,在上市交易时,应当全部存管在证券登记结算机构。

证券登记结算机构不得挪用客户的证券。

第一百六十条 证券登记结算机构应当向证券发行人提供证券持有人名册及其有关资料。

证券登记结算机构应当根据证券登记结算的结果,确认证券持有人持有证券的事实,提供证券持有人登记资料。

证券登记结算机构应当保证证券持有人名册和登记过户记录

真实、准确、完整，不得隐匿、伪造、篡改或者毁损。

第一百六十一条 证券登记结算机构应当采取下列措施保证业务的正常进行：

（一）具有必备的服务设备和完善的数据安全保护措施；

（二）建立完善的业务、财务和安全防范等管理制度；

（三）建立完善的风险管理系统。

第一百六十二条 证券登记结算机构应当妥善保存登记、存管和结算的原始凭证及有关文件和资料。其保存期限不得少于二十年。

第一百六十三条 证券登记结算机构应当设立证券结算风险基金，用于垫付或者弥补因违约交收、技术故障、操作失误、不可抗力造成的证券登记结算机构的损失。

证券结算风险基金从证券登记结算机构的业务收入和收益中提取，并可以由结算参与人按照证券交易业务量的一定比例缴纳。

证券结算风险基金的筹集、管理办法，由国务院证券监督管理机构会同国务院财政部门规定。

第一百六十四条 证券结算风险基金应当存入指定银行的专门账户，实行专项管理。

证券登记结算机构以证券结算风险基金赔偿后，应当向有关责任人追偿。

第一百六十五条 证券登记结算机构申请解散，应当经国务院证券监督管理机构批准。

第一百六十六条 投资者委托证券公司进行证券交易，应当申请开立证券账户。证券登记结算机构应当按照规定以投资者本人的名义为投资者开立证券账户。

投资者申请开立账户，必须持有证明中国公民身份或者中国法人资格的合法证件。国家另有规定的除外。

第一百六十七条 证券登记结算机构为证券交易提供净额结

算服务时,应当要求结算参与人按照货银对付的原则,足额交付证券和资金,并提供交收担保。

在交收完成之前,任何人不得动用用于交收的证券、资金和担保物。

结算参与人未按时履行交收义务的,证券登记结算机构有权按照业务规则处理前款所述财产。

第一百六十八条　证券登记结算机构按照业务规则收取的各类结算资金和证券,必须存放于专门的清算交收账户,只能按业务规则用于已成交的证券交易的清算交收,不得被强制执行。

第八章　证券服务机构

第一百六十九条　投资咨询机构、财务顾问机构、资信评级机构、资产评估机构、会计师事务所从事证券服务业务,必须经国务院证券监督管理机构和有关主管部门批准。

投资咨询机构、财务顾问机构、资信评级机构、资产评估机构、会计师事务所从事证券服务业务的审批管理办法,由国务院证券监督管理机构和有关主管部门制定。

第一百七十条　投资咨询机构、财务顾问机构、资信评级机构从事证券服务业务的人员,必须具备证券专业知识和从事证券业务或者证券服务业务二年以上经验。认定其证券从业资格的标准和管理办法,由国务院证券监督管理机构制定。

第一百七十一条　投资咨询机构及其从业人员从事证券服务业务不得有下列行为:

(一)代理委托人从事证券投资;

(二)与委托人约定分享证券投资收益或者分担证券投资损失;

(三)买卖本咨询机构提供服务的上市公司股票;

(四)利用传播媒介或者通过其他方式提供、传播虚假或者误导投资者的信息；

（五）法律、行政法规禁止的其他行为。

有前款所列行为之一，给投资者造成损失的，依法承担赔偿责任。

第一百七十二条 从事证券服务业务的投资咨询机构和资信评级机构，应当按照国务院有关主管部门规定的标准或者收费办法收取服务费用。

第一百七十三条 证券服务机构为证券的发行、上市、交易等证券业务活动制作、出具审计报告、资产评估报告、财务顾问报告、资信评级报告或者法律意见书等文件，应当勤勉尽责，对所依据的文件资料内容的真实性、准确性、完整性进行核查和验证。其制作、出具的文件有虚假记载、误导性陈述或者重大遗漏，给他人造成损失的，应当与发行人、上市公司承担连带赔偿责任，但是能够证明自己没有过错的除外。

第九章 证券业协会

第一百七十四条 证券业协会是证券业的自律性组织，是社会团体法人。

证券公司应当加入证券业协会。

证券业协会的权力机构为全体会员组成的会员大会。

第一百七十五条 证券业协会章程由会员大会制定，并报国务院证券监督管理机构备案。

第一百七十六条 证券业协会履行下列职责：

（一）教育和组织会员遵守证券法律、行政法规；

（二）依法维护会员的合法权益，向证券监督管理机构反映会员的建议和要求；

（三）收集整理证券信息，为会员提供服务；

（四）制定会员应遵守的规则，组织会员单位的从业人员的业

务培训,开展会员间的业务交流;

(五)对会员之间、会员与客户之间发生的证券业务纠纷进行调解;

(六)组织会员就证券业的发展、运作及有关内容进行研究;

(七)监督、检查会员行为,对违反法律、行政法规或者协会章程的,按照规定给予纪律处分;

(八)证券业协会章程规定的其他职责。

第一百七十七条 证券业协会设理事会。理事会成员依章程的规定由选举产生。

第十章 证券监督管理机构

第一百七十八条 国务院证券监督管理机构依法对证券市场实行监督管理,维护证券市场秩序,保障其合法运行。

第一百七十九条 国务院证券监督管理机构在对证券市场实施监督管理中履行下列职责:

(一)依法制定有关证券市场监督管理的规章、规则,并依法行使审批或者核准权;

(二)依法对证券的发行、上市、交易、登记、存管、结算,进行监督管理;

(三)依法对证券发行人、上市公司、证券公司、证券投资基金管理公司、证券服务机构、证券交易所、证券登记结算机构的证券业务活动,进行监督管理;

(四)依法制定从事证券业务人员的资格标准和行为准则,并监督实施;

(五)依法监督检查证券发行、上市和交易的信息公开情况;

(六)依法对证券业协会的活动进行指导和监督;

(七)依法对违反证券市场监督管理法律、行政法规的行为进行查处;

(八)法律、行政法规规定的其他职责。

国务院证券监督管理机构可以和其他国家或者地区的证券监督管理机构建立监督管理合作机制,实施跨境监督管理。

第一百八十条 国务院证券监督管理机构依法履行职责,有权采取下列措施:

(一)对证券发行人、上市公司、证券公司、证券投资基金管理公司、证券服务机构、证券交易所、证券登记结算机构进行现场检查。

(二)进入涉嫌违法行为发生场所调查取证。

(三)询问当事人和与被调查事件有关的单位和个人,要求其对与被调查事件有关的事项作出说明。

(四)查阅、复制与被调查事件有关的财产权登记、通信记录等资料。

(五)查阅、复制当事人和与被调查事件有关的单位和个人的证券交易记录、登记过户记录、财务会计资料及其他相关文件和资料;对可能被转移、隐匿或者毁损的文件和资料,可以予以封存。

(六)查询当事人和与被调查事件有关的单位和个人的资金账户、证券账户和银行账户;对有证据证明已经或者可能转移或者隐匿违法资金、证券等涉案财产或者隐匿、伪造、毁损重要证据的,经国务院证券监督管理机构主要负责人批准,可以冻结或者查封。

(七)在调查操纵证券市场、内幕交易等重大证券违法行为时,经国务院证券监督管理机构主要负责人批准,可以限制被调查事件当事人的证券买卖,但限制的期限不得超过十五个交易日;案情复杂的,可以延长十五个交易日。

第一百八十一条 国务院证券监督管理机构依法履行职责,进行监督检查或者调查,其监督检查、调查的人员不得少于二人,并应当出示合法证件和监督检查、调查通知书。监督检查、调查的人员少于二人或者未出示合法证件和监督检查、调查通知书的,被检查、调查的单位有权拒绝。

第一百八十二条 国务院证券监督管理机构工作人员必须忠于职守，依法办事，公正廉洁，不得利用职务便利牟取不正当利益，不得泄露所知悉的有关单位和个人的商业秘密。

第一百八十三条 国务院证券监督管理机构依法履行职责，被检查、调查的单位和个人应当配合，如实提供有关文件和资料，不得拒绝、阻碍和隐瞒。

第一百八十四条 国务院证券监督管理机构依法制定的规章、规则和监督管理工作制度应当公开。

国务院证券监督管理机构依据调查结果，对证券违法行为作出的处罚决定，应当公开。

第一百八十五条 国务院证券监督管理机构应当与国务院其他金融监督管理机构建立监督管理信息共享机制。

国务院证券监督管理机构依法履行职责，进行监督检查或者调查时，有关部门应当予以配合。

第一百八十六条 国务院证券监督管理机构依法履行职责，发现证券违法行为涉嫌犯罪的，应当将案件移送司法机关处理。

第一百八十七条 国务院证券监督管理机构的人员不得在被监管的机构中任职。

第十一章 法 律 责 任

第一百八十八条 未经法定机关核准，擅自公开或者变相公开发行证券的，责令停止发行，退还所募资金并加算银行同期存款利息，处以非法所募资金金额百分之一以上百分之五以下的罚款；对擅自公开或者变相公开发行证券设立的公司，由依法履行监督管理职责的机构或者部门会同县级以上地方人民政府予以取缔。对直接负责的主管人员和其他直接责任人员给予警告，并处以三万元以上三十万元以下的罚款。

第一百八十九条 发行人不符合发行条件,以欺骗手段骗取发行核准,尚未发行证券的,处以三十万元以上六十万元以下的罚款;已经发行证券的,处以非法所募资金金额百分之一以上百分之五以下的罚款。对直接负责的主管人员和其他直接责任人员处以三万元以上三十万元以下的罚款。

发行人的控股股东、实际控制人指使从事前款违法行为的,依照前款的规定处罚。

第一百九十条 证券公司承销或者代理买卖未经核准擅自公开发行的证券的,责令停止承销或者代理买卖,没收违法所得,并处以违法所得一倍以上五倍以下的罚款;没有违法所得或者违法所得不足三十万元的,处以三十万元以上六十万元以下的罚款。给投资者造成损失的,应当与发行人承担连带赔偿责任。对直接负责的主管人员和其他直接责任人员给予警告,撤销任职资格或者证券从业资格,并处以三万元以上三十万元以下的罚款。

第一百九十一条 证券公司承销证券,有下列行为之一的,责令改正,给予警告,没收违法所得,可以并处三十万元以上六十万元以下的罚款;情节严重的,暂停或者撤销相关业务许可。给其他证券承销机构或者投资者造成损失的,依法承担赔偿责任。对直接负责的主管人员和其他直接责任人员给予警告,可以并处三万元以上三十万元以下的罚款;情节严重的,撤销任职资格或者证券从业资格:

(一)进行虚假的或者误导投资者的广告或者其他宣传推介活动;

(二)以不正当竞争手段招揽承销业务;

(三)其他违反证券承销业务规定的行为。

第一百九十二条 保荐人出具有虚假记载、误导性陈述或者重大遗漏的保荐书,或者不履行其他法定职责的,责令改正,给予警告,没收业务收入,并处以业务收入一倍以上五倍以下的罚款;

情节严重的,暂停或者撤销相关业务许可。对直接负责的主管人员和其他直接责任人员给予警告,并处以三万元以上三十万元以下的罚款;情节严重的,撤销任职资格或者证券从业资格。

第一百九十三条 发行人、上市公司或者其他信息披露义务人未按照规定披露信息,或者所披露的信息有虚假记载、误导性陈述或者重大遗漏的,责令改正,给予警告,并处以三十万元以上六十万元以下的罚款。对直接负责的主管人员和其他直接责任人员给予警告,并处以三万元以上三十万元以下的罚款。

发行人、上市公司或者其他信息披露义务人未按照规定报送有关报告,或者报送的报告有虚假记载、误导性陈述或者重大遗漏的,责令改正,给予警告,并处以三十万元以上六十万元以下的罚款。对直接负责的主管人员和其他直接责任人员给予警告,并处以三万元以上三十万元以下的罚款。

发行人、上市公司或者其他信息披露义务人的控股股东、实际控制人指使从事前两款违法行为的,依照前两款的规定处罚。

第一百九十四条 发行人、上市公司擅自改变公开发行证券所募集资金的用途的,责令改正,对直接负责的主管人员和其他直接责任人员给予警告,并处以三万元以上三十万元以下的罚款。

发行人、上市公司的控股股东、实际控制人指使从事前款违法行为的,给予警告,并处以三十万元以上六十万元以下的罚款。对直接负责的主管人员和其他直接责任人员依照前款的规定处罚。

第一百九十五条 上市公司的董事、监事、高级管理人员、持有上市公司股份百分之五以上的股东,违反本法第四十七条的规定买卖本公司股票的,给予警告,可以并处三万元以上十万元以下的罚款。

第一百九十六条 非法开设证券交易场所的,由县级以上人民政府予以取缔,没收违法所得,并处以违法所得一倍以上五倍以下的罚款;没有违法所得或者违法所得不足十万元的,处以十万元以上五十万元以下的罚款。对直接负责的主管人员和其他直接责任人员给予警告,并处以三万元以上三十万元以下的罚款。

第一百九十七条 未经批准,擅自设立证券公司或者非法经营证券业务的,由证券监督管理机构予以取缔,没收违法所得,并处以违法所得一倍以上五倍以下的罚款;没有违法所得或者违法所得不足三十万元的,处以三十万元以上六十万元以下的罚款。对直接负责的主管人员和其他直接责任人员给予警告,并处以三万元以上三十万元以下的罚款。

第一百九十八条 违反本法规定,聘任不具有任职资格、证券从业资格的人员的,由证券监督管理机构责令改正,给予警告,可以并处十万元以上三十万元以下的罚款;对直接负责的主管人员给予警告,可以并处三万元以上十万元以下的罚款。

第一百九十九条 法律、行政法规规定禁止参与股票交易的人员,直接或者以化名、借他人名义持有、买卖股票的,责令依法处理非法持有的股票,没收违法所得,并处以买卖股票等值以下的罚款;属于国家工作人员的,还应当依法给予行政处分。

第二百条 证券交易所、证券公司、证券登记结算机构、证券服务机构的从业人员或者证券业协会的工作人员,故意提供虚假资料,隐匿、伪造、篡改或者毁损交易记录,诱骗投资者买卖证券的,撤销证券从业资格,并处以三万元以上十万元以下的罚款;属于国家工作人员的,还应当依法给予行政处分。

第二百零一条 为股票的发行、上市、交易出具审计报告、资产评估报告或者法律意见书等文件的证券服务机构和人员,违反本法第四十五条的规定买卖股票的,责令依法处理非法持有的股票,没收违法所得,并处以买卖股票等值以下的罚款。

第二百零二条 证券交易内幕信息的知情人或者非法获取内幕信息的人,在涉及证券的发行、交易或者其他对证券的价格有重大影响的信息公开前,买卖该证券,或者泄露该信息,或者建议他人买卖该证券的,责令依法处理非法持有的证券,没收违法所得,并处以违法所得一倍以上五倍以下的罚款;没有违法所得或者违法所得不足三万元的,处以三万元以上六十万元以下的罚款。单位从事内幕交易的,还应当对直接负责的主管人员和其他直接责任人员给予警告,并处以三万元以上三十万元以下的罚款。证券监督管理机构工作人员进行内幕交易的,从重处罚。

第二百零三条 违反本法规定,操纵证券市场的,责令依法处理非法持有的证券,没收违法所得,并处以违法所得一倍以上五倍以下的罚款;没有违法所得或者违法所得不足三十万元的,处以三十万元以上三百万元以下的罚款。单位操纵证券市场的,还应当对直接负责的主管人员和其他直接责任人员给予警告,并处以十万元以上六十万元以下的罚款。

第二百零四条 违反法律规定,在限制转让期限内买卖证券的,责令改正,给予警告,并处以买卖证券等值以下的罚款。对直接负责的主管人员和其他直接责任人员给予警告,并处以三万元以上三十万元以下的罚款。

第二百零五条 证券公司违反本法规定,为客户买卖证券提供融资融券的,没收违法所得,暂停或者撤销相关业务许可,并处以非法融资融券等值以下的罚款。对直接负责的主管人员和其他直接责任人员给予警告,撤销任职资格或者证券从业资格,并处以三万元以上三十万元以下的罚款。

第二百零六条 违反本法第七十八条第一款、第三款的规定,扰乱证券市场的,由证券监督管理机构责令改正,没收违法所得,并处以违法所得一倍以上五倍以下的罚款;没有违法所得或者违法所得不足三万元的,处以三万元以上二十万元以下的罚款。

第二百零七条 违反本法第七十八条第二款的规定,在证券交易活动中作出虚假陈述或者信息误导的,责令改正,处以三万元以上二十万元以下的罚款;属于国家工作人员的,还应当依法给予行政处分。

第二百零八条 违反本法规定,法人以他人名义设立账户或者利用他人账户买卖证券的,责令改正,没收违法所得,并处以违法所得一倍以上五倍以下的罚款;没有违法所得或者违法所得不足三万元的,处三万元以上三十万元以下的罚款。对直接负责的主管人员和其他直接责任人员给予警告,并处以三万元以上十万元以下的罚款。

证券公司为前款规定的违法行为提供自己或者他人的证券交易账户的,除依照前款的规定处罚外,还应当撤销直接负责的主管人员和其他直接责任人员的任职资格或者证券从业资格。

第二百零九条 证券公司违反本法规定,假借他人名义或者以个人名义从事证券自营业务的,责令改正,没收违法所得,并处以违法所得一倍以上五倍以下的罚款;没有违法所得或者违法所得不足三十万元的,处以三十万元以上六十万元以下的罚款;情节严重的,暂停或者撤销证券自营业务许可。对直接负责的主管人员和其他直接责任人员给予警告,撤销任职资格或者证券从业资格,并处以三万元以上十万元以下的罚款。

第二百一十条 证券公司违背客户的委托买卖证券、办理交易事项,或者违背客户真实意思表示,办理交易以外的其他事项的,责令改正,处以一万元以上十万元以下的罚款。给客户造成损失的,依法承担赔偿责任。

第二百一十一条 证券公司、证券登记结算机构挪用客户的资金或者证券,或者未经客户的委托,擅自为客户买卖证券的,责令改正,没收违法所得,并处以违法所得一倍以上五倍以下的罚款;没有违法所得或者违法所得不足十万元的,处以十万元以上六十万元以下的罚款;情节严重的,责令关闭或者撤销相关业务许可。对直接负责的主管人员和其他直接责任人员给予警告,撤销任职资格或者证券从业资格,并处以三万元以上三十万元以下的罚款。

第二百一十二条 证券公司办理经纪业务,接受客户的全权委托买卖证券的,或者证券公司对客户买卖证券的收益或者赔偿证券买卖的损失作出承诺的,责令改正,没收违法所得,并处以五万元以上二十万元以下的罚款,可以暂停或者撤销相关业务许可。对直接负责的主管人员和其他直接责任人员给予警告,并处以三万元以上十万元以下的罚款,可以撤销任职资格或者证券从业资格。

第二百一十三条 收购人未按照本法规定履行上市公司收购的公告、发出收购要约等义务的,责令改正,给予警告,并处以十万元以上三十万元以下的罚款;在改正前,收购人对其收购或者通过协议、其他安排与他人共同收购的股份不得行使表决权。对直接负责的主管人员和其他直接责任人员给予警告,并处以三万元以上三十万元以下的罚款。

第二百一十四条 收购人或者收购人的控股股东,利用上市公司收购,损害被收购公司及其股东的合法权益的,责令改正,给予警告;情节严重的,并处以十万元以上六十万元以下的罚款。给被收购公司及其股东造成损失的,依法承担赔偿责任。对直接负责的主管人员和其他直接责任人员给予警告,并处以三万元以上三十万元以下的罚款。

第二百一十五条 证券公司及其从业人员违反本法规定,私下接受客户委托买卖证券的,责令改正,给予警告,没收违法所得,并处以违法所得一倍以上五倍以下的罚款;没有违法所得或者违法所得不足十万元的,处以十万元以上三十万元以下的罚款。

第二百一十六条 证券公司违反规定,未经批准经营非上市证券的交易的,责令改正,没收违法所得,并处以违法所得一倍以上五倍以下的罚款。

第二百一十七条 证券公司成立后,无正当理由超过三个月未开始营业的,或者开业后自行停业连续三个月以上的,由公司登记机关吊销其公司营业执照。

第二百一十八条 证券公司违反本法第一百二十九条的规定,擅自设立、收购、撤销分支机构,或者合并、分立、停业、解散、破产,或者在境外设立、收购、参股证券经营机构的,责令改正,没收违法所得,并处以违法所得一倍以上五倍以下的罚款;没有违法所得或者违法所得不足十万元的,处以十万元以上六十万元以下的罚款。对直接负责的主管人员给予警告,并处以三万元以上十万元以下的罚款。

证券公司违反本法第一百二十九条的规定,擅自变更有关事项的,责令改正,并处以十万元以上三十万元以下的罚款。对直接负责的主管人员给予警告,并处以五万元以下的罚款。

第二百一十九条 证券公司违反本法规定,超出业务许可范围经营证券业务的,责令改正,没收违法所得,并处以违法所得一倍以上五倍以下的罚款;没有违法所得或者违法所得不足三十万元的,处以三十万元以上六十万元以下罚款;情节严重的,责令关闭。对直接负责的主管人员和其他直接责任人员给予警告,撤销任职资格或者证券从业资格,并处以三万元以上十万元以下的罚款。

第二百二十条 证券公司对其证券经纪业务、证券承销业务、证券自营业务、证券资产管理业务,不依法分开办理,混合操作的,责令改正,没收违法所得,并处以三十万元以上六十万元以下的罚款;情节严重的,撤销相关业务许可。对直接负责的主管人员和其他直接责任人员给予警告,并处以三万元以上十万元以下的罚款;情节严重的,撤销任职资格或者证券从业资格。

第二百二十一条 提交虚假证明文件或者采取其他欺诈手段隐瞒重要事实骗取证券业务许可的,或者证券公司在证券交易中有严重违法行为,不再具备经营资格的,由证券监督管理机构撤销证券业务许可。

第二百二十二条 证券公司或者其股东、实际控制人违反规定,拒不向证券监督管理机构报送或者提供经营管理信息和资料,或者报送、提供的经营管理信息和资料有虚假记载、误导性陈述或者重大遗漏的,责令改正,给予警告,并处以三万元以上三十万元以下的罚款,可以暂停或者撤销证券公司相关业务许可。对直接负责的主管人员和其他直接责任人员,给予警告,并处以三万元以下的罚款,可以撤销任职资格或者证券从业资格。

证券公司为其股东或者股东的关联人提供融资或者担保的,责令改正,给予警告,并处以十万元以上三十万元以下的罚款。对直接负责的主管人员和其他直接责任人员,处以三万元以上十万元以下的罚款。股东有过错的,在按照要求改正前,国务院证券监督管理机构可以限制其股东权利;拒不改正的,可以责令其转让所持证券公司股权。

第二百二十三条 证券服务机构未勤勉尽责,所制作、出具的文件有虚假记载、误导性陈述或者重大遗漏的,责令改正,没收业务收入,暂停或者撤销证券服务业务许可,并处以业务收入一倍以上五倍以下的罚款。对直接负责的主管人员和其他直接责任人员给予警告,撤销证券从业资格,并处以三万元以上十万元以下的罚款。

第二百二十四条 违反本法规定,发行、承销公司债券的,由国务院授权的部门依照本法有关规定予以处罚。

第二百二十五条 上市公司、证券公司、证券交易所、证券登记结算机构、证券服务机构,未按照有关规定保存有关文件和资料的,责令改正,给予警告,并处以三万元以上三十万元以下的罚款;隐匿、伪造、篡改或者毁损有关文件和资料的,给予警告,并处以三十万元以上六十万元以下的罚款。

第二百二十六条 未经国务院证券监督管理机构批准,擅自设立证券登记结算机构的,由证券监督管理机构予以取缔,没收违法所得,并处以违法所得一倍以上五倍以下的罚款。

投资咨询机构、财务顾问机构、资信评级机构、资产评估机构、会计师事务所未经批准,擅自从事证券服务业务的,责令改正,没收违法所得,并处以违法所得一倍以上五倍以下的罚款。

证券登记结算机构、证券服务机构违反本法规定或者依法制定的业务规则的,由证券监督管理机构责令改正,没收违法所得,并处以违法所得一倍以上五倍以下的罚款;没有违法所得或者违法所得不足十万元的,处以十万元以上三十万元以下的罚款;情节严重的,责令关闭或者撤销证券服务业务许可。

第二百二十七条 国务院证券监督管理机构或者国务院授权的部门有下列情形之一的,对直接负责的主管人员和其他直接责任人员,依法给予行政处分:

(一)对不符合本法规定的发行证券、设立证券公司等申请予以核准、批准的;

(二)违反规定采取本法第一百八十条规定的现场检查、调查取证、查询、冻结或者查封等措施的;

(三)违反规定对有关机构和人员实施行政处罚的;

(四)其他不依法履行职责的行为。

第二百二十八条 证券监督管理机构的工作人员和发行审核委员会的组成人员,不履行本法规定的职责,滥用职权、玩忽职守,利用职务便利牟取不正当利益,或者泄露所知悉的有关单位和个人的商业秘密的,依法追究法律责任。

第二百二十九条 证券交易所对不符合本法规定条件的证券上市申请予以审核同意的,给予警告,没收业务收入,并处以业务收入一倍以上五倍以下的罚款。对直接负责的主管人员和其他直接责任人员给予警告,并处以三万元以上三十万元以下的罚款。

第二百三十条 拒绝、阻碍证券监督管理机构及其工作人员依法行使监督检查、调查职权未使用暴力、威胁方法的,依法给予治安管理处罚。

第二百三十一条 违反本法规定,构成犯罪的,依法追究刑事责任。

第二百三十二条 违反本法规定,应当承担民事赔偿责任和缴纳罚款、罚金,其财产不足以同时支付时,先承担民事赔偿责任。

第二百三十三条 违反法律、行政法规或者国务院证券监督管理机构的有关规定,情节严重的,国务院证券监督管理机构可以对有关责任人员采取证券市场禁入的措施。

前款所称证券市场禁入,是指在一定期限内直至终身不得从事证券业务或者不得担任上市公司董事、监事、高级管理人员的制度。

第二百三十四条 依照本法收缴的罚款和没收的违法所得,全部上缴国库。

第二百三十五条 当事人对证券监督管理机构或者国务院授权的部门的处罚决定不服的,可以依法申请行政复议,或者依法直接向人民法院提起诉讼。

第十二章　附　　则

第二百三十六条 本法施行前依照行政法规已批准在证券交易所上市交易的证券继续依法进行交易。

本法施行前依照行政法规和国务院金融行政管理部门的规定经批准设立的证券经营机构,不完全符合本法规定的,应当在规定的限期内达到本法规定的要求。具体实施办法,由国务院另行规定。

第二百三十七条 发行人申请核准公开发行股票、公司债券,应当按照规定缴纳审核费用。

第二百三十八条 境内企业直接或者间接到境外发行证券或

者将其证券在境外上市交易,必须经国务院证券监督管理机构依照国务院的规定批准。

第二百三十九条 境内公司股票以外币认购和交易的,具体办法由国务院另行规定。

第二百四十条 本法自2006年1月1日起施行。

【证券法发展历程】

中华人民共和国证券法[19981229]

全国人大常委会关于修改《中华人民共和国证券法》的决定[20040828]

中华人民共和国证券法[20051027]

全国人大常委会关于修改《中华人民共和国文物保护法》等十二部法律的决定[20130629]

全国人大常委会关于修改《中华人民共和国保险法》等五部法律的决定

图书在版编目(CIP)数据

证券投资分析/胡海鸥,于丽编著.—4版.—上海:复旦大学出版社,
2017.8(2019.5 重印)
(新编经济学系列教材)
ISBN 978-7-309-13042-3

Ⅰ.证⋯ Ⅱ.①胡⋯②于⋯ Ⅲ.证券投资-投资分析-高等学校-教材 Ⅳ.F830.91

中国版本图书馆 CIP 数据核字(2017)第 155650 号

证券投资分析(第四版)
胡海鸥 于 丽 编著
责任编辑/徐惠平 姜作达
复旦大学出版社有限公司出版发行
上海市国权路 579 号 邮编:200433
网址:fupnet@fudanpress.com http://www.fudanpress.com
门市零售:86-21-65642857 团体订购:86-21-65118853
外埠邮购:86-21-65109143 出版部电话:86-21-65642845
杭州长命印刷有限公司

开本 850×1168 1/32 印张 12.875 字数 306 千
2019 年 5 月第 4 版第 4 次印刷

ISBN 978-7-309-13042-3/F·2383
定价:28.00 元

如有印装质量问题,请向复旦大学出版社有限公司出版部调换。
版权所有 侵权必究